Glück to go

Für meine Eltern

Christiane Hagn

Glück to go ♣

----

20 kompromisslose Selbstversuche,
die tägliche Dosis Glück zu finden

SCHWARZKOPF & SCHWARZKOPF

Inhalt

„Alles ist gut. Der Mensch ist unglücklich,
weil er nicht weiß, dass er glücklich ist.
Nur deshalb. Das ist alles, alles!
Wer das erkennt, der wird gleich glücklich sein,
sofort im selben Augenblick."

Fjodor Michailowitsch Dostojewski

„Bist du glücklich?"

Es ist ein Sonntag im Februar. Ich sitze in Berlin, Prenzlauer Berg, in meinem Wohnzimmer vor dem Bildschirm meines Laptops. Mir gegenüber sitzt meine Freundin Hannah, live und in Farbe, wenn auch nur virtuell. Über ein verwackeltes Videofenster lauscht sie meiner Erzählung vom gestrigen Abend.

»Und dann habe ich ihn gefragt, ob er glücklich sei. Und weißt du, was er gesagt hat?« Hannah nippt an ihrem Milchkaffee und schüttelt den Kopf.

»Er hat gesagt – jetzt halte dich fest – ›Ich habe nicht den Anspruch an das Leben, glücklich zu sein‹«, äffe ich ihn nach. Dann sehe ich Hannah erwartungsvoll an. Sie soll sich gefälligst auch über die pessimistische Lebenseinstellung dieses Mannes echauffieren. Doch Hannah nippt nur weiter unbeeindruckt an ihrem Milchkaffee. Aus Verlegenheit über ihr anhaltendes Schweigen nehme ich einen kleinen Schluck Rotwein. Und noch einen. Bis Hannah endlich den Mund aufmacht. Sie sagt: »Irgendwie schmeckt mir der Kaffee in Neuseeland nicht.«

Seit meine Freundin Hannah in Neuseeland lebt, verabreden wir uns regelmäßig auf Skype zu einem Glas Wein und einem Frühstück – wegen der Zeitverschiebung. Die eine trinkt Wein, die andere frühstückt. So wie heute auch. Bei Hannah ist es zehn Uhr morgens, bei mir zehn Uhr abends.

»Und mehr fällt dir dazu nicht ein?«, frage ich enttäuscht über ihr offensichtliches Desinteresse nach.

»Doch«, sagt Hannah. »Aber das wird dir nicht gefallen.«

»Egal, sag's trotzdem!«, fordere ich sie auf.

Hannah holt tief Luft: »Ich kenne den Kerl ja gar nicht. Und so wie sich das jetzt schon wieder anhört, werde ich ihn wohl auch nie kennenlernen. Aber ich finde, in diesem Punkt hat er recht. Immer dieser Irrsinn um das Glück! Wenn du mich fragst, ist Glück völlig überbewertet. *Glücklichsein* ist eine Art Modeerscheinung, *Glück* nichts weiter als ein Marketingprodukt. Überleg doch mal: Glückstee, Glückskeks, Glückshotel, Happy-Meal bei McDonald's, Happy-Hippy-Duschgel und was weiß ich … Heutzutage verspricht dir jeder Scheiß Glück, Hauptsache, du kaufst es. Ich kann Menschen, die ernsthaft an das Glück glauben, nicht ernst nehmen. Erst recht nicht, wenn sie sich mit Happy-Hippy-Duschgel einseifen.«

»Aber das riecht so gut!«, gebe ich aufgebracht zurück. »Außerdem, ich glaube sehr wohl an das Glück. Happy-Hippy hin oder her. Und ich will mit keinem Mann zusammen sein, der nicht den Anspruch an das Leben hat, glücklich zu sein. Denn der hätte vermutlich auch nicht das Bedürfnis, mich glücklich zu machen.«

Hannah verdreht die Augen.

»Wenn du unbedingt glücklich sein willst, musst du schon selbst für dein Glück sorgen. Da können dir kein Mann und auch kein Duschgel dieser Welt helfen. Ganz im Gegenteil. Du weißt doch: Jeder ist seines …«

»… eigenen Glückes Schmied!«, vollenden wir gemeinsam den Satz und lachen. Hannah und ich lieben es, uns in Sprichwörtern zu unterhalten.

»Willst du denn nicht glücklich sein?«, lasse ich nicht locker.

»Glücklich?« Wenn Hannah dieses Wort benutzt, klingt es ein bisschen wie ein Schimpfwort. Sie denkt nach und kippt dabei löffelweise Zucker in ihren Milchkaffee.

»Nein, ich will zufrieden sein. Das reicht völlig aus, oder?«

Ehrlich gesagt sieht Hannah gerade nicht mal besonders zufrieden aus. Doch ich bin nicht wie Hannah und sage: »Ja. Vermutlich hast du recht.«

Hannah ist wirklich ein Phänomen. Eigentlich wäre sie nur zu beneiden. Sie hat einen hervorragenden Medizinabschluss gemacht und sofort eine Anstellung bekommen. Nach ein paar Jahren an einer Provinzklinik, begleitet von wilden Festen, wie nur die Provinz sie zu bieten hat, hat Hannah schon nach der ersten Bewerbung das ersehnte Stipendium erhalten. Sie konnte ihren großen Traum wahr machen, nämlich nach Neuseeland zu gehen, um dort an einem angesehenen Institut in der Krebsforschung zu arbeiten. Jetzt ist sie 32 Jahre jung, verdient sehr gutes Geld, hat ihr eigenes Appartement (mit Klimaanlage!), ein rotes Auto (mit Garage!) und einen tollen Freundeskreis. Ihre Familie liebt und unterstützt sie in allen Bereichen. Hannah ist gesund und schön, selbstbewusst und schlau, die Männer liegen ihr zu Füßen. Dennoch: Hannah ist nicht das, was man *glücklich* nennen könnte.

»Und woran liegt's? Kannst du sagen, warum du nie wirklich glücklich bist?«, hake ich weiter nach. Sie zuckt mit den Schultern.

»Ich glaube, es liegt an mir. Egal ob Wellington oder Heidelberg, irgendwie ist es überall gleich: Nach kürzester Zeit fängt alles an, mich zu Tode zu langweilen. Ich fürchte, mich plagt eine gewisse Sehnsucht nach dem Unglück. Falls du mal ein Buch über das Unglücklichsein schreiben willst, schreib über mich!«

»Würde dich das glücklich machen?«, frage ich und schaffe es tatsächlich, dieser nicht glücklichen Frau ein Lächeln zu entlocken.

Um von unserer schweren Thematik abzulenken, erkundige ich mich nach Hannahs Arbeit: »Wie läuft es denn mit deiner Suche nach diesem Enzym gegen den Krebs?«

»Ich suche kein Enzym gegen den Krebs. Ich untersuche menschliche B-Zellen, die nach gleichzeitiger Aktivierung des Interleukin-21- und des B-Zell-Rezeptors das Enzym Granzym-B sezernieren. Und es läuft beschissen.«

»Mmh. Und sonst so?«, gebe ich nicht auf. »Ist heute nicht neuseeländischer Nationalfeiertag? Wahrscheinlich hüpfst du von einer Party zur nächsten?«

»Ach, weißt du, Christiane, Nationalfeiertag, Weihnachten, Silvester, Montag, Dienstag, Mittwoch, es geht doch immer nur um eines: ums Saufen. Und glaub mir, die Neuseeländer finden immer einen Grund zum Saufen. Ich hasse diese Barbecue-Partys, auf denen man den ganzen Abend zum Trinken animiert – ach was: gezwungen – wird. Das macht mich alles andere als glücklich. Außerdem hasse ich es, wenn ein Feiertag auf einen Sonntag fällt. Wie unfair ist das denn?« Hannah sieht mich verzweifelt an und ich muss über den Milchbart auf ihrer Oberlippe schmunzeln.

Als ich kurz nach Mitternacht von Rotwein benebelt meinen Rechner runterfahre, denke ich – melancholisch wie ich nach diesem Gespräch bin – noch weiter über das Glück nach. Mir fällt auf, dass ich es bisher nur selten erlebt habe, dass jemand auf die Frage »Bist du glücklich?« mit einem deutlichen »Ja, klar!« geantwortet hätte. Fast scheint es, keiner würde sich trauen, sich als glücklich zu bezeichnen. Als würde man befürchten, anmaßend zu sein.

»Glücklich? Ich? In einer Welt voller Ungerechtigkeit, Elend, Hungersnot, Naturkatastrophen und steigenden Benzinpreisen? Darf man das denn?«

Andere wiederum verfallen in eine regelechte Rechtfertigungshaltung, empfinden die Frage schon fast als Angriff: »Glücklich? Wieso sollte ich nicht … Denkst du etwa, ich wäre nicht glücklich? Mache ich denn keinen glücklichen Eindruck auf dich? Ich habe doch alles, was man braucht, um glücklich zu sein!«, verteidigen sie sich, wobei ein sehr lautes, unausgesprochenes »Oder?« mitschwingt.

Warum? Was hat es mit diesem großen Wort »Glück« nur auf sich, das uns so nervös werden lässt? Ist die Idee dahinter zu groß? So groß, dass wir keine Vorstellung mehr davon haben und uns daher, aus Ratlosigkeit, an Happy-Hippy-Duschgel klammern? Und war das schon immer so oder ist das Glück besonders ein Problem unserer Generation?

Wie hätten unsere Eltern Glück definiert? Meine vermutlich mit der Formel »Ehe + Kinder + Doppelhaushälfte + 13. Monatsgehalt = Glück«. Aber reicht das heute noch aus oder bedeutet das alles vielleicht sogar das Gegenteil von Glück? Zumindest schließt dieser Lebensentwurf gleichzeitig so viele andere Möglichkeiten mit aus, wie: Reisen, Loftwohnung, Unabhängigkeit, Spontaneität oder Polygamie.

Können wir uns einfach nicht mehr entscheiden, wie wir leben wollen? Wollen wir uns nicht entscheiden? Sind wir überfordert von unserer globalisierten Gesamtverwaltungsökonomie, von den zahlreichen Wahlmöglichkeiten der westlichen Welt: heute Heidelberg, morgen Wellington? Ein Partner oder zwei bis viele. Freelancer, Job-Hopper oder arbeitslos. Alles geht. Nichts muss. Kinder kriegen oder lieber »Kind bleiben«. Sind wir von unserer Wohlstandsgesellschaft gelangweilt, von Luxusproblemen übersättigt? Sind wir grundlos unglücklich oder vielmehr unbemerkt überglücklich und des Glücks daher längst überdrüssig? Ist uns kotzübel vor lauter Glück? Oder hatte Ingrid Bergman recht mit ihrer Feststellung »Die meisten Menschen sind unglücklich, weil sie, wenn sie glücklich sind, noch glücklicher werden wollen«?

Als ich mich so beim Zähneputzen im Spiegel betrachte, frage ich mich, ob ich selbst den Satz »Bist du glücklich?« mit einem eindeutigen »Ja, klar!« beantworten könnte. Ich versuche es und frage mein Spiegelbild: »Bist du glücklich?«

Die Antwort fällt länger aus als erhofft: »Also, ganz grundsätzlich gesehen, bin ich bestimmt nicht unglücklich. Außer, wenn ich mal wieder Liebeskummer habe, in Sonntags- und/oder Winterdepression verfalle, meine hundertste Jobbewerbung nicht mal beantwortet wird oder am Sonntagabend »Polizeiruf« statt »Tatort« läuft. Aber ansonsten könnte man schon sagen, dasch …« Zahnpasta tropft von meinem Kinn auf mein T-Shirt. Ich spucke aus und stelle fest, dass das eindeutig kein »Ja, klar« war. Warum?

»Auch dir fehlt es an nichts!«, herrsche ich mein Spiegelbild an, das überall Zahnpasta im Gesicht hat. »Zumindest an nichts, was du eindeutig für die Abwesenheit von dauerhaftem Glück in deinem Leben verantwortlich machen könntest.« Die Frau im Spiegel will Einspruch erheben, aber ich schneide ihr das Wort ab.

»Na gut, manchmal wünschst du dir einen festen Freund. Aber an anderen Tagen, wie heute zum Beispiel, wenn du dich in aller Ruhe mit deinem Spiegelbild unterhalten willst, bist du froh, keinen zu haben. Denn dann könntest du dieses Gespräch nicht wirklich ungestört führen. Außerdem müsstest du dieses mit Zahnpasta bekleckerte und sehr bequeme T-Shirt gegen irgendein Negligé austauschen, in dem du zwar nicht wie ein zwölfjähriges Mädchen aussehen, aber dafür fürchterlich frieren würdest.«

Das Spiegelbild protestiert: »Aber ich hätte gern einen festen Freund, der mich *gerade* in diesem bekleckerten T-Shirt wunderschön findet.«

»Du musst auch immer das letzte Wort haben«, stelle ich genervt fest. Daraufhin hält es endlich die Klappe, was ihm sichtlich schwerfällt. Ich nutze die Chance und fahre fort.

»Okay. Manchmal hasst du deinen Job. Aber du hast immerhin einen Job, den du hassen kannst und der dir keine größeren Sorgen bereitet außer Papierstau oder Mangel an Ruhm und Ehre. Außerdem hast du Freunde, deren fröhliche Gesichter zusammen mit deinem nicht gerade unglücklich aussehenden Gesicht hier an diesem Badezimmerspiegel hängen. Schwarz auf weiß. Du hast eine Familie, die dich fürchterlich nervt und die du fürchterlich liebst. Noch dazu ein Dach über dem Kopf, Fußbodenheizung im Badezimmer und eine Eisdiele in der Nachbarschaft. Was willst du mehr?«

Mein Spiegelbild betupft sich mit Anti-Age-Nachtcreme und zuckt mit den Schultern. Dann fragt es mich ganz kleinlaut: »Glück?«

Ich liege im Bett und wälze mich hin und her. Die Frau im Spiegel hat mich ganz durcheinandergebracht. Meine Gedanken rasen und statt Schäfchen zu zählen, versuche ich die glücklichen Momente meines Lebens in eine gedankliche Glückstruhe zu packen. Tatsächlich fallen mir nach ein wenig Grübeln auch einige ein.

Einmal war ich so verliebt, dass ich trotz Eiseskälte täglich 15 Kilometer mit dem Fahrrad zur Arbeit gefahren bin und dabei ziemlich debil vor mich hin gegrinst habe. Ich war auch sehr glücklich, als mir dieser Mann, der diesen Aktionismus bei mir auslöste, ein »Ich liebe dich« in mein Ohr flüsterte. Allerdings war ich alles andere als glücklich, als derselbe Mann später ein »... nicht mehr« anfügte. Das machte mich sogar so unglücklich, dass ich nur noch mit der Straßenbahn in die Arbeit fahren konnte, um mich nicht an mein eigenes Glück zu erinnern. Françoise Sagan hatte recht, als sie sagte: »Man weiß selten, was Glück ist, aber man weiß meistens, was Glück war.«

Zugegeben, das Glück, das man in der Liebe erlebt, hängt einige Zeit später auch immer stark mit Unglück zusammen – zumindest bei mir. Doch ich erinnere mich auch an Glücksmomente, die nichts mit Männern oder der gemeinen Liebe zu tun hatten. Zum Beispiel die Floßfahrt über den Mekong, bei der ich trotz Hunger, Nebel, Kälte und Müdigkeit vor lauter Glück hätte losheulen können. Ich war glücklich, als ich im Bus eingepfercht zwischen zahnlosen Indianern und ihren stinkenden Hühnern durch das ecuadorianische Hochland fuhr (trotz dreimaligem

Aus-dem-Fenster-Kotzen). Ich war glücklich, als ich nach den kältesten drei Stunden meines Lebens den Sonnenaufgang von der Spitze des Berges Sinai aus erleben durfte. Ich war glücklich, als ich auf der winzigen honduranischen Insel Cacahuète (»Erdnuss«) morgens um fünf mit den Fischern in ihrem Boot auf das offene Meer hinausruderte. Ich war glücklich, als ich nach neun Stunden Zugfahrt im indischen Hampi ankam und auf einer Dachterrasse sitzend den Blick über die Tempelruinen gleiten ließ. Dazu trank ich einen Instant-Tütenkaffee, der in diesem Moment besser schmeckte als jeder Starbucks-Latte dieser Welt.

Alles Glücksmomente, die ich auf Reisen, nach der Überwindung von Hindernissen und kleineren Qualen, fernab von zu Hause, weg von der Routine meines Alltags, erleben durfte. Leider weiß ich aus Erfahrung (auch wenn es mich immer wieder aufs Neue überrascht), dass das auf Reisen getankte Glück zurück in der Heimat nach der ersten Wiedersehensfreude ganz unbemerkt, aber sehr schnell wieder verpufft.

Mir scheint, der Haken am Glück ist, dass es kommt, wenn man nicht damit rechnet und es noch dazu alles andere als beständig ist (Ob das Glück ein Mann ist?). Ich frage mich, ob man diesem Problem der Kontingenz und Diskontinuität nicht irgendwie ein Schnippchen schlagen könnte. Es muss doch möglich sein, berechenbar glücklich zu werden und es zu bleiben – auch an einem ganz gewöhnlichen Tag, einem stinknormalen Werktag, wirklich glücklich zu sein, ohne Grund und Sonnenschein.

Wann habe ich eigentlich das letzte Mal Sonne gesehen? Darüber denke ich nach. Ich denke, denke, denke und schlafe, vom Denken erschöpft, weinselig ein.

❧

Am nächsten Morgen fasse ich beim Blick aus dem Fenster auf das Grau in Grau meines Hinterhofes fern jeglichen Sonnenscheins einen Beschluss: Ich werde alles dafür tun, um zukünftig die Frage »Bist du glücklich?« gegen alle Widerstände mit einem eindeutigen »Ja, klar« beantworten zu können. Egal ob Utopie, Marketingprodukt oder Modeerscheinung: Ich will mir liebend gern anmaßen, mich als »glücklich« zu bezeichnen. Ich will hier und jetzt Freundschaft mit dem dauerhaften Glück schließen. Ich werde alle Wege ausprobieren, um das Glück alltagskompatibel aufzuspüren, einzufangen und festzuhalten. Es soll zum festen Bestandteil meines Lebens werden. Nicht erst auf meiner nächsten Reise, nicht erst beim nächsten Mal Verliebtsein, nicht irgendwann, auch nicht bald, nicht erst morgen, sondern sofort. Trübsal ade! Tschüss Melancholie und Selbstmitleid! Ich will Glück, und zwar jetzt! Einmal »Glück to go«. Mit Milch und Zucker.

Bitte.

GLÜCK – ein wirklich sehr großes Wort

In Zeiten, in denen es Massagen und sogar Botox »to go« gibt, sollte »Glück to go« wirklich nicht zu viel verlangt sein. Um nun also mein Vorhaben, fortan täglich glücklich zu sein, in die Tat umsetzen zu können, bedarf es noch ein wenig Recherche. Denn um zu wissen, wonach ich suche, muss ich erst wissen, was ich suche. Was um alles in der Welt verbirgt sich hinter dem Abstraktum aus fünf Buchstaben – »G-l-ü-c-k«?

Wie immer, wenn ich vor schier übermächtigen Herausforderungen stehe, wie zum Beispiel »Dreisatz rechnen« oder eben »das Glück finden« schlage ich nach. Und zwar dort, wo das Wissen dieser Welt gesammelt liegt:

Laut Wikipedia ist das Glück »... ein sehr vielschichtiger Begriff, der Empfindungen vom momentanen Glücksgefühl bis zu anhaltender Glückseligkeit einschließt, aber auch als ein äußeres Geschehen begegnen kann, z. B. als glücklicher Zufall oder als eine zu Lebensglück verhelfende Schicksalswende.«[1]

Da ich mit dieser Definition nicht wirklich was anfangen kann, probiere ich es mit einer etwas altmodischeren Methode und sehe im Duden nach: »Glück: Substantiv, Neutrum.« (Also doch kein Mann!) ... Bedeutungsübersicht: 1. etwas, was Ergebnis des Zusammentreffens besonders günstiger Umstände ist; besonders günstiger Zufall, günstige Fügung des Schicksals; 2. das personifiziert gedachte Glück; Fortuna; 3.a. angenehme und freudige Gemütsverfassung, in der man sich befindet, wenn man in den Besitz oder Genuss von etwas kommt, was man sich gewünscht hat; Zustand der inneren Befriedigung und Hochstimmung; 3.b. einzelne glückliche Situation; glückliches Ereignis, Erlebnis.«[2]

Das ist interessant, aber für mein Anliegen nicht konkret genug. Also gebe ich das Wort »Glück« auf Google ein und werde geradezu erschlagen von 131.000.000 Ergebnissen. Ich klicke mich unverfroren durch einige Links und vertiefe mich für die nächsten Stunden in die Glücksforschung verschiedenster Disziplinen. Ich arbeite mich durch psychologische, philosophische, theologische, neurophysiologische, wirtschaftswissenschaftliche und sogar politische Betrachtungen darüber, wo und wie das Glück zu finden sei, und stelle schnell fest, dass Glück verdammt noch mal nicht nur ein großes Wort ist. Vielmehr ist es ein Mysterium, das die Menschheit schon seit Anbeginn, noch vor Senecas »De vita beata« (»Vom glücklichen Leben«), laut Bibel nämlich schon seit Adam und Eva beschäftigt.

Vielleicht dachte Eva, der Apfel könne sie glücklich machen. Vielleicht wäre die Vertreibung aus dem Paradies nicht passiert, wenn Adam sie ordentlicher beglückt hätte. Vielleicht würden wir dann jetzt alle glücklich im Garten Eden leben oder uns dort, vor lauter Glück, so ganz ohne Leid, zu Tode langweilen. Wer weiß das schon?

Etwas erschöpft von meiner Recherche, vertiefe ich mich auf Amazon in die sogenannte Glücksliteratur, die hauptsächlich aus beschämenden Buchtiteln besteht. Solche, die man fast ausschließlich in Bahnhofsbuchhandlungen findet und nur in Ausnahmezuständen kauft, wie bei Jobverlust, Liebeskummer oder einer ernsthaft pubertären Krise, in der das Leben – ohne Kurt Cobain – so gar keinen Sinn mehr zu machen scheint. Vielleicht würden sich aber auch noch mehr Leute vor Züge werfen, wenn diese Bahnhofsbuchhandlungen nicht so hervorragend sortiert wären?

Das war geschmacklos, ich weiß. Aber als Akademikerin mit abgeschlossenem Magisterstudium der Psychologie (wenn auch nur im Nebenfach, wobei ich mich neun Semester ausschließlich mit Freud durchgemogelt habe) lehne ich Lebenshilfebücher profitorientierter Scharlatane und unbefriedigter Esoterikerinnen von Natur aus ab.

Ich gebe zu, auch ich habe schon mal zu einem solchen Buch gegriffen, obwohl mir der Tod von Kurt Cobain oder die Trennung von Take That damals nicht so naheging wie so mancher meiner Zeitgenossinnen. Aber auch ich hatte schon Liebeskummer – das eine oder andere tausendste Mal.

Von der Beschäftigung mit dem Glück ermattet, klappe ich mein Notebook zu und werfe einen Blick in die versteckten Ecken meines Bücherregals. Sieht so aus, als hätte ich gerade ein bisschen geschwindelt. Denn es ist geradezu erstaunlich, welche Mengen an Glücksliteratur ich in meinem jungen Leben tatsächlich schon angehäuft und scheinbar – nach Eselsohren und Kaffeeflecken zu urteilen – auch gelesen habe.

Ich finde die Bestseller »Sorge dich nicht, lebe!« von Dale Carnegie und »Jetzt! Die Kraft der Gegenwart« von Eckhart Tolle. Außerdem diverse Ausgaben der »Psychologie Heute« zu Themen wie »Lebensfreude – 7 Strategien der Lebenskunst«, »Glück, Glaube, Gott – Was gibt dem Leben Sinn?« oder »Glücklich leben: Der Weg der Philosophie«. Daneben stehen die »Anleitung zum Glücklichsein« von Heinrich Kalbfuss sowie das ironisch geschriebene Pendant von Paul Watzlawick, die »Anleitung zum Unglücklichsein« – ein Buch, das mir mein Psychologe bereits in der ersten Sitzung sehr ans Herz gelegt hat. Ich finde ein weiteres Werk von Watzlawick über das Glück und die Konstruktion der Wirklichkeit mit dem unglaublichen Titel »Wenn du mich wirklich liebtest, würdest du gern Knoblauch essen«.

Wenn ich tatsächlich all diese Bücher gelesen habe, tat ich das offensichtlich mit mäßig anhaltendem Erfolg. Und noch einmal lesen kommt nicht infrage. Das dauert mir zu lange, denn ich bin eine sehr ungeduldige Frau auf der schnellen Suche nach dem Glück.

Es muss einen anderen, und vor allem sofort umsetzbaren Weg geben, mich des Glückes Freund zu machen. Als ich gerade all diese Werke zurück in ihr Versteck schiebe, stoße ich auf ein altes Kinderbuch. Es heißt »Alle meine Freunde« und ist eines dieser Bücher, die man früher an seine Klassenkameraden verliehen hat. »Alle Freunde« mussten ein Foto von sich einkleben und Fragen beantworten, wie »Was ist dein Lieblingsessen?«, »Was ist deine Lieblingsfarbe?« und weitere essenzielle Dinge des ewigen Kreislaufes von Leben und Tod.

Das bringt mich auf eine Idee: Für erste praktische Anhaltspunkte werde ich Menschen in meinem Umfeld oder eben »alle meine Freunde« danach befragen, was sie persönlich glücklich macht. Und um niemanden in ersichtliche Verlegenheit zu bringen, starte ich in Form einer Rundmail eine nicht gerade wissenschaftliche, aber dafür sehr effektive Umfrage. Ich weiß, in Zeiten von Facebook ein bisschen old-school, aber wenigstens muss niemand sein Foto einkleben.

�֍

Im Laufe der nächsten Tage erhalte ich auf die Frage »Was ist Glück?« folgende Antworten:

Glück ist …

- ein gedeckter Apfelkuchen mit Sahne
- verliebt sein
- eine Küche, die immer gut besucht ist und immer genug Wein im Regal hat
- ein multipler Orgasmus

- wenn der Ball an den Pfosten prallt, zurück auf die Linie springt und dann ins Tor geht
- ein grandioser Party-Abend, an den man sich auch noch erinnern kann
- Freunde
- Kunst
- wenn ich mich spüre
- wenn die Zeit so einen bestimmten Geruch bekommt
- das Gegenteil von Talent
- frei über sich selbst zu bestimmen
- frische Luft
- eine mutige Entscheidung
- wenn mich eine Melodie zum Wiederhören zwingt
- in einer Tätigkeit zu versinken
- anderen eine Freude zu machen
- wenn ich meinen Freund von Weitem auf der Straße sehe und wir uns aufgeregt zuwinken
- die Abwesenheit von Unglück
- Küssen
- wenn Dinge eintreten, die ich mir gewünscht habe
- eine warme Bettdecke
- Ekstase – Askese, Freude – Trauer, stumm – laut
- mir treu zu sein
- in Freiheit reisen zu können
- Adrenalin + Serotonin + Zufall + Faktor x
- an den Bahngleisen im Sommerregen zu tanzen
- ein Parkplatz direkt vor meiner Haustüre
- Sport
- einen Menschen zu haben, den man liebt und von dem man geliebt wird
- Kohlenhydrate
- die erfolgreiche Bewältigung einer Herausforderung
- ausgewogen zu sein

- das Ausbleiben von Naturkatastrophen
- Schokolade
- die göttliche Fügung von Dingen
- ein Tag am Meer
- wenn das Öl steigt und man einen Call-Optionsschein hat
- mit anderen zu sein
- das Alleinsein genießen zu können
- ein Frühstück in der Sonne
- Shopping
- subjektives Wohlbefinden
- zur rechten Zeit am rechten Ort zu sein
- meine Geschirrspülmaschine
- die Aussicht auf schöne Dinge
- das Telefonat mit der Tochter
- wenn der Schmerz nachlässt
- spontan abzuhauen
- im Hier und Jetzt zu leben
- im freien Fall keine Angst zu haben

Stolz betrachte ich meine Liste, mit der das Glück endlich praktische Gestalt anzunehmen scheint. Eine Liste, die mir zahlreiche Anregungen liefert, die mir bei meiner Suche von Nutzen sein könnten. Besonders gut gefällt mir die sehr klare Definition vom Glück als »subjektives Wohlbefinden«. Ich finde, *das* sollte bei Wikipedia stehen.

Los geht's: Von nun an werde ich nichts unversucht lassen, das Glück in all seinen Erscheinungsformen aufzuspüren: als Zustand, als Prozess, als stimulierende Empfindung, als unverrückbare Tatsache. Das zufällige und das trainierbare Glück. Das große wie das kleine Glück. Egal ob Flow, Glückseligkeit oder Glücksmoment: Das Glück muss erobert werden! Oder frei nach Abraham Lincoln: »Die meisten Menschen sind so glücklich, wie sie es sich selbst vorgenommen haben.«

Glück ist ein Apfel

> „Das Glück, kein Reiter wird's erjagen,
> es ist nicht dort und ist nicht hier.
> Lern überwinden, lern entsagen,
> und ungeahnt erblüht es dir."
>
> Theodor Fontane (1819–1898),
> Schriftsteller und Apotheker

Heute ist wieder mal ein besonders glücksbefreiter Tag. Oder das Glück hat sich verdammt gut hinter meinen Kopfschmerzen und einem flauen Gefühl in meiner Magengegend versteckt. Nein, ich bin nicht krank. Ich bin verkatert. Und das an einem Montagmorgen.

Freitagmorgen wäre okay. Donnerstagmorgen: auszuhalten. Denn dann ist das Elend, wie lange man bis zum Wochenende noch durchhalten muss, wenigstens absehbar. Aber Montag? Die Vorstellung, dass die komplette Arbeitswoche, fünf volle, fiese Tage, noch vor mir liegen, lässt mich in meinem aktuellen Zustand geradezu in tiefe Verzweiflung stürzen.

Normale Menschen würden an einem solchem Tag – an dem sie sich so erbärmlich fühlten wie ich mich heute – gar nicht erst an ihrem Arbeitsplatz erscheinen. Sie würden wegen Kopfschmerzen und Übelkeit zu Hause bleiben und hätten dabei nicht einmal gelogen. Ich dagegen gehe an einem solchen Tag erst recht ins Büro. Aber ich bin auch nicht normal, sondern aus Bayern und römisch-katholisch erzogen. Selbstkasteiung ist mein zweiter Vorname.

»Wer feiern kann, kann auch zur Schule gehen!« Mit diesem Satz weckte mich meine Mutter sogar nach meiner eigenen Geburtstagsparty und schickte mich gnadenlos in die Matheklausur. Ich bekam eine Sechs und von meinem Vater mit meinen 16 Jahren die zweite und letzte Ohrfeige meines Lebens. Die erste bekam ich im Alter von acht Jahren, als ich nach einem Friseurbesuch mit einem Kurzhaarschnitt nach Hause kam. Für beide Ohrfeigen schämt er sich bis heute, denn meine bayerische Erziehung war zwar sehr auf Disziplin ausgerichtet, kam aber ohne Anwendung von Gewalt aus. Eigentlich.

Dennoch, meine bayerische »Du musst die Konsequenzen für dein Handeln tragen«-Erziehung hinterließ tiefe Spuren. So habe ich jenen besagten Satz im Laufe meines Heranwachsens eigeninitiativ zu »Wer saufen kann, kann auch arbeiten!« umformuliert und mich bis heute stets daran gehalten.

Da sitze ich also und verdrücke um elf Uhr morgens schon ein Stück Pizza mit scharfer Salami von dem Imbiss unter unserem Büro, in der Hoffnung, das flaue Gefühl in meinem Magen dadurch wieder loszuwerden. Leider passiert genau das Gegenteil und ich kämpfe noch stärker gegen die Übelkeit an. Um mich von meinem Brechreiz abzulenken, fange ich an, das Wort »Wiederkäuer« zu googeln. Wieso bin ich nicht einfach zu Hause geblieben …

Es wird höchste Zeit, mich im Alter von 30 Jahren endlich abzunabeln und eigene Maximen aufzustellen. Wie wäre es mit: »Wer sich montags schon schlecht fühlt, sollte den Rest der Woche blaumachen«?

Doch dafür ist es heute schon zu spät. Also quäle ich mich weiter durch den Tag, erfahre, dass Wiederkäuer eine pflanzenfressende Unterordnung der Paarhufer sind, und versuche, meinen miserablen Zustand vor meinen Kollegen geheim zu halten. Bis zum späten Mittag bin ich schon wieder so weit regeneriert, dass mir weder bei dem Gedanken an Pizza noch an Zigaretten schlecht wird. Und bis zum Nachmittag geht's mir schon wieder so gut, dass ich sogar rauchen kann. Als ich abends den Rechner runterfahre, habe ich nicht nur keine Zigaretten mehr übrig, sondern auch das schleichend aufkommende Bedürfnis nach einem Feierabendbier. Verrückt, dieser menschliche Organismus: ein Wunder der Selbstregeneration.

Als ich gegen 19 Uhr schon fast beschwingt das Büro verlasse, ruft mein lustiger italienischer Freund Ricci an. Es gäbe heute dieses Konzert der Banda Bassotti im SO 36 in Kreuzberg, wo wir unbedingt hinmüssten. Ich lehne natürlich ab: »Auf keinen Fall, Ricci. Ich muss jetzt nach Hause, Augenbrauen zupfen, in die Badewanne und danach sofort ins Bett.«

»Dai, vieni!«

»No.« Ich bleibe eisern.

»Dai!«

»No!« Auf gar keinen Fall.

»Dai, Christiane, non sei cosí tedesca!« Mist. Jetzt hat er mich. Denn wenn ich eines nicht ausstehen kann, dann ist es, wenn man mir vorwirft, typisch *deutsch* zu sein. Das ist noch schlimmer als die Charaktereigenschaft »geizig« oder »unspontan« unterstellt zu bekommen, die auf Platz zwei und drei der schlimmsten Vorwürfe rangieren. Statt also vernünftig und deutsch in die Straßenbahn nach Hause zu steigen, fluche ich auf Italienisch ins Telefon und nehme die Treppen Richtung U8. Richtung Untergrund, Richtung Sodom und Gomorrha.

Am nächsten Morgen erlebe ich ein Déjà-vu der besonderen Art. Ein »Und täglich grüßt das Murmeltier«-Erlebnis. Ich habe schon wieder Kopfschmerzen und bin weit davon entfernt, mir anmaßen zu können, glücklich zu sein. Denn meine postalkoholische »Ich bin Single und führe ein Lotterleben«-Depression tut meinem subjektiven Wohlbefinden gar nicht gut. Doch genau daran leide ich gerade. Ich kann mich doch nicht Nacht für Nacht auf belanglosen Partys rumtreiben, auf der Couch von italienischen Lebenskünstlern übernachten und Stück für Stück meinen Körper, meinen Geist und meine Seele mit Alkohol, Zigaretten und Schlafentzug zerstören. Das ist ungesund und hat nichts mit Glück zu tun. Ich muss handeln. Jetzt!

Ich greife zu meinem pinken, mit Pailletten und Federbüschel verzierten Lieblingsstift, der bei meinen männlichen Kollegen eine Mischung aus Rat- und Fassungslosigkeit auslöst, und erstelle folgende Liste:

1. Kein Alkohol
2. Keine Zigaretten
3. Kein Fleisch

Ich überlege, ob ich noch »kein Sex« ergänzen soll, aber das wäre zum aktuellen Zeitpunkt völlig überflüssig. Allerdings stellt diese lächerliche Drei-Punkte-Liste auch keine wirkliche Herausforderung dar. Denn es gibt genug Menschen, die nie trinken, niemals geraucht haben und schon mit elf Monaten den Fleischanteil in der »Milupa Kinderpasta Spaghetti-Bolognese« verweigert haben. Und nach meinem Umfrageergebnis zu urteilen, führt doch gerade »die Bewältigung einer Herausforderung« zu Glück. Daraus schlussfolgere ich, dass ich auf mehr verzichten muss als auf lächerliche drei gesundheitsgefährdende Genussmittel.

Ich muss härtere Geschütze auffahren und gebe auf Google »Glücklich mit fast nichts« ein. Auf Platz eins dieser Ergebnisliste erscheint »Heilfasten: Glücklich mit fast nichts«.

Es hätte auch schlimmer kommen können (»Klosterleben« erscheint auf Platz fünf). Daher schon fast erleichtert recherchiere ich weiter zum Thema. Meine Erleichterung schwindet schnell. Denn wenn ich das recht verstehe, soll man sich zu Beginn einer Heilfasten-Woche zuallererst selbst einen Einlauf verpassen und anschließend sechs Tage lang nichts außer Flüssigkeiten zu sich nehmen. Klingt nicht gerade nach dem greifbaren Glück. Aber zugegeben nach einer Herausforderung. Noch dazu wird auf zahlreichen Foren versprochen, dass Fasten glücklich mache und – Achtung – man durch Fasten seine »Happiness dauerhaft steigern« könne. (»Happiness« ist für mich das Unwort des Jahrhunderts.) Wie auch immer, es sieht danach aus, als könnte ich mir ein Stück Glück tatsächlich erhungern. Ich werde heilfasten und zwar sofort.

Alle Hinweise darauf, dass man das Fasten langsam vorbereiten sollte, ignoriere ich. Denn Sätze wie »An Ihrem Entlastungstag steht auf Ihrem Speiseplan ein lecker und fantasievoll angerichteter Rohkostsalat« lösen bei mir große Aversionen aus. Bevor ich jetzt *fantasievoll* Salat zubereiten muss, esse ich heute lieber gar nichts mehr. Außer vielleicht noch dieses klitzekleine Erdbeertörtchen von Butter Lindner. Einfach köstlich.

Nach Feierabend suche ich einen Ort auf, den ich unter normalen Umständen niemals betreten würde: den Bioladen. Ich kaufe schon aus Prinzip niemals im Bioladen ein, weil mir dieser Ökowahnsinn einfach auf die Nerven geht. Doch heute mache ich eine Ausnahme, denn ich habe die Hoffnung, all die seltsamen Zutaten, die ich für die nächsten sechs Tage benötigen werde, hier zu finden.

Bei meinem Streifzug durch die Gänge bin ich über das mannigfaltige Sortiment sehr erstaunt. Die verkaufen sogar Alkohol! Wer hätte das gedacht: Suppe kochende Yuppi-Muschis trinken Alkohol. Hut ab! Natürlich widerstehe ich der Versuchung, diesen ökologisch angebauten, vermutlich fußgestampften, Biolandwein zu versuchen und besorge stattdessen vorschriftsmäßig eine Tube Bienenhonig, 30 fastengeeignete Teebeutel ohne Zusatz von

Aromen, zwei Flaschen Obstsaft ohne Zucker und eine Flasche Gemüsesaft. Klingt nach einer Spitzenparty.

Von meinem freudlosen Einkauf schon etwas niedergeschlagen, wende ich mich an eine Verkäuferin und frage, von meinem Einkaufszettel ablesend, nach »glutamatfreier Gemüsebrühe«. Sie sieht mich völlig entsetzt an. So, als ob ich sie nach Eiern aus Käfighaltung gefragt hätte.

»Wir haben *nur* glutamatfreie Gemüsebrühe!«, faucht sie mich vorwurfsvoll an. Glutamat scheint hier ein echtes Schimpfwort zu sein. Ich denke kurz darüber nach, meine Frage mit »Tut mir leid, Tourette«, zu entschuldigen, aber entscheide mich doch für ein: »Umso besser. Und wo finde ich die?«

Sie dreht sich oberfeldwebelmäßig um und ich marschiere im Laufschritt hinterher, bis zu einem Regal, das mir eine schier endlose Qual der Wahl an Gemüsebrühe bietet. Ich entscheide mich für das Glas mit dem buntesten Etikett und bleibe tapfer, als ich an der Kasse für eine Handvoll und noch dazu ausschließlich flüssige Lebensmittel über 30 Euro bezahle.

»Das sind sechs Schachteln Zigaretten!«, höre ich das Teufelchen auf meiner Schulter in mein Ohr schimpfen und schäme mich sogleich vor mir selbst fremd (ja, das geht!).

Nachdem ich den Bioladen-Einkauf erfolgreich hinter mich gebracht habe, betrete ich hoch erhobenen Hauptes die Apotheke. Tatsächlich ist es mir unangenehmer, im Biomarkt Saft ohne Zucker zu besorgen, als in der Apotheke nach einer Dose F.X. Passage Salz zum Abführen zu fragen. Könnte ja auch sein, dass ich morgen eine Darmspiegelung habe, ich Ärmste.

Zu Hause ankommen, öffne ich meinen Kühlschrank, um alle noch vorhandenen Lebensmittel, die mich in nächster Zeit verführen könnten, zu entsorgen, oder zumindest außer Sichtweite zu stellen. Doch mein Kühlschrank ist das reinste Klischee: Drei Nagellacke, ein Glas Zitronengraspaste mir unbekannten Ursprungs und ein ekelhafter holländischer Grachtenschnaps, den ich nicht mal in betrunkenem Zustand anrühren würde. Scheint, als wäre ich für meine Fastenwoche bereits perfekt vorbereitet.

Etwas skeptisch breite ich meine neuen Bio-Errungenschaften auf dem Küchentisch aus und versuche mir einzureden, dass ich mich schon wahnsinnig auf den Beeren-Waldmeister-Tee aus ökologischem Anbau freue. Was für eine Scheiße! Womit wir schon beim Thema wären: Der Beipackzettel meines Abführmittels verrät mir, dass man das Abführsalz entweder frühmorgens auf nüchternen Magen oder abends vor dem Schlafengehen einnehmen soll. Ich beschließe, diesen unangenehmen Teil, die »Darmsanierung«, sofort hinter mich zu bringen, und löse zwei Teelöffel auf einen viertel Liter Wasser auf. Es sieht aus wie Brause, es schmeckt wie Brause. Und: Es funktioniert!

1. Tag

Als um acht Uhr morgens mein Wecker klingelt, quäle ich mich ins Badezimmer. Mein Magen knurrt. Das fängt ja gut an. Auf meiner aus dem Internet ausgedruckten Fastenanleitung steht, dass ich den ersten Tag am besten zu Hause mit Buch und Decke auf der Couch verbringen sollte. Aber ich weiß, dass ich mich zu Tode langweilen würde, wenn ich den ganzen Tag fröstelnd, allein und mit Kopfschmerzen auf meiner unbequemen Couch rumliegen müsste. Außerdem ist heute Dienstag, ein Werktag. Und: »Wer fasten kann, kann auch arbeiten!«

Also packe ich ein paar Teebeutel ein, meine Zwei-Liter-Thermoskanne und den Apfel-Kirsch-Saft ohne Zucker. Um mich wenigstens ein bisschen zu schonen, lasse ich heute das Fahrrad stehen und nehme die Straßenbahn. Am Hackeschen Markt angekommen, passiere ich schweren Herzens die Hofpfisterei – ohne mir wie sonst täglich eine frische Butterbreze zu kaufen. Stattdessen gibt es heute zwei Liter Guten-Morgen-Kräutertee aus kontrolliert biologischer Landwirtschaft. Ich gebe zu, meine Laune war schon mal besser.

Gegen Mittag setzen fürchterliche Kopfschmerzen ein, die allerdings auch damit zu tun haben könnten, dass meine Kollegen gerade darüber diskutieren, welches Lichtkonzept für unsere neuen Büroräumen angebracht wäre, und dabei alle gleichzeitig auf mich einreden. Ich trinke Tee, spare nicht am Bienenhonig und versuche, meinen aufkommenden Frust mit der lauwarmen Plörre runterzuspülen.

Auf der Suche nach einer Person, die mich bei meinem Vorhaben jetzt etwas motivieren könnte, denke ich an meine Freundin Stevani. Ich habe sie beim Dreh zur ZDF-Dokumentation »Fett weg« kennengelernt. Sie hat mit 1,60 Meter ungefähr meine Größe und sich in zwölf Monaten von 95 Kilo auf 66 Kilo runtergehungert. Stevani machte auf mich von Anfang an einen wirklich sehr glücklichen Eindruck. Vermutlich wird sie sich über meine lächerlichen sechs Tage Fasten kaputtlachen, aber das ist mir gerade egal. Ich schreibe ihr auf Facebook eine Nachricht:

Liebe Stevani, ich bin gerade auf der Suche nach dem Glück und mein erster Selbstversuch ist Heilfasten. Heute ist mein erster Tag. Ich habe Kopfschmerzen, mir ist kalt, ich habe Hunger, schlechte Laune und ich kann jetzt schon keinen Tee mehr sehen! Was kann ich tun? Hilfe! Hunger! Christiane

Als ich um halb sieben zu Hause ankomme, frage ich mich, was ich jetzt eigentlich machen soll. Der Supermarkteinkauf samt Essenszubereitung fällt schon mal weg. Wenn man nicht mehr essen muss, gewinnt man wirklich sehr viel Zeit. Zeit, die ich plötzlich sehr gern damit verbringen würde, fantasievoll Salat zuzubereiten. Dieser Salat würde ein Feuerwerk kreativer Rohkost-Kunst werden. Stattdessen gönne ich mir noch ein Viertel glutamatfreie Gemüsebrühe und anschließend das Schaumbad »Glückliche Momente« mit Hanfextrakt, bevor ich trotz Wärmflasche frierend schon um halb neun ins Bett gehe. Ich schlafe sofort ein und träume von einer Scheibe Schwarzbrot mit grober Leberwurst.

2. Tag

Man könnte sagen, ich bin ziemlich schwach auf den Beinen. Als ich morgens ins Bad taumle, fühle ich mich wie nach einer gerade überstandenen Grippe. Statt nach Kleid und Strümpfen greife ich nach einem weiten T-Shirt und Schlabberjeans. Meine Haare binde ich lieblos zu einem Knoten nach oben und nach Make-up ist mir auch nicht zumute.

Für Tag zwei steht auf meiner Fastenanleitung, dass ich heute schon einen kleinen Spaziergang machen dürfte. Also laufe ich kurzerhand zu Fuß zur Arbeit. Natürlich vergesse ich dabei nicht, frische Luft tief ein- und wieder auszuatmen. Ich friere entsetzlich. Kein Wunder. Es ist Mitte Februar und ganz Berlin, ach was, ganz Deutschland, friert bei immer noch Minusgraden. Heute hat es minus zwölf Grad. Die ideale Zeit, um mal sechs Tage nichts zu essen. Was habe ich mir nur dabei gedacht?

Im Büro angekommen, freue ich mich umso mehr, auf Facebook eine Nachricht von Stevani vorzufinden. Sie schreibt:

Hallo meine »Glückliche«! Du fastest also im Selbstversuch? Um das Glück zu finden? Interessant. Natürlich habe ich schon gefastet, so wie alle Dicken, aber Heilfasten habe ich nie durchgehalten. Und ich hasse Tee! Ich trinke ihn jeden Tag und finde ihn zum Kotzen. Ich habe über 150 Sorten ausprobiert, aber keinen gefunden, der mir schmeckt. Du fragst mich nach Tipps? Wie wäre: Tu dir was Gutes, geh spazieren, leg dich ins Solarium, lass dich massieren oder mach irgendeinen Wellnesskram. Zieh dich warm an und trink viel Tee! Haha! Ganz ehrlich: Das ist alles Quatsch, wie ich finde. Wenn ich Kohldampf hab, hab ich Kohldampf, da interessiert mich die Landschaft um mich rum herzlich wenig. Weißt du, was mich gerade in diesem Moment sehr glücklich macht? Mein Milchkaffee. Aber nicht neidisch werden, meine Süße! So, jetzt noch der einzige Tipp, der wirklich hilft: Popöchen zusammenkneifen und durchhalten! Apropos Po: Hast du abgeführt? Wenn der Magen und der Darm leer sind, treten wesentlich weniger Hungergefühle auf! Viel »Glück«, Stevani!

Ich gebe zu, ich hatte etwas Motivierenderes erwartet. Aber es geht doch nichts über eine ehrliche Antwort. Also, »Popöchen zusammenkneifen«, denke ich und nippe an meiner Tasse Pfefferminztee.

Im Laufe des Tages schnauze ich meine Kollegen so oft an, bis keiner mehr mit mir spricht. Anschließend knalle ich zwei Freundinnen mitten im Telefonat den Hörer auf. Einmal, weil sich Moni echauffiert, dass ich morgen wegen meiner »Schnapsidee Fasten«, wie sie es nennt, nicht zu ihrem Lasagne-Essen kommen will und das andere Mal, bei Betty, einfach so, ohne Grund. Nachdem meine Wut etwas verpufft ist (und ich ein Glas verdünnten Apfel-Kirsch-Saft getrunken habe), schreibe ich eine Entschuldigungsmail in die Nachbarbüros, sage dem Essen mit der Bitte um Vergebung zu und schicke Betty eine SMS: *Tut mir leid. Ich faste gerade. Verzeihst du mir?* Wenn das so weitergeht, bin ich nach sechs Tagen nicht nur Giftstoffe und ein paar Kilos los, sondern auch Freunde und Job.

Mein Abendprogramm besteht aus einem Viertelliter Gemüsebrühe, einer heißen Dusche und erneut einem großen Glas Abführmittel. Um acht Uhr schlafe ich verzweifelt und hungrig ein.

3. Tag

Laut Anleitung darf ich heute schon wieder tun und lassen, wonach mir der Sinn steht (Schweinebraten essen?). Mein Körper wird mir sagen, wenn es zu viel wird. Das passt ganz gut, denn meine Kollegen haben mir verziehen, allerdings nur unter der

Bedingung, dass ich heute nicht ins Büro komme: »Wer fasten kann, soll zu Hause bleiben!«, war ihre Ansage.

Also habe ich mir für heute freigenommen und versuche, Stevanis Ratschlag zu befolgen, nämlich mir etwas Gutes zu tun. Ich trinke Tee, gehe spazieren und lege mich für acht Minuten ins Solarium, was ich als ziemlich beklemmend empfinde. Anschließend kaufe ich mir einen Strauß bunter Tulpen, eine neue, viel zu teure Bodylotion, ein Buch und ein Paar warme Wollsocken. Wieder zu Hause heize ich meinen Kamin an, lege das »Cellokonzert Nr. 1 in C-Dur« von Haydn auf und mich selbst auf die Couch, mit meinem neuen Buch: »Landkarte des Glücks« von Eric Weiner.

So liege ich da und lese. Meine Stimmung ist stabil, allerdings bin ich ein wenig gelangweilt. Ich bin nicht richtig glücklich, aber schon ein bisschen stolz, dass ich die ersten zwei – und nach diversen Foren zu urteilen – damit die härtesten Tage überstanden habe.

Als mich dann mein Freund Gunther anruft und fragt, ob ich morgen Abend zu ihnen zum Essen kommen möchte, fühle ich mich wie Hiob unter der Prüfung Gottes. Ich liebe es, wenn mich Gunther und seine Frau in ihre schummrige Küche einladen, neue Rezepte von Jamie Oliver ausprobieren und wir Albali-Rotwein wie Wasser trinken. Doch ich bleibe stark und sage schweren Herzens ab.

Abends steht schon die nächste Prüfung an: das Lasagne-Essen! Als ich um neun Uhr bei Moni klingle, in der Hoffnung, dass alle schon gegessen haben, finde ich meine Freundinnen fröhlich versammelt um einen reich gedeckten Tisch vor. Der Duft von überbackenem Käse hat eine ähnliche Wirkung auf mich, wie der Gesang der Sirenen auf Odysseus gehabt haben muss. Statt an einer Säule festgebunden zu sein, fesselt mich mein Stolz. Ich werde nicht aufgeben. Nicht jetzt, und schon gleich gar nicht vor Zeugen.

»Also, ich muss sagen, Respekt, Christiane!«, sagt Jasmin, während sie sich ein Stück dampfende Lasagne in den Mund schiebt.

»Sechs Tage ohne Essen? Ich würde durchdrehen!«, stimmt ihr Moni zu und nippt an ihrem Champagnerglas. Ich winke ab: »Also, nach drei Tagen hat man eigentlich gar keinen Hunger mehr«, lüge ich, um mich selbst zu motivieren.

»Und wisst ihr, so eine Entgiftung tut echt total gut. Was mir wirklich am meisten fehlt, ist morgens ein Milchkaffee.« Die Damen heben alle gleichzeitig ihre Köpfe.

»Nicht mal Kaffee?«, fragt Betty nach, die bisher ganz und gar auf ihren Teller konzentriert war. Ich schüttle bedauernd den Kopf.

»Nein. Nur Scheißkräutertee, verdünnten Saft ohne Zucker und Gemüsebrühe! Darf ich mal von dem Champagner nippen?«

Der Abend verläuft, zumindest für alle anderen, feuchtfröhlich. Dem Champagner folgen literweise Roséwein, der Lasagne selbstgebackener Aprikosenkuchen von Monis Mutter. Und bis auf dieses kleine Schlückchen Champagner bleibe ich tapfer. Eigentlich wollte ich mich früh und noch vor der anstehenden Party verabschieden, aber ich bleibe. Zum einen, weil sich so eine Art Märtyrergefühl einstellt, und zum anderen, weil ich kein bisschen müde bin. Ich bin putzmunter. Mein Körper muss nicht mehr verdauen. Er steckt voller überschüssiger Energie.

Kurz nach ein Uhr bin ich immer noch hellwach und begleite die feierwütigen Bestien auf eine Geburtstagsparty, auf der ich die einzig nüchterne Person bin. Ich sehe die Welt mit anderen Augen. Ich fühle mich wie die Sehende unter den Blinden und gebe, von dieser Erleuchtung doppelt ernüchtert, nach einer halben Stunde auf. Man sollte nie nüchtern auf solch eine Party gehen. Sonst entlarvt man die »interessanten Singlemänner« als das, was sie tatsächlich sind: besoffene Vollidioten. Ich mache den polnischen Abgang und schnappe mir ein Kurzstreckentaxi. Der Taxifahrer ist sichtlich überrascht, um diese Uhrzeit einen nüchternen Fahrgast befördern zu dürfen, und ich bin erleichtert, kurz nach zwei Uhr allein in meinem Bett zu liegen.

Als ich gerade von einem saftigen Schweinebraten träume, der noch dazu sprechen kann und mir wunderbare Komplimente macht, klingelt es Sturm an meiner Haustür. Widerstand zwecklos: Meine Türklingel würde Tote wecken.

Vorsichtig frage ich durch die Sprechanlage, welches Arschloch nachts um vier an meiner Tür klingelt.

»Ich bin's. Er hat Schluss gemacht!« Das klingt eindeutig nach meinem Freund Leo. An seiner zittrigen Stimme kann ich hören, dass er geweint hat. Ich fasse mir ein Herz und lasse ihn rein, obwohl ich nichts mehr hasse als nächtliche Überfälle verzweifelter Freunde oder betrunkener Liebhaber.

Leo und ich verbringen die nächsten Stunden Kamillentee trinkend auf meiner Couch. Er hat sich mit seinem Freund gestritten. Sie haben sich getrennt, zum dritten Mal in dieser Woche. Leo redet und ich höre zu, bis auf einige klitzekleine Zwischenfragen meinerseits, wie zum Beispiel: »Könnt ihr euch nicht tagsüber streiten?«, »Kennst du eigentlich diese verrückte Einrichtung namens Hotel?« oder »Was genau habt ihr gegessen?«

Leo sieht mich verdutzt an. »Christiane, das ist doch jetzt wirklich egal!«

»Aber ihr habt euch doch beim Abendessen gestritten«, rechtfertige ich meine Nachfrage.

»Ja, aber nicht wegen des Essens, sondern weil Sebastian mir vorgeworfen hat, in seinem Handy zu schnüffeln …« Bei dem Wort »schnüffeln« schweife ich gedanklich ab. Ich sehe mich selbst als Comicfigur, die von einer imaginären Duftspur angezogen durch die Lüfte schwebt, vorbei an Leo, Richtung Ofen, in dem der dampfende Schweinebraten aus meinem Traum auf mich wartet und »Vernasch mich!« haucht.

Kurz bevor die Sonne aufgeht, sieht mich Leo schuldbewusst an: »Oje, jetzt habe ich dir die halbe Nacht gestohlen. Kann ich das irgendwie wiedergutmachen? Vielleicht morgen mit einem tollen Frühstück ans Bett?«

4. Tag

Schon ein paar Stunden später flüchte ich aus Bett und Wohnung. Leos Schnarchen wäre für mich auf jeden Fall ein Trennungsgrund. Aber das werde ich ihm erst sagen, wenn er wieder etwas stabiler ist. Ich verstecke mich den kompletten Tag ohne Handy, dafür mit Betty, in einer Saunalandschaft. Obwohl ich Betty mehrmals auffordere, bloß keine Rücksicht auf mich zu nehmen, weigert sie sich, etwas zu essen. Es geht doch nichts über Solidarität unter Frauen (was hervorragend funktioniert, solange es nicht um Männer geht). Wir teilen Tee und Wasser, machen jede Stunde einen Aufguss, massieren uns gegenseitig die Füße, dösen vor uns hin und blättern in Frauenzeitschriften. Dabei beschäftige ich mich besonders ausführlich mit den Kochrezepten und begreife zum ersten Mal, was es mit dem Begriff »Food Porn« auf sich hat.

Zugegeben, dieser Tag war so schön, dass ich das Fasten schon fast vergessen hätte. Aber nur fast. Denn eines steht fest: Sobald ich diesen Kampf gewonnen habe, werde ich etwas tun, was ich niemals für möglich gehalten hätte. Ich werde mir das Brigitte-Sammelbuch für Kochrezepte zulegen.

5. Tag

Die Aussicht darauf, dass ich morgen Abend mit einem Apfel das Fastenbrechen begehen darf, macht mich mehr als froh. Fast schon glü... Na! Wollen wir es nicht gleich übertreiben. Ich fühle mich federleicht und trage zur Feier des Tages die Jeans, die seit

Wochen ganz hinten im Schrank lag, weil ich sie nicht mehr zu-
bekam. Ich verbringe den Tag mit Aufräumen, Steuererklärung
und Wäsche waschen.

Um mich noch ein bisschen abzulenken, gehe ich abends allein
ins Kino und sehe mir »127 Hours« an. In diesem Film stürzt ein
wirklich gut aussehender Typ in eine Felsspalte und klemmt sich
seine Hand unter einem Felsbrocken ein. Er bleibt dort für 127
Stunden gefangen, also 5,3 Tage, ohne Essen. Die Identifikation
mit dem Protagonisten funktioniert. Unsere Gemeinsamkeit: Verzweiflung und Hunger.

Als er nach circa 40 Filmminuten seinen einzigen Müsliriegel
verschlingt, bin ich etwas neidisch. Doch als sich sein Wasservor-
rat dem Ende neigt und er gezwungen ist, seinen eigenen Urin zu
trinken, legt sich mein Futterneid ganz schnell. Ich nehme einen
Schluck von meinem mitgebrachten Kamillentee, der mir nicht
so recht schmecken mag.

Kurz bevor der schöne Mann drauf und dran ist zu sterben,
schneidet er sich seinen eigenen Unterarm ab, um sich aus der
Felsspalte zu befreien. Glück ist doch irgendwie relativ: Ich habe
noch beide Arme. Was will ich eigentlich mehr?

6. Tag

Montagmorgen sind meine Kollegen über meinen positiven
Stimmungsumschwung etwas irritiert und machen entweder ein
aufregendes Wochenende oder einen Fastenabbruch dafür verantwortlich. Beides falsch. Nein, ich bin glücklich, dass es ab
heute Abend vorbei sein wird. In meiner Fastenanleitung zum
sechsten Tag steht: »Sie fühlen sich, als könnten Sie Bäume aus-
reißen!« Das halte ich zwar für übertrieben, aber ich gebe zu, ich
fühle mich wirklich gut. Ich möchte nicht behaupten, dass ich das
Fasten am liebsten noch viele Tage fortführen möchte, wie es in
der Anleitung steht, aber ich bin stolz, durchgehalten zu haben.

Auf dem Heimweg stoppe ich wieder am Bioladen (was ich niemandem erzählen werde) und kaufe nichts außer einen einzigen, sehr verführerisch riechenden Apfel. Mein Geruchssinn ist dieser Tage dank der Entgiftung unglaublich geschärft. Ich bilde mir auch ein, dass der Typ an der Kasse vor mir Gras dabeihat, das er – meiner Nase nach zu urteilen – in Folie eingewickelt in seinem Geldbeutel versteckt hält. Ich werfe ihm einen komplizenhaften »Ich weiß Bescheid«-Blick zu, der ihn sichtlich irritiert.

Langsam finde ich Gefallen an diesen »Bioläden«. U-Bahn-Dealen war gestern!

Um meine Vorfreude noch ein wenig zu erhalten, schiebe ich mein Fahrrad ganz gemächlich nach Hause und stelle mir vor, wie es sich gleich anfühlen wird, diesen Apfel zu verspeisen. Oh Gott, ich bin so aufgeregt!

In meiner Wohnung angekommen, lasse ich mir weiterhin sehr viel Zeit. Ich lege Adriano Celentano auf, schneide im Rhythmus der italienischen Klänge dieses wunderschöne Stück Obst in kleine, symmetrische Würfel, setze etwas Wasser in einem Topf auf und gebe die Apfelstückchen liebevoll mit einem hölzernen Kochlöffel hinein.

Feierlich zünde ich eine Kerze auf dem Esstisch an, bevor ich mir meinen gedünsteten Apfel auf meinem einzigen Porzellanteller, den mit dem silberverzierten Rand, serviere. Ehrfürchtig und sehr behutsam steche ich mit einer kleinen Gabel zu. Das Geräusch, wie das Metall das Fruchtfleisch durchsticht, klingt wie Musik in meinen Ohren.

Langsam, ganz langsam führe ich das erste Stück Apfel zu meinem Mund. Als mir diese Köstlichkeit auf meinem Gaumen zergeht, bekomme ich Gänsehaut. Tränen des Glücks steigen mir in die Augen. In diesem Moment wird mir völlig klar, warum uns Eva das Paradies vermasselt hat. Das Glück ist ein Apfel.

SMS an Hannah: *Ich war nüchtern auf einer Party. Du hattest recht: Es geht nur ums Saufen. Was wurde eigentlich aus Saufen & Ficken?*
SMS von Hannah: *Das waren die 8oer!*

Glück ist
des „Pudels Kern"

Na, endlich fertig mit Fasten?«, fragt Hannah spöttisch über Skype nach. Heute darf sie Wein trinken, wohingegen ich mich vorsichtig mit Schwarztee in Schwung bringe. Kaffee traue ich mich noch nicht. Schließlich bin ich noch in der Aufbauphase.

»Ja, seit zwei Tagen!«, grinse ich stolz in die Kamera.

»Und? Glücklicher?« Der ironische Unterton ist nicht zu überhören. Ich nehme das nicht weiter persönlich, denn ich weiß, dass Hannah, die für ihre Doktorarbeit im Bereich Diätmedikamente geforscht hat, der Auffassung ist – geradezu sein muss –, dass jegliche Art von Diät bei nicht adipösen Menschen vollkommener Unsinn sei. Daher antworte ich mit einem fröhlichen: »Ja, klar. Ich möchte das zwar auf keinen Fall wiederholen – zumindest nicht sofort –, aber mein subjektives Wohlbefinden ist in der Tat viel besser.«

Ich plappere munter weiter und erzähle Hannah, dass ich nicht nur ein paar Kilo leichter, sondern auch um einiges an Erfahrung reicher bin. Dass ich nun um den Biomarkt als den neuen Drogenumschlagplatz weiß, wie auch um meine Leidenschaft für »Food Porn«. Außerdem dass es mir völlig plausibel erscheint, für einen Schweinebraten ein Verbrechen zu begehen, genauso wie für einen einzigen Apfel die Menschheit aus dem Paradies zu vertreiben. Ich hätte es genauso gemacht. Peace, sister Eva!

Hannah findet, ich sollte mir jetzt erst mal ein Eis mit Sahne kaufen und endlich aufhören, im Extrem nach dem Glück zu suchen: »Wenn du ganz normal isst, musst du weder abnehmen noch entgiften. Das ist alles Quatsch. Der Körper entgiftet von ganz allein. Das hat die Natur schon so eingerichtet.«

»Die Natur hat auch eingerichtet, dass Haare an Körperstellen wachsen, wo wir keine haben wollen. Und die machen wir auch weg. Oder lässt du dir Achselhaare wachsen?«

Hannah hebt ihren Unterarm und grinst. Eins zu null für sie.

❖

Auch wenn ich mich von Hannahs naturwissenschaftlichem Ansatz nicht weiter beeindrucken ließ, musste ich doch in den folgenden Tagen feststellen, dass sich das so hart und prompt gewonnene Glück genauso schnell wieder verabschiedete, wie es kam. Um ehrlich zu sein, schon nach den ersten richtigen Mahlzeiten. Alte Verhaltensmuster schlichen sich so unbemerkt ein, wie Orangen in meiner Obstschale zu schimmeln beginnen.

Bereits heute Morgen, am vierten Tag nach meiner Fastenkur, erwische ich mich dabei, wie ich meinen Kaffee trinke und nebenbei meine E-Mails lese, anstatt meine gesamte Wahrnehmung auf den Genuss dieses Milchschaumgetränkes zu konzentrieren. Ich lächle nicht mal mehr, wenn der Milchschaum meine Lippen berührt. Doch ja, ich bin immer noch dankbar und glücklich um jeden Bissen, den ich kauen darf, aber ich weine nicht mehr, wenn ich einen Apfel esse (was auf Dauer auch etwas anstrengend hätte werden können). Auch von Kleinschneiden und Dünsten ist längst nicht mehr die Rede. Vielmehr beiße ich völlig ordinär hinein, wie ein Handwerker in seine Fleischwurststulle. Es scheint, als wäre meine Heilfastenkur zwar eine schnell umsetzbare, aber keine besonders langfristige oder alltagskompatible Methode, dauerhaft glücklich zu sein. Vorausgesetzt, ich will nicht verhungern.

Um meine so hart erhungerten Erkenntnisse nicht sofort wieder unter den reich gedeckten Tisch fallen zu lassen, entscheide ich mich an diesem Samstagmorgen – gegen alle früheren Prinzipien – für einen Besuch auf dem Biomarkt am Kollwitzplatz, um mir mit frisch gepresstem Ingwer-Orangen-Saft und einem Vollkorn-Knusperbrötchen eine bewusste Freude zu machen.

Auf dem Weg dorthin entdecke ich an einen Mülleimer geklebt einen Flyer, auf dem steht: »Flamenco macht glücklich! Neue Kurse für Anfänger. Komm vorbei und tanz dich glücklich! Venga, baila te feliz!«

Bisher habe ich Aushänge im Großraum-Radius Prenzlauer Berg höchstens zur Belustigung gelesen oder um absichtlich in Rage zu geraten. Und »bisher« war *bevor* mir mein Spiegelbild Vorwürfe gemacht hat. Ich denke, man kann daher verstehen, dass ich diese Aufforderung, die in vier Sätzen und zwei Sprachen dreimal das Wort »glücklich« enthält, *jetzt* unter keinen Umständen mehr ignorieren kann. Ich sehe mich um. Als ich sicher bin, unbeobachtet zu sein, reiße ich kurzerhand den Aushang ab und knülle ihn in meine Handtasche.

Was ist nur aus mir geworden? Statt morgens mit Zigarette verkatert in Jogginghose Richtung Lidl zu latschen, treibe ich mich auf Biomärkten rum und lese Prenzlauer-Berg-Aushänge. Wenn das so weitergeht, melde ich mich bestimmt bald zu »chinesischer Seidenmalerei« an. Oder zu »Fun für Esoterik-Freunde«.

Vielleicht auch zu einem »Wildkräuter-Kochkurs« mit gemeinsamem Kräutersammeln vorab. Ach was, am besten gleich zum Wohnprojekt »Naturfrauen im Greifnest«. Abgeschiedenheit, Selbstfindung, Spiritualität, Tiere, Kinder, Natur und Binden aus Bio-Baumwolle. Ob das glücklich machen würde? Besser, ich versuche es erst mal mit Flamenco. Und hoffe sehr, dass das klappt.

�֍

Alberto freut sich, mich nächste Woche zum Flamenco für Anfänger begrüßen zu dürfen. Die Probestunde koste zwölf Euro und ich soll nach Möglichkeit bequeme Schuhe ohne Gummisohle tragen. Das habe ich mir zumindest aus seinem holprigen Deutsch zusammengereimt. Ich muss zugeben, dieser Spanier klang am Telefon schon mal ziemlich glücklich. Er hat wirklich sehr viel gelacht. Entweder ließ er nebenher die »Simpsons« laufen oder es lag an meinem hilflosen Versuch, mein Anliegen auf Spanisch zu formulieren, was nach den vielen Abenden mit Ricci eher ein »spanienisch« oder »italisch« wurde (»Ciao, soy Christiane e voglio bailar Flamenco«).

Dienstagabend stehe ich frierend vor einem ziemlich heruntergekommenen Hinterhaus in der Nähe vom Volkspark Friedrichshain und klingle mutig bei »A. Sanchez«. Eine männliche Stimme antwortet.

»Rechte Seiteflüggel, driette Stock.«

Dann ertönt ein Summer. Ich drücke die schwere Eisentür auf und schleppe mich drei Stockwerke nach oben. Dabei frage ich mich, warum sich ein »Flamenco-Studio«, in dem ständig auf den Boden gestampft wird, um alles in der Welt nicht im Erdgeschoss befindet. Denkt hier denn niemand an die Nachbarn?

Die Wohnungstür im dritten Stock steht sperrangelweit offen. Im Flur stapeln sich alle möglichen Kartons, Kisten und haufenweise Schuhe. Auf dem Klingelschild steht »Margarete Faust«, was ich in erster Linie für einen Witz halte und worüber ich kurz lachen muss. In zweiter Linie schlussfolgere ich daraus, dass ich mal wieder links und rechts verwechselt habe, was ich nicht besonders komisch finde. Ich stehe ziemlich sicher im falschen »Seiteflüggel«. Denn das hier ist ganz offensichtlich eine Privatwohnung, kein Flamenco-Studio. Als ich gerade kehrtmachen will, um drei Stockwerke runter und auf der anderen Seite wieder rauf zu laufen, ertönt plötzlich sehr laute spanische Musik aus Margaretes Wohnung.

»Hallo?«, rufe ich vorsichtig hinein. Doch die Musik ist so laut, dass auch nach meinem mehrmaligen »hola?« niemand darauf reagiert. Vielleicht bin ich doch richtig. Und falls nicht, könnte das eine einmalige Chance sein, Margarete Faust kennenzulernen. Zuallererst würde ich sie fragen, wie sie Johann Wolfgang von Goethe – den alten Miesepeter – dazu gebracht hat, eine »Happy End«-Variante von »Faust« mit Eheschließung zu verfassen. War es Sex? Geld? Oder Liebe? Und sie würde antworten: »Weißt du, Christiane, meine Ruh' war hin, mein Herz so schwer und der Johann Wolfgang und ich, wir arbeiten jetzt schon so lange zusammen, da war es einfach mal an der Zeit für einen Genrewechsel: weg von der Tragödie, hin zur Romantic Comedy. Das tat uns beiden gut.«

Von dieser Vorstellung motiviert, betrete ich mutig den Flur und folge den Klängen spanischer Musik, die inzwischen von rhythmischem In-die-Hände-Klatschen begleitet werden. Die Wohnungstür lasse ich sicherheitshalber angelehnt, um mir einen Fluchtweg offenzuhalten.

Ich gehe den schummrigen Gang entlang, vorbei an einer Küche, in der sich ungespültes Geschirr in der Spüle stapelt und es ein bisschen wie auf spanischen Straßen riecht: nach warmem Müll. Also wirklich, Margarete! Vermutlich machte ihr der Erfolg zu schaffen: »Faust I«, »Faust II« und der »Urfaust«. Plus die ganze Hausarbeit. Klarer Fall von Doppelbelastung.

Je weiter ich gehe, umso lauter wird die Musik, bis ich mich am Ende des Flurs vor der nächsten – diesmal geschlossenen – Tür wiederfinde. Durch ein Fensterkreuz fällt rötliches Licht auf die Altbaudielen.

»Hola!«, versuche ich es erneut, nun doch etwas vehementer. Auf meinen Hilferuf antwortet nun eine dumpfe männliche Stimme, die »bim bim bim – bom bom bom« skandiert, wobei ich unsicher bin, ob ich das als Antwort oder gar als Aufforderung verstehen soll, dieses Puffzimmer zu betreten. Ich entscheide mich für Letzteres und stoße die Tür so entschlossen auf, dass Andrea Sawatzki glatt noch was von mir lernen könnte.

Das Zimmer ist rot beleuchtet und unmöbliert. In der Mitte des Raumes steht ein Mann. Er steht mit dem Rücken zu mir. Trotzdem treffen sich unsere Blicke, denn die gesamte Längsseite des Raumes ist verspiegelt. Statt sich erschrocken oder überhaupt nach mir umzudrehen, klatscht er weiter im Takt der Musik, wobei er seine Hände zu zwei Schalen geformt aufeinandertreffen lässt. Seine Körperhaltung ist angespannt, sein Blick stolz. Plötzlich stemmt er die Hände in die Hüften, stampft einmal mit dem Fuß auf den Boden auf und ruft »Olé!« Und ich dachte immer, das sagen die nur beim Stierkampf.

Der Mann macht die Musik aus, dreht sich jetzt um und lächelt mich an: »Hola! Christiane? Hast du gut gefunden? Willkommen zu Flamenco!«

Dieser Mann sieht genau so aus, wie ich mir die Männerfiguren in Lorcas Erzählungen immer vorgestellt habe. Männer, von denen die Frauen die ganze Zeit reden, die aber selbst nie auftauchen. Männer, die trotz Abwesenheit anwesend sind. Geheimnisvolle Männer.

Dieser Mann sieht mich freundlich an. Dennoch bilde ich mir ein, in seinem Blick etwas Diabolisches zu erkennen, was vielleicht auch an seinen buschigen Augenbrauen liegen könnte, die sich am besten mit dem Ausdruck »Monobraue« beschreiben lassen. Ich weiche seinem Blick verlegen aus und mustere seinen Körper. Er ist schlank und hat unglaublich lange Beine. Seine schwarze Stoffhose sitzt so eng, dass ich sehr detailliert sogar seine Hoden ausmachen kann, und prompt bleibt mein Blick an seinem Schritt hängen. Ich werde derartig rot, dass ich mit meiner Umgebung verschmelze und inständig hoffe, somit nicht mehr gesehen zu werden.

Wäre ich ein schlaues Mädchen, würde ich jetzt vermutlich kehrtmachen. Aber ich bin nicht schlau, sondern auf der Suche nach Glück und daher bereit, dem andalusischen Teufel ins Auge – beziehungsweise auf die Braue – zu blicken.

»Hallo. Äh ja. Danke. Bist du Alberto?« Gut, das war auch nicht besonders schlau. Doch ich bin zugegeben froh, als er freundlich nickt und nicht mit »Nein, Mephisto«, antwortet.

»Die andere Teilnehmerin sie kann nicht kommen. Sie muss gehen zu Kranggengymnastik. Aber wir beide, Christiane, werden tanzen Flamenco. De acuerdo?« Klar bin ich einverstanden. Wenn ich schon mal in der Hölle gelandet bin, will ich auch wissen, was jetzt passiert.

Alberto fragt mich, ob ich mich noch umziehen möchte, woraufhin ich sehr entschieden den Kopf schüttle. Ich trage Jeans, T-Shirt und bequeme Schuhe ohne Gummisohle. Was ist daran verkehrt? Er erklärt mir, dass man als Frau beim Flamenco besser einen langen Rock tragen sollte, weil »man muss tanzen mit seine Kleid«. Ich verspreche, einen Rock zu simulieren und gelobe Besserung für das nächste Mal – was es bestimmt niemals geben wird. Ob der Teufel Gedanken lesen kann?

Die nächsten 60 Minuten stehe ich hinter Beelzebubs Knackarsch und versuche mit meinem heute mal wieder sehr deutschen Hintern, seine Bewegungen zu imitieren. Die Tatsache, dass drei Wände dieses Bumszimmers mit Spiegeln versehen sind, macht die Angelegenheit nur noch peinlicher. Denn ich muss mir selbst beim Tanzen zusehen. Daher bin ich sehr erleichtert, dass Alberto die Hälfte der Zeit völlig versunken mit geschlossenen Augen performt. So muss ich mich wenigstens nur vor mir selbst schämen.

Die Herausforderungen in diesem Raum sind für mich schier endlos. Schon allein der Versuch, im Takt der Musik in die Hände zu klatschen und darauf zu achten, zwischen klanglos (Schalentechnik) und klangvoll (Finger auf Handinnenfläche) abzuwechseln, treibt mir Schweißperlen auf die Stirn. Doch der Teufel hat noch lange nicht genug. Er möchte, dass ich alle Teile meines Körpers gleichzeitig und unterschiedlich koordiniere. Alberto weist mich an, leicht gebeugt und hüftbreit zu stehen und mit dem rechten Fuß nach dreimaligem Klatschen aufzustampfen, wobei ich nicht wirklich stampfen, sondern den Fuß einfach nur fallen lassen soll: »Dejalo caller!«, ruft mir Alberto euphorisch zu und ich folge. Ich stampfe, trete, klatsche und kreise.

Mein Oberkörper soll sich von meiner Beinarbeit nicht irritieren lassen, angespannt und wenn möglich unbewegt bleiben. Natürlich darf ich meine Hüfte nicht vergessen. Aber das ist noch längst nicht alles. Denn Alberto, nun vom Ehrgeiz gepackt, möchte mir auch noch die »floreos« zeigen, die »Was du machst mit deiner Hand«-Bewegung. Dazu stellt er sich vor mich und macht mir die Übung vor. Doch ich bin zu unkonzentriert, da mein Blick ständig an seinem Po hängen bleibt. Der Teufel versteht es sehr genau, meine Seele zu verführen.

Ich reiße mich zusammen und bitte Alberto, die Bewegung noch einmal zu wiederholen. Geduldig streckt er seine Arme nach oben über seinen Kopf und dreht beide Hände mit gespreizten Fingern in unterschiedliche Richtungen um ihre eigene Achse, während er seine Arme langsam wieder nach unten führt. Ich versuche, seiner Bewegung zu folgen, und lasse die Arme wie ein Flügelschlag langsam von oben nach unten sinken, wobei die Hände weiterkreisen und die Ellbogen nach oben zeigen sollen, natürlich, ohne die Schultern dabei zu heben. Erst als mir Alberto sagt, ich solle mir vorstellen, mich aus einem Schwimmbecken zu stemmen, nähere ich mich dieser Bewegung irgendwie an. Doch alles in allem fühle ich mich wie einer dieser bunten Zauberwürfel, ein *Magic Cube*, dessen verschiedene Elemente ich verzweifelt in alle Richtungen drehe, im vergeblichen Versuch, ein farbiges Gesamtbild entstehen zu lassen.

»Puh, das ist ganz schön schwer!«, bemerke ich, als wir am Ende unserer Tanzstunde angekommen sind. Alberto gibt zu, dass Flamenco in der Tat kein leichter Tanz ist und ich daher, wenn es nicht gleich klappt, nicht verzweifelt sein soll.

»No desesperarse!« Er lächelt mich an und ich nutze die Gelegenheit, um die eine und einzige Frage zu stellen, die mir schon die ganze Zeit auf der Seele brennt: »Alberto, wie und warum macht Flamenco glücklich?«

Während ich bereit bin, für die Antwort auf diese Frage einen Pakt mit dem Teufel zu schließen, diesen mit einem »Tröpfchen Blut« zu besiegeln, meine Seele zu verkaufen und sogar die restlichen Dienstage meines Lebens mit Flamenco und Mephisto zu verbringen, sieht Alberto mich nur fragend an.

»Glucklich?« Alberto zuckt mit den Schultern.

»Flamenco ja macht Spaß. Aber glucklich. No lo sé.« Diese Antwort irritiert mich ein wenig.

»Aber du hast doch geschrieben: »Flamenco macht glücklich!« Ich ziehe aus meiner Handtasche den zerknüllten Flyer und halte ihn Alberto als Beweisstück unter die Nase. Papier lügt nicht, oder?

Alberto lacht und erklärt mir abwinkend, dass seine Freundin Margarete diesen Aushang für ihn gemacht habe, weil er nicht so gut Deutsch könne. Und sie hat ihm erzählt, dass »glucklich« bei den Deutschen immer funktionieren würde.

Das ist doch nicht zu fassen. Dieses Gretchen hat sich scheinbar mit dem Teufel verbündet, eine geniale Marketingstrategie entworfen, um naive deutsche Dummköpfe, wie ich einer zu sein scheine, reinzulegen. Na ja, ich kann es dem Gretchen nicht verdenken. Auf der einen Seite der ganze Mist mit der verkorksten Beziehung zu Dr. Faust, die schon scheiterte, bevor es überhaupt richtig losging und über die sich bis heute noch alle Welt das Maul zerreißt. Und auf der anderen Seite: dieser Hintern!

Trotzdem bin ich ein wenig enttäuscht, was Alberto zu bemerken scheint. Er klopft mir aufmunternd auf die Schulter: »Bestimmt macht auch glucklich. Aber für mich Flamenco ist, ja eine Leidenschaft, aber auch meine Beruf. Damit ich verdiene mein Geld. Pués, Christiane, kannst du gleich bezahlen?«

Da steh ich nun, ich armer Tor! / Und bin so klug als wie zuvor.

SMS an Hannah: *Ich hätte fast meine Seele an den Teufel verkauft!*
SMS von Hannah: *Hauptsache, du kaufst nicht wieder dieses Happy-Hippy-Duschgel.*

Glück ist nur eine Flugstunde entfernt

„Dänemark bildet das Gleichgewicht in Europa.
Man kann sich keine glücklichere Existenz denken."

Soeren Kierkegaard (1813–1855),
dänischer Philosoph, »Entweder – Oder«, 1. Teil

Natürlich habe ich längst angefangen, Statistiken und Umfragen zum Thema »die glücklichsten Länder« zu recherchieren. Dabei fällt mir auf, dass die Dänen immer wieder als Spitzenreiter der glücklichsten Völker erwähnt wurden. Das wundert mich sehr. Ich habe bisher mit Dänemark nichts verbunden außer Dunkelheit, Lars von Trier (dem Meister der cineastischen Depression) und dem berühmten Satz aus Shakespeares »Hamlet«, in dem Marcellus argwöhnisch feststellte: »Something is rotten in the state of Denmark«. Ob er auch von diesen Umfrageergebnissen gehört hat?

Im unermüdlichen Kampf gegen mein Halbwissen lese und klicke ich mich weiter durch das Netz. Es bleibt verblüffend. Auf der Online-Seite der »Süddeutschen Zeitung« finde ich den Bericht »Das Glück der Dänen«[3], demzufolge die Dänen in Umfragen schon seit mehr als 30 Jahren als die zufriedensten Menschen in der Europäischen Union abschneiden. Der österreichische »Standard« schreibt: »Die Dänen: reich und glücklich«[4], der »Focus«: »Was Dänen glücklich macht«[5] und im »Spiegel« entdecke ich den bezaubernd klingenden Artikel »Warum die Dänen so lykkelig sind«[6].

Die »Bild« beruft sich in dem Artikel »In Dänemark sind die Menschen am glücklichsten«[7] auf eine Studie der Organisation für wirtschaftliche Zusammenarbeit und Entwicklung (OECD). Diese sagt, dass sich acht von zehn Länder, in denen die Befragten besonders glücklich sind, in Europa befinden.

Die Top Five sind:

Platz 5: Irland

Platz 4: Schweden

Platz 3: Niederlande

Platz 2: Finnland

Platz 1: Dänemark.

Schon wieder. Marcellus hatte recht: Da ist doch was faul!

Ich wusste nicht einmal, dass Glück messbar ist, bis ich heute von dem »Happy Planet Index«[8] (HPI) erfuhr. Dieser »Glückswert« entsteht durch die Kombination von Werten zu Lebenszufriedenheit, Lebenserwartung und ökologischem Fußabdruck. Andere Wissenschaftler gehen bei ihrer Glücksmessung sehr viel pragmatischer vor und stellten weltweit Fragen wie: »Hat Ihnen etwas von dem, was Sie gestern getan haben, Spaß gemacht?«, oder: »Wurden Sie gestern respektvoll behandelt?« Eine stark tagesform- und auch milieuabhängige Herangehensweise, wie ich finde. Zumindest würde bei mir die Antwort auf eine solche Frage an einem Sonntag sehr viel positiver ausfallen als an einem Dienstag.

All diese Artikel warten mit verschiedenen Begründungen für die glückliche Lebenseinstellung der Dänen auf. Zu den wiederholt genannten Kriterien zählen »Wohlstand«, »gutes Gesundheitssystem«, »geringe Arbeitslosenquote«, »hervorragendes Bildungssystem« oder »ökologisches Bewusstsein«. Doch auf der anderen Seite lese ich wiederholte Male, dass sich der Faktor »Geld« nur in Staaten mit geringem Pro-Kopf-Einkommen positiv auf das Glücksempfinden auswirkt. Damit fällt Dänemark raus. Denn die haben so viel Geld, dass es einfach keine Rolle mehr spielt.

Ein weiterer Widerspruch ist die niedrige Lebenserwartung der Dänen, die in deren hohem Tabak- und Alkoholkonsum begründet liegt, sowie die zunehmende Einnahme von Antidepressiva gegen Stress und »Burn-out« – was ich wiederum für eine Modeerscheinung halte. Hast du kein Burn-out, gehörst du heutzutage ja schon gar nicht mehr dazu (»Was? Kein Burn-out? Faule Sau!«). Wollen die Dänen einfach nur mit dem Trend gehen?

Ich erfahre von weiteren Eigenheiten Dänemarks, wie zum Beispiel von der Tatsache, dass auf die 5,5 Millionen Einwohner doppelt so viel Schweine kommen. Möglicherweise gibt es einen Zusammenhang zwischen Glück und dem erfolgreichen »Wirtschaftsfaktor Schwein«? Oder liegt es doch eher daran, dass sich die Dänen hauptsächlich mit dem Fahrrad fortbewegen, was ich allerdings nicht weiter verwunderlich finde, denn Dänemark ist flach wie 'ne Flunder. Der höchste »Berg« ist 173 Meter hoch. Falls der Schlüssel zum Glück tatsächlich im Radfahren liegt, würde das zumindest erklären, warum die Niederlande schon auf Platz drei auf der Landkarte des Glücks erscheinen.

Ein ganz anderer Ansatz, den ich wirklich faszinierend finde, erklärt das dänische Glück mit zwei simplen Aspekten: 1. »Niedrige Erwartungen« und 2. »Fußball«. Nach eigener Aussage hätten die Dänen grundsätzlich »niedrige Erwartungen« an die Zukunft und würden dadurch so gut wie nie enttäuscht, sondern fast ausschließlich überrascht werden. Wie zum Beispiel im Jahre 1992 als Dänemark überraschend Fußball-Europameister wurde. Das ganze Land geriet in einen riesigen Freudentaumel, dessen Euphorie bis heute anhält. Niedrige Ansprüche und Fußball. Der Schlüssel zum Glück: »Smörrebröd und Spiele«?

Möchte ich das Glück von den Dänen erlernen, würde das nach meinem aktuellen Kenntnisstand bedeuten, dass ich meine Erwartungen runterschrauben und überall mit dem Fahrrad hinfahren müsste. Außerdem sollte ich endlich anfangen, mich für Fußball zu interessieren. Ich stelle mir vor, wie ich mit dem Fahrrad ins Stadion fahre und mich auf eine Niederlage meiner Mannschaft einstelle. Wie ich es im Glückstaumel wieder verlasse, weil diese – entgegen allen Erwartungen – gewonnen hat. Abends würde ich zu Bett gehen und mich beim Einschlafen darauf einstellen, vielleicht schon morgen bei einem Radunfall tödlich zu verunglücken. Wieder wäre die Freude groß, wenn gerade das nicht passiert. Klingt logisch. Liegt die Erklärung für das Glück möglicherweise in einer pessimistischen Lebenseinstellung?

Na gut. Vielleicht ist es nicht richtig, »niedrige Erwartungen« automatisch mit »pessimistischer Lebenseinstellung« gleichzusetzen. Aber mal Hand aufs Herz: Keine Ansprüche, keine Erwartungen, womöglich keine Träume mehr zu haben, nur um sich vom Unglück nicht überraschen zu lassen, nur um Enttäuschungen gezielt aus dem Weg zu gehen, klingt auch nicht richtig. Das klingt nach »nie wieder einen Mann küssen, weil man fürchtet, er könne davonlaufen«. Das klingt nach »nicht hoffen, nicht lieben, nicht leben«. Was hat das denn noch mit Glück zu tun?

Es hilft nichts. Bei manchen Dingen – wie bei der Suche nach dem Glück oder dem passenden Parfüm – reicht es eben nicht aus, nur im Internet zu recherchieren. Das muss man riechen, fühlen, schmecken. Auch wenn ich Gefahr laufe, meinen ökologischen Fußabdruck auf Elefantengröße auszuweiten: Das Glück ist nur eine Flugstunde entfernt. Eine Stunde! Genau so lange dauert es auch, mit der U2 von Ruhleben nach Pankow zu fahren. Und ich muss da hin! Also, nicht nach Pankow, sondern nach Dänemark. Denn ich will auch *lykkelig* werden.

Kurzentschlossen öffne ich eine neue Seite und buche mir einen Flug in Dänemarks Hauptstadt. Ich werde vor Ort meine

eigene Umfrage starten und die Ursachen für das Glück er-
forschen. Ich werde die Dänen beobachten, befragen und von
ihnen lernen! Außerdem habe ich jetzt so unglaubliche Lust
auf Smörrebröd.

✿

Freitagabend: Kopenhagen. Ich habe so gut wie nichts bei mir,
außer den klobigen Ugg-Boots an meinen Füßen, dem Anorak
an meinem Körper und einer sehr kleinen Tasche Handgepäck.
Denn: »Wer glücklich reisen will, reise mit leichtem Gepäck.«
Das sagte zumindest Antoine de Saint-Exupéry. Und der Schöpfer
des »Kleinen Prinzen« sollte sich nun wirklich auskennen mit
Leuten, die reisen, um ihr Glück zu finden.

Noch bevor ich den kilometerlangen Designer-Flughafen überhaupt verlassen habe, lauert bereits die erste Hürde auf mich,
in Form eines Ticketautomaten für öffentliche Verkehrsmittel.
Trotz Abitur und Hochschulabschluss scheitere ich kläglich. Kein
Wunder, dass die alle Fahrrad fahren.

Ich wende mich ab von dieser schrecklichen Maschine, hin
zu einem Menschen hinter einer Glasscheibe. Dieser Mensch ist
eine Frau. Sie lächelt mich an und fragt mich auf Englisch, wie sie
mir behilflich sein könne. Ich erkläre ihr mein Anliegen, nämlich
dass ich gern ein Ticket kaufen möchte, und sie nennt mir einen
Preis in einer Währung, die ich nicht kenne, die aber nach einem
wunderschönen Märchen klingt. Ich dachte, dass mit dem Euro
hätte sich auch schon bis nach Dänemark rumgesprochen. Ich
verzichte darauf nachzufragen und zahle stillschweigend mit
Karte, was »no problem at all« ist. Erneut ernte ich ein strahlen-
des Lächeln und das Verrückte daran ist: Das Lächeln ist echt.

Fest steht: Dieser Dialog wäre an einem Berliner BVG-Schalter
ganz anders verlaufen: »Watn dette da?« – »Wie bitte?« – »Jetzt
werd'n Se ma nich frech!«

55

Die Metro ist der reinste Geisterzug. Es gibt keinen Zugführer. Ich habe den ganzen Zug abgesucht. Ich schwöre: kein Mensch. Es gibt auch niemanden, der einen durch Lautsprecher anschreit, dass man gefälligst zurückbleiben soll, niemanden, der stinkt und Zeitungen verkauft, die kein Mensch haben will. Alles läuft automatisch, futuristisch, ein bisschen wie in Huxley's »Brave New World« (gibt's hier irgendwo »Soma to go«?).

Zwei Stunden später finde ich mich in einer Bar im Stadtteil Nørrebro wieder. Ich trinke Bier. Ich glaube, ich habe das mit dieser Märchenwährung Kronen nicht richtig verstanden. Denn gemäß meiner Umrechnung würde sonst dieses Fläschchen Bier sechs Euro kosten. Und das ist völlig ausgeschlossen. Nirgendwo auf der Welt kann eine Flasche Bier sechs Euro kosten. Schon gleich gar nicht im glücklichsten Land der Welt, das sich zugleich durch hohen Alkoholkonsum auszeichnet.

Aber ich bin ja nicht hier, um den Bierkonsum zu untersuchen, sondern ich habe eine Mission. Also nehme ich all meinen Mut zusammen und spreche den jungen Mann neben mir an, der gerade sogar sein Bier mit Plastikkarte bezahlt.

Ich erkläre ihm auf Englisch, warum ich hier sei und dass ich gern wissen möchte, ob er »lucky« sei.

»Yes, of course«, sagt er und prostet mir zu.

Das kam aber flott. Vielleicht hat er mich nicht verstanden? Ich glaube, ich habe das falsche Wort benutzt. Denn »luck« ist eigentlich nicht richtig. Das bezieht sich mehr auf das unerwartete Glück, den Lottotreffer, die Zufallsliebe. Und vielleicht hat er sich gerade in mich verliebt? Um auf Nummer sicher zu gehen, formuliere ich meine Frage um und versuche es erneut: »And … are you happy?«, denn ich glaube mich zu erinnern, dass »happiness« – wenn es nicht gerade als Marketingnutte missbraucht wird – mehr dem deutschen Wort für »Glück« entspricht.

Der blonde, und sehr bärtige, junge Mann, der für einen Dänen nach meiner provinziellen Denke erstaunlich klein geraten ist, antwortet erneut prompt: »Yes. Of course I am happy. Skål!«

Wir prosten uns wieder zu und unterhalten uns ein wenig. Überrascht stelle ich fest, dass mein glückliches Gegenüber noch dazu erstaunlich nüchtern ist. Er erklärt mir sein Glück damit, dass er es einfach jeden Morgen genießen würde, in seiner Küche zu sitzen, Kaffee zu trinken und Zeitung zu lesen. Allein. Das mache ihn glücklich.

Ich hake im Geiste »niedrige Erwartungen« als zutreffend ab und bedanke mich bei Ole, der mir viel Glück für mein Vorhaben wünscht – und es auch so meint. Ein paar Schluck später lerne ich Viggo kennen, der ganze zwei Sekunden nachdenkt, bevor er zugibt, in der Tat »happy« zu sein.

Viggo sagt, er sei glücklich, weil er beschlossen habe, glücklich zu sein. Denn das Glücklichsein würde ihn sehr glücklich machen. Dann stellt er mir seinen Freund Frederik vor, der mich lauthals auslacht, als ich ihm erzähle, dass ich hier sei, um von den Dänen das Glücklichsein zu erlernen. Frederik kann gar nicht mehr aufhören zu lachen, bis ihm schließlich Tränen in die Augen schießen, die er verschämt wegwischt. Scheint so, als seien das keine Freudentränen.

»He is lovesick«, erklärt Viggo und klopft seinem Freund aufmunternd auf die Schulter. Ich verstehe: Auch der zum Glücklichsein prädestinierte Däne scheint vor Enttäuschungen mit dem anderen Geschlecht nicht gefeit zu sein. Die nächste Runde geht auf mich.

�֍

Am nächsten Morgen stehe ich in einer sehr langen Schlange an der Dusche an. In Ugg-Boots. Das einzige Paar Schuhe, das ich dabeihabe – dank Saint-Exupéry, der bestimmt noch nie in einem Hostel duschen war.

Eins steht schon mal fest: Bei zukünftigen Reisen werde ich dazu stehen, dass ich inzwischen eine 30-jährige Frau bin, die nun mal eines gewissen Maßes an Luxus bedarf. Ich werde nie wieder in ein Hostel gehen. Um mich herum toben Amerikaner, Spanier, Holländer und unvermeidlicherweise auch ein paar Deutsche. Die »Schlangen-Gespräche« drehen sich um »best places to hang out«, »amazing crazy stuff« und »awesome shit«. Ich stelle mich taubstumm.

Doch als ich höre, dass das warme Wasser alle ist, kommt es zu einer Spontanheilung. Ich stoße einen kurzen Fluch aus, verlasse die Schlange und beschließe, dass Duschen am Morgen völlig überbewertet sei und keinerlei Priorität bei der Suche nach dem Glück habe.

Auf dem Weg Richtung Stadtzentrum komme ich aus dem Staunen gar nicht mehr raus. Hier sieht jede Ampel danach aus, als hätte sie einen Designerpreis gewonnen. Die Gefahr, nach einem Wochenende in dieser Stadt materialistischem Verfolgungswahn zu erliegen, ist groß: Alles ist edel und geschmackvoll. Auch die verwunschene Bäckerei in Christianshavn, die ich auserkoren habe, um meine erste dänische Mahlzeit zu mir zu nehmen.

Der Andrang ist gewaltig, die Schlange lang. Dagegen war die Dusche eine Trockenübung. Aber der Laden ist gut organisiert. Damit es zu keinem rüpelhaften Durcheinander kommt, muss man am Eingang eine Nummer ziehen, was ich leider erst nach einiger Zeit des Wartens registriere. Als endlich meine Nummer angezeigt wird, kann ich mich nicht entscheiden, welches dieser verführerischen Gebäckstücke ich zuerst versuchen soll. Zimtschnecken, Apfeltaschen, Schokoladenhörnchen, Himbeertörtchen, Rosinenschnecken oder eine der vielen Plundertaschen mit Cremefüllung und Zuckerguss? Hannah würde jetzt bestimmt nach einer Butterbreze fragen.

Der junge Mann hinter der Theke wartet geduldig, bis ich meine Auswahl getroffen habe und ihm per Fingerzeig signalisiere, auf was ich es abgesehen habe. Die Tatsache, dass ich mich noch dreimal umentscheide und über zehn Leute hinter mir in der Schlange stehen, bringt ihn keineswegs aus der Ruhe. Als er mir die Summe nennt, halte ich ihm einzelne Münzen entgegen, weil ich immer noch keine Ahnung von diesem Geld habe. Er erklärt mir, dass der jeweilige Betrag auf der Münze stehen würde. Ich drehe und wende sie, kann keine Zahl finden und strecke ihm zum Beweis so ein durchlöchertes Stück entgegen.

Obwohl ich mich gerade wie eine grantige Oma benehme, lächelt der junge Mann weiter, sagt, dass es sich hierbei um eine Krone handle, und zeigt mir auch, wo die Zahl zu lesen ist. Er gibt mir die Krone zurück und ergänzt, dass ich ihn aber gern bei jeder Münze wieder fragen könne. Und er meint das nicht ironisch. Ich bin zu durcheinander von diesem Wunder an menschlicher Geduld und Freundlichkeit, kapituliere und strecke ihm schließlich meine Kreditkarte entgegen. Als wir den finanziellen Teil endlich erledigt haben, wünscht er mir freudestrahlend: »Have a wonderful day in Copenhagen!« Wenn ich noch länger bleibe, hält er vielleicht um meine Hand an.

Ich setze mich mit meinem Potpourri aus feinstem Gebäck ans Fenster, schaue auf den Kanal und erfreue mich an den kleinen bunten Booten, die sich auf der glitzernden Wasseroberfläche widerspiegeln. Dazu genieße ich mein Himbeertörtchen, das mich vor Glück fast weinen lässt! Es ist unbeschreiblich zart, süß und säuerlich zugleich. Herrlich.

In meinem Notizbuch, auf dem peinlicherweise Brad Pitt oben ohne abgebildet ist, halte ich folgende Stichpunkte fest: Schlüsselbund zum Glück = erlesenes Gebäck, übermenschliche Geduld und Freundlichkeit. Wie machen die das nur?

Vielleicht finde ich die Antwort darauf ganz in der Nähe, nämlich in der Freistadt Christiania. Das ist eine alternative Wohnsiedlung, eine Art Hippie-Kommune. Ich habe gelesen, dass man dort legal Drogen kaufen kann, aber nicht fotografieren dürfe.

Und als ich dort ankomme, verstehe ich auch nicht, was man hier fotografieren sollte. Es sieht aus wie an einem ganz normalen Sonntag in Berlin. Wie im Görlitzer Park, der Wagenburg an der Lohmühle oder wie im Innenhof vom Bethanienhaus. Die Leute sitzen im Freien, auf Bierbänken und machen was? Richtig: Sie trinken Bier. Die einen oder anderen rauchen einen Joint, werfen Stöckchen für ihre Hunde oder stehen an Ständen für Shawarma und Pølser an. Letzteres sind Würstchen, die auf völlig absurde Weise in Weißmehlbrötchen gesteckt wurden und mir eher Angst einjagen als Appetit machen.

Nach einem kurzen Rundgang teile ich die hier anwesenden Menschen in drei Kategorien ein: Erstens, die alteingesessenen Spät-Achtundsechziger, die für ihre Ziele gekämpft haben und nach deren Erreichung nichts mehr mit ihrem Leben anzufangen wissen, jetzt im Bauwagen leben, ihr eigenes Gemüse anpflanzen und auf die Touristen schimpfen, weil sie nicht wissen, auf was sie in ihrem perfekten Staat sonst schimpfen sollten. Die zweite Kategorie ist ganz in Ordnung. Das sind Jugendliche, die einfach nur kiffen, oder ein Date in zwangloser Umgebung absolvieren wollen. Da wo ich herkomme, wäre das Pendant dazu das »Superhupferl« auf dem Volksfest oder die versteckten Ecken der Landesgartenschau gewesen. Die dritte Kategorie sind Touristen, so wie ich. Nur dass ich nicht vorhabe, mir bunte Haarbänder, Räucherstäbchen oder selbst gehäkelte Umhängetaschen zu kaufen. Ich suche das Glück.

Ich sehe mich nach Kategorie zwei um und setze mich zu einer Gruppe Jugendlicher, die ihre Hunde dabeihaben. Etwas unbeholfen erkläre ich ihnen mein Anliegen und komme mir dabei ziemlich bescheuert vor. Früher hätte ich nach Gras gefragt, heute frage ich nach Glück.

»Of course, we are happy!«, antwortet das Alphatier der Gruppe – ein ungefähr 17-jähriger Rotschopf. Die anderen kichern zustimmend. Ich frage ihn warum. Entgegen meiner Erwartung hat seine Antwort nichts mit Drogen, Selbstbestimmung oder Freiheitsblabla zu tun. Er sagt: »It's because of the Danish sense of humor. It is a very black sense of humor.« Die anderen nicken wieder artig. Nils, wie der junge Mann heißt, erklärt mir, dass die Dänen auch in der größten Notsituation ihren Humor behalten würden. Daher seien sie so glücklich. Ich frage ihn, was das für eine Notsituation sein könnte, wann es ihm im Speziellen oder den Dänen im Allgemeinen schon mal richtig schlecht gegangen sei. Nils und seine Possy überlegen lange. Sehr lange. Dann hält er mir seinen Joint entgegen und fragt: »Wanna smoke?« Ich zögere kurz. Sehr kurz.

Es ist Samstagnachmittag in Kopenhagen. Ich trage Ugg-Boots, die Sonne scheint und mein Haar ist mir völlig egal, denn ich bin dem Glück auf heißer Spur. Von feinstem dänischen Marihuana leicht benebelt, habe ich mir ein »hop on and off«-Ticket für eine Bootsrundfahrt gekauft, doch auf keinen Fall vor, dieses Boot die nächsten Stunden zu verlassen. Wir schippern durch enge Kanäle unter steinernen Brücken hindurch und rasen über die wilden Wasser der Kopenhagener Seen vorbei an zahlreichen Sehenswürdigkeiten dieser Stadt. Vorbei an bunten Hausbooten, dem gläsernen Theater, der prunkvollen Oper und dem Schloss der dänischen Königsfamilie bis zur kleinen Meerjungfrau, auf die ich mich schon besonders gefreut habe. Doch das Wahrzeichen von Kopenhagen stellt sich als glatte Enttäuschung heraus. Die kleine Meerjungfrau sieht gar nicht glücklich, sondern sogar ziemlich traurig aus. Kein Wunder. Schließlich hatte ihr Traummann die andere geheiratet, weil er fälschlicherweise dachte, dass diese ihn vor dem Ertrinken gerettet hätte. Männer! Dabei wollte die kleine Meerjungfrau doch nichts lieber als »am ewigen Glücke der Menschen« teilhaben. Ob sie wusste, auf welche Odyssee sie sich da einlassen wollte?

Zurück an Land finde ich mich in Nyhavn wieder, das dem Cover eines Reiseführers entsprungen zu sein scheint. Blaue, rote und gelbe Häuser säumen die Ufer, auf deren Promenade sichtbar glückliche Menschen trotz kaltem Wind die ersten Sonnenstrahlen genießen. Ich folge dem Duft frischer Waffeln und hole mir das größte Waffeleis mit Sahne, das ich die letzten zehn Jahre gegessen habe. Aufgeregt wie ein Kind setze ich mich ans Ufer, mittenrein zwischen die Dänen, und esse genüsslich mein Eis. Nein, ich esse nicht. Ich schlemme! Ich will dieses Eis heiraten. Ich bin auf einmal so glücklich, dass ich diesen Moment unbedingt festhalten möchte und von mir selbst ein Foto schieße. Als ich das Ergebnis meiner Fotokunst betrachte, muss ich lachen und frage mich, wann ich das letzte Mal Sahne auf der Nase hatte.

Ich finde, es ist höchste Zeit, die kleine Meerjungfrau von ihrem einsamen Sockel zu holen und genau hierhin zu setzen. Dann hole ich meinen nackten Brad Pitt aus der Tasche und streiche alle meine Notizen für mögliche Erklärungsversuche wieder durch. Darunter schreibe ich: »Glück ist ansteckend«.

SMS von Hannah: *Und? Was ist der Glückstrick der Dänen?*
SMS an Hannah: *Keine Ahnung. Aber er funktioniert.*

Glück ist ein Virus

„Der wahre Weg, um Glück zu erlangen, besteht darin, andere Menschen glücklich zu machen."

Robert Baden-Powell (1857–1941), britischer Kavallerie-Offizier und Gründer der Pfadfinderbewegung

Zurück in Berlin vermisse ich all die glücklichen Menschen sofort. Bereits am Flughafen schnauzt mich am Taxistand so ein Smart-Phoner im Anzug an: »Hinten anstellen, junges Fräulein!« Ich schnauze zurück mit: »Entweder telefonieren *oder* Taxi fahren«, und steige trotzig ein. Merke: Anzugträger ist nicht gleich Gentleman.

Im Taxi ist die Stimmung nicht wirklich besser. Als ich nachfrage, ob ich auch mit Karte bezahlen könne, lautet die Antwort nicht »no problem at all«, sondern: »Det wär ja noch schöner! Weßte, wat wir da an Jebühren bezahlen müssen?«

Als ich endlich zu Hause ankomme und zu all dem noch ein Schreiben der Hausverwaltung in meinem Briefkasten vorfinde, bekomme ich auch schlechte Laune. Ich möchte doch bitte mit Rücksicht auf die Hausgemeinschaft mein Fahrrad in die dafür vorgesehenen Fahrradständer abstellen, und nicht an den einzigen Baum im Innenhof ketten. Ich weiß ganz genau, wer von meinen Nachbarn mich da mal wieder angeschwärzt hat: der selbstständige Kameramann aus dem dritten Stock im Vorderhaus. Diese Freiberufler in Berlin sind schlimmer als Rentner, Hauptbeschäftigung: Spionieren und Petzen. Hitchcocks »Fenster zum Hof« ist eine Komödie dagegen.

Ich mache wütend kehrt, sperre mein Fahrrad auf und kette es an das Gestänge des blau-roten Plastiksandkastens, der mir längst ein Dorn im Auge ist. Wer bitte schön braucht denn in Prenzlauer Berg einen Sandkasten im Innenhof? Dieser ganze Stadtbezirk ist ein einziger Sandkasten. Ich hätte große Lust, da gleich mal reinzupinkeln. Aber bestimmt hat sich der Freiberufler schon mit Kamera in Spionageposition gebracht. Willkommen zu Hause.

Als ich mich endlich ins Bett werfe, ist es schon so spät, dass ich gute Chancen hätte, Hannah zu erreichen. Und tatsächlich, ich habe Glück. Natürlich habe ich Glück, schließlich habe ich mich in Kopenhagen gerade damit angesteckt.

Als Hannahs lustig verschlafenes Gesicht auf meinem Bildschirm auftaucht, bessert sich meine Laune sofort. Während sie Zähne putzt, erzähle ich ihr von meinem Wochenende, von meiner Reise ins Glück und von meiner Theorie, dass Glück ansteckend sei.

Ich schwärme Hannah vom dänischen Gebäck vor, von den bunten Schiffchen, der traurigen Meerjungfrau und von den Dänen im Allgemeinen, die alle aussehen, als seien sie dem H&M-Katalog entsprungen, und die so freundlich und geduldig seien wie IKEA-Mitarbeiter.

»Ich habe gelesen, dass bei H&M und IKEA katastrophale Arbeitsbedingungen herrschen sollen. Außerdem kommt beides aus Schweden, nicht aus Dänemark«, unterbricht Hannah meinen Redefluss.

Doch davon lasse ich mich nicht irritieren und erzähle weiter von meinem gestrigen Abend, als ich zum ersten Mal in meinem Leben in einem Club mit Ugg-Boots getanzt habe. Und zwar nicht, wie Hannah vermutet, weil mich in Kopenhagen eh niemand kennen würde, sondern weil ich einfach Lust dazu hatte, weil ich unbeschwert war, weil das ganze Leben – umgeben von glücklichen Menschen – plötzlich sehr leicht und ganz wunderbar erschien.

»Ich war einfach glücklich.«

»Nach wie vielen Gin Tonics?«, will Hannah wissen und wir müssen beide lachen.

»Nach zwei«, gebe ich ehrlicherweise zu. »Mehr konnte ich mir gar nicht leisten. Stell dir mal vor: 14 Euro für einen. Nach diesem Wochenende bin ich eh total pleite. Aber du musst wissen, Geld spielt keine Rolle mehr, wenn man glücklich ist!«

Hannah findet, es sei kein Wunder, dass Dänemark an erster Stelle dieser seltsamen Studie abgeschnitten habe.

»Und das hat sicherlich nichts mit Gebäck zu tun, Christiane. Dänemark ist nun mal eines der reichsten Länder der Welt. Der Staat finanziert allen das Studium und die gesamte Zeit bis hin zum Berufseinstieg. Was auch nicht lange dauert, denn es gibt so gut wie keine Arbeitslosigkeit und nur ein sehr geringes Sozialgefälle. Alle sind reich, niemand neidet dem anderem etwas. Ist doch klar, dass die glücklich sind.«

»Aber ich war auch gleich ganz glücklich, obwohl ich keine Dänin bin und mir nur zwei Gin Tonic leisten konnte«, halte ich dagegen.

»Hast du mit irgendwem geknutscht?«

»Mensch Hannah. Du nimmst mich nicht ernst.«

»Hast du?«

»Nur ganz kurz!«, und wir müssen wieder lachen.

Hannah meint, sie hätte sich vielleicht besser für ein Stipendium in Dänemark bewerben sollen. Dort würde man ihr bestimmt ausreichende Blutkonserven für ihre Forschung zur Verfügung stellen und sie könnte endlich aufhören, sich andauernd selbst Blut abzuzapfen.

»Mir ist schon den ganzen Tag schwindelig. Nicht mal meine Freunde hier lassen sich noch Blut von mir abnehmen. Da fällt mir ein, kannst du mir vielleicht ein paar Tampons schicken?«

»Igitt, Hannah, das ist ja widerlich.«

»Wieso? Die hier in Neuseeland sind echt nicht zu gebrauchen. Ich bräuchte eine Packung in jeder Größe, außer ›Super Plus‹. Vielleicht kannst du auch noch eine Meridol-Zahnpasta dazupacken? Das wäre echt lieb.«

Erst jetzt verstehe ich, dass die Themen »Blut« und »Tampon« nur in einem assoziativen, aber keinem kausalen Zusammenhang stehen.

»Ach so, ich dachte schon, du willst benutzte Tampons von mir haben!«

»Unsinn!«, sagt Hanna. »Bis die hier wären, wäre das Blut völlig eingetrocknet. Außerdem würden die gar nicht durch den Zoll gehen.«

Stimmt. Das habe ich jetzt gar nicht bedacht.

❀

Am nächsten Morgen nehme ich mir vor, mich von Hannahs naturwissenschaftlichem Rationalismus nicht entmutigen zu lassen und meine These des ansteckenden Glückes empirisch zu überprüfen. Vielleicht müsste nur eine Person damit anfangen, andere Menschen glücklich zu machen, und schon würde sich das Glück verbreiten wie ein Lauffeuer, wie ein Norovirus, der alle infiziert. Doch anstatt von Magen-Darm-Beschwerden wären alle vom Glück niederstreckt und das Unglück wäre ausgemerzt. Niemand würde mehr vom Glück verschont bleiben. Ob er will oder nicht. Die Frage ist nur, wer macht den Anfang?

Doch eigentlich stellt sich diese Frage gar nicht. Denn wenn Hannah sich zu Forschungszwecken sogar selbst Blut abnimmt, werde ich natürlich diejenige sein, die das Glücksvirus in Umlauf bringt. Meine Voraussetzungen dafür sind denkbar gut. Schließlich habe ich gerade zwei sehr glückliche Tage hinter mir. Ob das nun an den Dänen oder am Reisen an sich lag, ist gar nicht so wichtig. Auf jeden Fall sollte ich das Reisen stärker in meinen Alltag integrieren. Einmal im Monat sollte ich in irgendein Flugzeug steigen und an einem anderen Ort dieser Welt Eis essen. Scheiß auf den ökologischen Fußabdruck.

Ich nehme mir vor, ab sofort so viele Menschen wie möglich glücklich zu machen, um die Epidemie ins Rollen zu bringen. Am besten ich beginne gleich heute im Büro.

»Einen wunderschönen guten Morgen!«, begrüße ich meinen Kollegen, der mir nur kurz zunickt und telefonierenderweise in seinem Büro verschwindet. Ich stelle meinen mitgebrachten Kuchen erst mal in der Küche ab und versuche es erneut beim Postboten, der mir missmutig ein Einschreiben in die Hände drückt, wegen dem er jetzt extra in den ersten (!) Stock laufen musste. Für meine überschwängliche Begrüßung ernte ich ein: »Det seh ick anders.«

Etwas demotiviert von meinen prompten Fehlversuchen recherchiere ich im Internet und gebe auf Google die Frage »Ist Glück ansteckend?« ein. Tatsächlich haben sich schon mehr Leute Gedanken dazu gemacht, als ich vermutet habe. So lese ich auf »Focus online«, dass Glück in der Tat ansteckend sei. Allerdings mit der Einschränkung, das sich diese These nur auf Freunde, Familienmitglieder oder Nachbarn bezieht, die maximal 1,6 Kilometer entfernt wohnen und dass »das Glück von Kollegen« dagegen völlig bedeutungslos, also von jeglicher Ansteckung ausgenommen sei.[9]

»Christiane, könntest du freundlicherweise aufhören, im Internet zu surfen, und mal die Verträge fertig machen?«

Mein Kollege legt mir einen Stapel Papiere auf den Tisch: »Die müssen heute noch raus.« Ui, der ist aber echt mal mit dem falschen Fuß aufgestanden. Vielleicht ganz gut, dass der Arbeitsplatz keine entscheidende Rolle für das Glücksempfinden spielt. Ich nicke artig und beschließe, meinen Kuchen besser jemandem zu schenken, der in meiner Nähe wohnt.

Auf dem Weg nach Hause biete ich einem etwas älteren Herrn meinen Sitzplatz in der Straßenbahn an, der nur gelangweilt abwinkt: »Ne, danke, so alt bin ich noch nicht.« Dann bleib doch stehen, du alter Depp, denke ich und lächle ihn ganz liebreizend an. Böse Gedanken sind ja wohl nicht ansteckend, oder?

Ich werde mich doch besser auf Leute konzentrieren, die ich kenne, und kaufe im »Blume 2000« einen Strauß rosa Lilien. 15 Minuten später klingle ich bei meiner Freundin Simone, die ich schon sehr lange nicht mehr besucht habe.

Simone macht mir mit Kochschürze die Tür auf und ist sichtlich überrascht, mein Gesicht hinter den Lilien zu entdecken.

»Christiane? Was machst du denn hier?« Ich bilde mir ein, Panik in ihrer Stimme zu hören, die ich einfach mal ignoriere, und drängle mich an ihr vorbei in den Flur. Freudestrahlend erzähle ich Simone, dass ich heute an sie denken musste, als ich eine schöne Frau auf der Straße gesehen habe, die fast so tolles Haar hatte wie sie.

»Und da wir uns doch schon so lange nicht mehr gesehen haben, dachte ich, ich schau mal spontan vorbei!« Ich drücke Simone Kuchen und Blumen in die Hände, wobei sich ihre Mundwinkel zu einem künstlichen Lächeln verkrampfen.

»Ach, das ist ja nett. Aber ich habe jetzt leider gar keine Zeit.«

»Ich wollte auch gar nicht lange stören«, versichere ich sofort. »Nur mal kurz Hallo sagen. Sag mal, bilde ich mir das ein oder riecht das hier irgendwie verbrannt?« Simone rennt an mir vorbei in die Küche.

»Scheiße, die Béchamelsoße!«

Sieht so aus, als hätte ich einen schlechten Zeitpunkt gewählt.

Nachdem Simone die Sauerei beseitigt hat und die Lasagne bolognese in den Ofen schiebt, erzählt sie mir bei einem Schluck

Wein ganz aufgeregt, dass sie gleich Besuch von einem Typen bekommt, den sie über das Internet kennengelernt habe.

»Er ist 3 5, heißt Mark, ist total süß und arbeitet in der Medienbranche, als Freiberufler.«

»Oje«, lache ich los. »Freiberufler! Das sind doch diese Typen, die den ganzen Tag aufpassen, dass die Nachbarn das Leergut nur zu den erlaubten Zeiten entsorgen.«

Simone findet meinen Scherz offensichtlich nicht besonders komisch und meint nur, wir hätten »Gott sei Dank« schon immer einen sehr unterschiedlichen Männergeschmack gehabt.

»Ich hoffe, du bist nicht böse, wenn ich dich nicht zum Essen einlade? Aber wir haben uns erst einmal gesehen.«

»Iwo«, winke ich diesen Rauswurf ab. »Mach dir ein schönes Date. Hauptsache, du bist glücklich.« Als ich gerade wieder gehen will, drückt mir Simone noch schnell Kuchen und Lilien in die Hand: »Du, ist echt lieb von dir gemeint. Aber auf das Grünzeug bin ich total allergisch und zur Nachspeise gibt es Profiteroles.«

Auf dem Weg nach unten stelle ich fest, dass ich ein wenig enttäuscht bin. Jetzt weiß ich auch wieder, warum ich Simone, diese blöde Kuh, so lange nicht mehr besucht habe. Profiteroles! Also wirklich! Wieso nicht gleich Kosakenzipfel!

An der Hofeinfahrt kommt mir ein junger Mann entgegen, der ebenfalls einen Strauß Lilien in der Hand hält. Falls das besagter Mark sein soll, könnte ich ihn jetzt warnen. Stattdessen schicke ich einen Wunsch ans Universum: »Liebes Universum, bitte lass ihn Vegetarier sein!«

Auf dem Weg nach Hause stelle ich einem Obdachlosen meinen Kuchen hin. »Lassen Sie ihn sich schmecken!«, fauche ich ihn an. Wenn der ihn jetzt auch nicht haben will, kriegt er ihn gleich ins Gesicht.

»Mensch, det is aber nett. Danke sehr.«

Ach, es gibt doch noch freundliche Menschen in meiner Nachbarschaft.

Zu Hause angekommen, mache ich mein Fahrrad vom Sandkasten los und stelle es in die dafür vorgesehenen Fahrradständer. Das hat (fast) gar nicht wehgetan.

✖

Am nächsten Tag setze ich trotz erster Rückschläge meine Beglückungsversuche eisern fort. Nach Feierabend besorge ich für Hannah ein Happy-Hippy-Duschgel (da wird sie aber Augen machen!), eine Meridol-Zahnpasta und so viele Tampons, dass sie bis zum Einsetzen ihrer Wechseljahre keine Probleme mehr haben dürfte. Mir selbst hole ich eine Flasche Weißwein und eine abgepackte Schüssel Sushi aus dem Delikatessen-Tiefkühlregal. Es ist die letzte. Glück gehabt!

»Sagen Sie, haben Sie noch was von diesem abgepackten Sushi?«, höre ich eine Kundin hinter mir den Verkäufer fragen. Er verneint und bedauert. Ich auch. Schweren Herzens aber mit einem biblischen Gesichtsausdruck der Nächstenliebe drehe ich mich schwungvoll um und drücke der Frau mein Sushi spontan in die Hände: »Lassen Sie es sich schmecken!«

»Wirklich?«, fragt die Frau erstaunt nach.

»Na klar. Fisch macht glücklich«, antworte ich und verschwinde hopsend mit meinen Tampons unterm Arm Richtung Kasse.

Da ich gerade so in Fahrt bin, lasse ich gleich mal drei Leute in der Schlange vor, die allesamt zwar mehr Artikel in den Händen halten als ich, aber auch sehr viel genervter wirken. Ich vertreibe mir die Zeit, indem ich mir vorstelle, alle diese Leute unbemerkt mit guter Laune zu verhexen. Dabei entspinnt sich eine unglaubliche Musicalszene vor meinem geistigen Auge. Die Kassiererin springt auf, öffnet ihr Haar, streift ihren Kittel ab und tanzt im rosa Glitzerminikleid über das Kassenband. Die Männer um mich herum verwandeln sich in die Chippendales, fallen auf die

Knie, strecken ihre Arme nach der Dame in Pink aus, die im Spagat in die Masse aus Männlichkeit springt. Und ich selbst trage nichts außer einem Bikini und einem Zylinder. Natürlich sehe ich total scharf aus.

»Sammeln Sie Herzen?«, reißt mich die Stimme der Kassiererin aus meinen Tagträumen.

»Nur echte!«, sage ich, was mit genervtem Stöhnen von dem Mann hinter mir beantwortet wird. Stimmt ja, der ist echt nicht mehr witzig. Ich wühle hektisch nach meinem Portemonnaie, packe meine Tampons ein und sage: »Ich glaube, Pink würde Ihnen sehr gut stehen.«

»Ey, det is'n Supermarkt und keene Butike!«, schnauzt mich der Stöhner an und schlägt mich endgültig in die Flucht.

Am Ausgang halte ich der Frau mit dem Doppel-Kinderwagen (bestimmt invitro) die Tür auf und schmeiße anschließend dem Obdachlosen vor der Tür zwei Euro in seinen Plastikbecher. Drei Treppenstufen tiefer einem weiteren und als der dritte mit ausgestreckter Hand vor mir steht, sage ich: »Deine Freunde teilen mit dir, sonst bin ich pleite, bis ich zu Hause bin.«

»Fick dich!«, sagt er.

»Das war jetzt aber nicht besonders nett«, finde ich.

»Fick dich!«, sagt er erneut.

»Das sagtest du schon«, sage ich und gehe hoch erhobenen Hauptes an ihm vorbei. Ich muss nämlich immer das letzte Wort haben. Auch bei Streitgesprächen mit Obdachlosen. Dann höre ich es scheppern und vermute, dass er mich gerade mit einem Flaschenwurf verfehlt hat. Ich drehe mich aber extra nicht um und verkneife mir aus Sicherheitsgründen ein: »Daneben, du Penner!«

Als ich von der Schönhauser Allee in die Sredzkistraße einbiege, sprechen mich zwei junge Mädchen an, die ich auf circa 14 oder 15 Jahre schätzen würde: »Entschuldigen Sie, wissen Sie vielleicht, wo es hier in der Nähe ein Piercing-Studio gibt?«

Warum um Gottes willen siezen die mich? Ich bin doch höchstens doppelt so alt wie die.

»Also, erstens müsst ihr Frauen in meinem Alter unbedingt duzen, sonst fühlen wir uns schrecklich alt, was wir nicht sind«, antworte ich und klinge dabei sehr lehrmeisterhaft. »Und zweites«, fahre ich in pädagogischer Stimmlage fort, »tut es nicht! Ich habe diesen Fehler auch gemacht und habe seitdem eine ziemlich scheußliche Narbe!«

Trotz eisiger Temperaturen ziehe ich meinen Pulli samt T-Shirt nach oben und strecke den jungen Dingern meinen Bauchnabel entgegen. Die beiden sehen erst sich, dann mich etwas verwirrt an. Meinem Bauchnabel schenken sie dagegen keine Beachtung.

»Okay, aber wissen Sie das jetzt oder nicht?«

Ach, es ist hoffnungslos.

»Na gut, Ende der Straße, Höhe Eberswalder ist eines.« Die beiden murmeln ein »Danke« und ziehen kichernd an mir vorbei. Ich kichere auch, so für mich allein, in mich hinein. Denn das war, natürlich nur zu ihrem Besten, einfach gelogen.

Endlich zu Hause angekommen, koche ich mir Spaghetti mit Butter. Kohlenhydrate machen schließlich auch glücklich. Wer braucht da noch Sushi? Während ich zwei Teller verschlinge, schreibe ich über Facebook Nachrichten an Freunde, die ich, oder die mich, in letzter Zeit ein wenig vernachlässigt haben. Ich erkundige mich nach ihrer Gesundheit, ihrem allgemeinen Gemütszustand, nach Neuigkeiten in Liebesdingen, nach ihrer Arbeit, bei einigen auch, ob sie inzwischen Arbeit gefunden haben, oder ob ich ihnen irgendwie behilflich sein könnte.

Wie man sich vorstellen kann, mache ich all das nicht aus reiner Selbstlosigkeit. Denn in dem Buch »Connected! Die Macht sozialer Netzwerke und warum Glück ansteckend ist« von Nicholas A. Christakis und James H. Fowler habe ich gelesen, dass sich Glück auch über soziale Netzwerke wie eine Kettenreaktion verbreiten könne. Bis hin zu Leuten, die man selbst nicht einmal kennt, wie der Freund eines Freundes eines Freundes. Allerdings würde dieser Effekt auf zweite oder dritte Personen prozentual etwas nachlassen, genauso wie mit zunehmender geografischer Entfernung. Aber ich spekuliere auf eine Art Boomerang-Effekt: Auch wenn ich Leuten, die weit entfernt sind oder die ich kaum kenne, zu mehr Glück verhelfe, würde es dann doch naheliegen, dass sich der Glückskreis irgendwann wieder schließt und auf eine Person in meinem Bekanntenkreis, oder sogar direkt auf mich selbst, zurückfällt. Logisch, oder?

Drei Tage später habe ich das Gefühl, dass sich das Glück nicht nur sehr viel Zeit lässt, sondern sich definitiv verirrt haben muss.

Ich habe diverse Rückmeldungen auf meine euphorischen Nachrichten erhalten. Die schönste ist tatsächlich die Antwort von Simone, bei der ich mich nach dem Verlauf ihres Dates erkundigt habe: »Danke der Nachfrage, aber sag mal, hast du eine unheilbare Krankheit oder wieso erkundigst du dich jetzt täglich nach meinem Befinden? Mein Date war übrigens eine Katastrophe. Ich hoffe, du bist gesund, und würde mich freuen, die nächste Lasagne mit dir zu essen. Du isst wenigstens Fleisch!«

Danke, liebes Universum.

Johannes, den ich seit über zwei Jahren nicht mehr gesehen habe und eher als entfernten Bekannten bezeichnen würde, fragt mich, ob ich ihm vielleicht etwas Geld leihen könne. So um die »100 oder 300 Euro«, was er mir bestimmt auch bald, also »auf jeden Fall noch dieses oder nächstes Jahr« zurückzahlen möchte. Eine weitere Freundin, die bei mir ums Eck wohnt, sich aber trotzdem nie meldet, fragt, ob ich ihr nächste Woche bei ihrem Umzug helfen könne. Ihr Bruder würde »wahrscheinlich« auch kommen und es seien auch »nur ein paar Kisten«. Diese Art von Umzügen kenne ich schon. Das sind auch die Umzüge, bei denen vorher niemand verrät, dass es vom sechsten in den sechsten Stock geht – inklusive Waschmaschine und Kühlschrank. Doch was wirklich den Vogel abschießt, ist die Antwort von Stefan: »Hey, was ist los mit dir? Bist du frustriert? Einsam? Komm doch mal vorbei und lass uns ein bisschen bumsen.« Bumsen? Darf man das heutzutage überhaupt noch sagen? Und außerdem: Spinnt der?

Die können mich alle mal. Und die allergische Simone, die soll sich ihre Lasagne sonst wohin schieben. Bevor ich angefangen habe, Leute glücklich machen zu wollen, war ich glücklicher. Ich schätze, Camus hatte recht, als er sagte: »Um glücklich zu sein, darf man sich nicht zu sehr mit den Mitmenschen beschäftigen.«

SMS von Hannah: *Wusstest du, dass es eine iPhone-App gibt, die deinen Glückswert errechnen kann? Probier's mal aus: Mappiness – the happiness mapping app!*
SMS an Hannah: *Hab ich gerade gemacht! Mein iPhone hat sich selbst zerstört!*
SMS von Hannah: *Ich dachte, du hast gar kein iPhone!*
SMS an Hannah: *Jetzt nicht mehr.*

Glück ist göttlich

„Wenn es keinen Gott gibt,
bin ich am Arsch!"

Priester (anonym), März 2011

V ielleicht solltest du anfangen zu beten, um glücklich zu werden«, schlägt Hannah vor, nachdem ich ihr von meinen ge-
scheiterten Nächstenliebe-Experimenten der letzten Tage erzählt
habe. Ich gebe zu, darüber habe ich auch schon nachgedacht.
Aber ich bin eine ganz miese Christin. Ich bin geradezu religiös
traumatisiert. Um das zu erklären, muss ich ein wenig ausholen:
   Ich bin in einer bayerischen Kleinstadt geboren und auf-
gewachsen. Obwohl diese Stadt in meinem neunten Lebensjahr
die bedeutende Marke von 100.000 Einwohnern erreichte und
sich seither selbstbewusst als »Großstadt« bezeichnet, fühlte es
sich niemals danach an. Es war, ist und bleibt eine Stadt mit
Kopfsteinpflaster und Fußgängerzonenschildern. Eine Stadt, in
der sonntags nur der Bäcker am Bahnhof geöffnet hat (natürlich
nur bis zwölf Uhr mittags) und der Bau eines Multiplexkinos
schon ein Volksbegehren auslöst. Eine Stadt, die mit dem Einzug
der Jesuiten zum Bollwerk des Katholizismus wurde und bis heute
stolz ist auf ihre jahrhundertealte katholische Kirchentradition.

In so einer Stadt im bayerischem Schulsystem römisch-katholisch unterrichtet zu werden war nicht immer lustig.

Ich beginne mit meinem Grundschullehrer Herrn Rettig. Ein Mann mit Seitenscheitel, Brille, Bauch und Schnauzbart, der auch mit Mitte vierzig immer noch bei seiner Mutter lebte und es liebte, uns auch außerhalb des Religionsunterrichts mit schaurigen Erzählungen über das Fegefeuer und die Hölle Angst einzujagen.

»Wer nicht getauft ist, muss später in der Hölle schmoren«, predigte er tagaus, tagein. Daher machte ich mir während der gesamten Grundschulzeit über sehr große Sorgen um meine muslimische Freundin Ayse, die immer ganz still in der letzten Reihe saß. Sie war zwar Klassenbeste, aber das könne sie leider auch nicht davor bewahren, in der Hölle zu schmoren, sagte Herr Rettig.

Des Weiteren drohte er mit Strafe, wenn wir montags nicht über das Evangelium vom Sonntag Bescheid wüssten. Eine Strafe zusätzlich zu Fegefeuer und Hölle, versteht sich. Nein, wir wurden nicht verprügelt. Es war viel schlimmer: Herr Rettig strafte uns damit, dass er uns seine persönliche Enttäuschung spüren ließ. Ich hatte von klein auf Angst davor, Menschen zu enttäuschen, und quälte mich daher Sonntag für Sonntag in den Gottesdienst.

Ich fand es ganz schrecklich in der Kirche. Zum einen war es furchtbar kalt, zum anderen todlangweilig. Ich hasste das Singen, das Knien und das Beten mochte ich auch nicht. Ich versuchte, mich auf die Stellen zu konzentrieren, in denen es um dieses gottverdammte (Entschuldigung) Evangelium ging, und verpasste sie jedes Mal. Ich ekelte mich vor der Hostie, nicht nur, weil sie nach nichts weiter als nach einer geschmacklosen haushaltsüblichen Oblate schmeckte, sondern auch, weil der Huber Pfarrer die immer anfasste, bevor ich sie mir in den Mund schieben musste.

Doch am allermeisten graute mir vor dem Teil im »dritten Akt« des Gottesdienstes: das gegenseitige Händeschütteln.

Ich wusste nicht, wieso sich fremde Menschen plötzlich die Hand reichten, und verstand nie, was sie zueinander sagten. Die Akustik in diesen katholischen Kirchen ist echt miserabel. Also ging ich auf Nummer sicher und sagte das, was mir zu sagen anerzogen wurde, wenn ich erwachsenen Menschen die Hand geben musste. Ich sagte: »Grüß Gott!« Bis mir eines Tages meine Oma dafür mitten in der Kirche eine deftige Ohrfeige verpasste.

Dieses Gottesdienst-Trauma zog sich durch meine gesamte Adoleszenz. Von der Kommunion bis zur Firmung. Alles Ereignisse, die eingebettet waren in zahlreiche Episoden beschämender Beichtgänge, die zum Standardprogramm dieser Zeremonien pflichtgemäß dazugehörten. Kaum hatte ich nach überstandener Beichte und anschließender Buße in Form diverser »Vaterunser« und noch mehr »Ave-Maria« das Gotteshaus verlassen, rutschte mir, versehentlich in Hundescheiße getreten, das nächste Schimpfwort raus. Prompt musste ich kehrtmachen, um dem Huber Pfarrer erneut meine »Sünde« durch das hölzerne Gitterfenster zuzuflüstern. Und der Huber Pfarrer wollte immer alles ganz genau wissen.

Als ich 2005 nach Berlin zog und als ehrfürchtige Staatsbürgerin sofort das Einwohnermeldeamt aufsuchte, zog ich bei dieser Gelegenheit neben »Anmeldung« auch noch gleich eine Nummer zu »Kirchenaustritt«. Damit war das Kapitel Kirche für mich ein für alle Mal erledigt.

Heute fungiert meine Bibel als Blumenpresse oder findet sich zu passender Gelegenheit auf meinem Nachttisch wieder, zum Beispiel zur Abschreckung ungebetener Männerbesuche. Herr Rettig liegt längst unter der Erde (Gott hab ihn selig und die Hölle erspart!) und der Huber Pfarrer – so hoffe ich – betet noch ab und zu für mich mit.

Mit inzwischen 30 Jahren fürchte ich mich nun nicht mehr vor der Hölle oder dem Fegefeuer, aber leider immer noch vor

Werwölfen. (Ich verstehe nicht, warum ich mit zwölf Jahren »American Werewolf« schauen durfte.) Ich glaube an Gott in Gestalt einer höheren Macht mit froher Gesinnung und hätte gegen ein Paradies nichts einzuwenden. Aber nur, wenn man dort auch die Äpfel essen darf.

Dennoch, in puncto Nächstenliebe, die – soweit ich mich erinnere – in der Bibel keine unwichtige Rolle spielt, bin ich gerade erst kläglich gescheitert. Ich habe wirklich guten Willen gezeigt, war aber trotzdem nicht in der Lage, Menschen in meinem nahen Umfeld mit erhöhter Aufmerksamkeit oder Hilfsbereitschaft glücklich zu machen, ohne dabei Gefahr zu laufen, wie eine Weihnachtsgans ausgenommen zu werden oder eine Bierflasche an den Kopf zu bekommen.

Obwohl ich mich an christlich-religiösen Werten orientiert habe, bin ich in meinem Glücksbestreben nicht vorangekommen. Das irritiert mich deshalb so sehr, da mir natürlich längst zu Ohren gedrungen ist, dass religiöse Menschen angeblich glücklicher seien. Auf der »Welt online«-Seite lese ich sogar, dass religiöse Menschen glücklicher und stressresistenter seien als Atheisten.[10]

Diese Informationen kann ich trotz meines bayerischen Katholikentraumas nicht ignorieren und beschließe daher, mich mit meinen Fragen an einen Mann vom Fach zu wenden. Schließlich bin ich jetzt erwachsen, mehr oder weniger angstfrei und kann endlich all das erfragen, was ich in meinem Kommunionskleid nicht zu fragen wagte, da ich fürchtete, sonst vielleicht das schöne Fahrrad nicht mehr geschenkt zu bekommen.

Kurzerhand schreibe ich einen echten katholischen Pfarrer einer Gemeinde in Berlin-Kreuzberg an. Ich bitte ihn um ein Gespräch zum Thema »Glaube und Glück« und erhalte prompt einen Terminvorschlag per Mail. Ich glaube nicht, dass der gute, alte Huber Pfarrer jemals in seinem Leben eine E-Mail beantwortet, geschweige denn geschrieben hat. Jaja, auch Gott muss mit der Zeit gehen.

Dieser Mann sieht auf den ersten Blick ganz und gar nicht wie ein Pfarrer aus. Er strahlt über das ganze Gesicht, hat zerzaustes Haar, trägt eine Brille, Pulli und Jeans (ob der Huber Pfarrer jemals Jeans getragen hat?). Der fast zwei Meter große Mann macht einen sehr allmächtigen, aber auch sehr freundlichen Eindruck auf mich. Da wir uns in seinem Büro im Gemeindehaus getroffen haben, muss ich weder knien noch durch einen hölzernen Spalt zu ihm sprechen. Ich entscheide mich gegen die gemütliche Couchecke, die mich zu sehr an meine Psychotherapie erinnert, und wähle einen neutralen Stuhl am Schreibtisch.

Nach ein wenig Small Talk, den ich abkürze, weil ich irgendwo gelesen habe, dass dieser angeblich »glückshemmend« sei, erkläre ich knapp, was mich zu ihm führt: »Ich bin auf der Suche nach dem Glück und habe gehört, dass religiöse Menschen es da einfacher hätten.«

Der Herr Pfarrer lächelt, nickt, dieser Behauptung anscheinend a priori zustimmend, und ist gern bereit, mir Rede und Antwort zu stehen. Ich lege los, in media res: »Also, was ist das mit dem Glück?«

Er denkt einen kurzen Moment nach, bevor er antwortet: »Eckhardt von Hirschhausen hat das ganz gut formuliert: ›Glück ist wie kitzeln, das kann man nicht allein machen.‹ Das ist wie in der Ehe. Ich heirate eine andere Person, um diese glücklich zu machen.«

Moment mal. Hier muss ich schon mal einhaken, denn das sehe ich anders: »Ich glaube, die meisten Menschen heiraten, um sich selbst glücklich zu machen«, werfe ich ketzerisch ein.

»Ja. Deswegen halten ja so viele Ehen nicht«, stimmt er mir zu. »Die Ehe hält nur, wenn man sich heiratet, um einander glücklich zu machen. Oder wie Martin Buber sagt: ›Der Mensch wird am Du zum Ich.‹«

Ich habe keine Ahnung, wer Martin Buber ist oder war, aber traue mich auch nicht, danach zu fragen. Ich übergehe das Zitat und will es jetzt ganz genau wissen: »Wollen Sie damit sagen, dass ich allein niemals glücklich werden kann?«

»Richtig. Der Mensch allein kann nicht glücklich sein. Selbst Robinson Crusoe hatte Freitag.«

Darüber muss ich lachen.

»Mitmenschlichkeit macht glücklich«, fährt der Herr Pfarrer fort, während ich schon fieberhaft darüber nachdenke, ob mir nicht doch noch jemand einfällt, der ganz allein und trotzdem glücklich war. Ich hab's: »Was ist mit Gott?«

»Nein, Gott ist dreifaltig.« Mist. Diese Pfarrer haben aber auch immer eine Ausrede parat. Noch gebe ich mich nicht geschlagen: »Mitmenschlichkeit kann ich auch leben, ohne zu glauben. Was ist der Vorteil am Gläubigsein?«

»Gläubige Menschen können es leichter haben, Glück zu finden. Der theologische Ausdruck dafür ist die ›Hingabe‹. Nur wer sich verliert, wird sich finden. Das steht schon in der Bibel. Also so ähnlich.« Er klickt auf seine Maus, und fängt an im Internet auf www.bibleserver.com zu suchen.

»Wow, ›bibelserver.com‹«, stelle ich beeindruckt fest.

»Ja, das ist total cool. Bibelzitate in allen Sprachen.« Während der Herr Pfarrer im Netz servt, redet er weiter: »Der glückliche Zustand ist der paradiesische Zustand. Der Mensch war glücklich im Paradies. Doch Eva wollte sein wie Gott. Durch diese Bezogenheit auf sich selbst kam die Sünde. Und damit die Vertreibung aus dem Paradies. Das Glück auf Erden ist nie vollkommen. Nur im Himmel. Glück *ist* Vollkommenheit.«

»Aber wäre das nicht furchtbar öde, so vollkommen, im Himmel?«, wende ich in meiner nicht totzukriegenden Angst vor Langeweile ein.

»Na ja, sobald es langweilig wäre, wäre es ja nicht mehr vollkommen.« Ach, es ist ein Teufelskreis.

Ich werde mutiger, und damit ein bisschen persönlicher: »Was macht Sie persönlich glücklich?«

Er antwortet, ohne nachzudenken: »Zufrieden sein zu dürfen mit meinem Leben. Ich finde Erfüllung in dem, was ich tue. Das macht auch glücklich. Die Abwesenheit von Neid oder Missgunst macht glücklich. Es macht mich glücklich, mich an der Freude anderer zu erfreuen. Es macht mich glücklich, die Person zu sein, die ich bin. Das ist die Verkehrtheit unserer Generation. Schauen Sie sich DSDS an! Das macht unglücklich. So viele junge Leute wollen sein wie andere. Das ist falsch. Es macht glücklich, die eigenen Talente und Fähigkeiten zu erkennen und anzuerkennen.«

Ich frage ihn nach einem Glücksmoment, von dem er mir erzählen möchte. Er denkt einen Moment nach, bevor er antwortet: »Der Moment meiner Begegnung mit Gott. Das war absolutes Glück: zu spüren, dass ich geliebt werde und lieben darf. Bedingungslos.«

Bedingungslose Liebe. Ich kann mir gut vorstellen, dass das Vorteile hat, wenn ich an meine letzten Liebesbeziehungen zurückdenke, die alles andere als »bedingungslos« waren. Das bringt mich direkt auf die nächste Frage, die ich mir nicht mehr länger verkneifen kann: »Haben Sie es jemals bereut, sich für die Liebe zu Gott und damit gegen die, na ja, körperliche Liebe entschieden zu haben?«

»Nein, das habe ich nie bereut.« Auch das sagt er, ohne nachzudenken.

»Was würden Sie mir raten, wenn ich zu Ihnen kommen und Ihnen sagen würde, dass ich unglücklich bin?«

»Ich würde versuchen, im Gespräch herauszufinden, warum Sie unglücklich sind.«

»Also, könnte ich auch zu meinem Psychotherapeuten gehen?«

»Nein. Ich würde Ihnen nämlich auch raten, zum Gottesdienst zu kommen. Was ich hiermit auch tue. Am besten Samstagabend zu Gesang, Gebet und Gespräch.«

Samstagabend? Da kann ich auf keinen Fall. Da ist Toms Party. Als hätte er meine Gedanken gelesen, sagt er: »Danach können Sie immer noch feiern gehen. Aber die Begegnung und Aussöhnung mit Gott und den Menschen, die macht glücklich. Und dazu würde ich Sie anleiten. Überhaupt würde ich Ihnen raten, regelmäßig zum Gottesdienst zu gehen. Das macht kreativer, denn auch Ihre Kreativität ist ein von Gott gegebenes Talent.«

Jetzt wird es interessant.

»Meinen Sie, regelmäßiger Gottesdienstbesuch könnte dazu führen, dass ich einen Bestseller schreibe?«

Er lächelt und sagt: »Ganz bestimmt!« Dieser Pfarrer versteht sein Geschäft.

»Also, Hand aufs Herz: Sind Sie glücklich?«, frage ich ihn zu guter Letzt und sehe ihm dabei prüfend in die Augen. Er antwortet mit einem schnellen, klaren und entschiedenen »Ja«.

Das war das erste Gespräch in meinem Leben, das ich mit einem katholischen Geistlichen führte, ohne davor, währenddessen oder danach unter Angst, Scham oder Beklemmung zu leiden. Jetzt wird mir auch klar, warum meine angeblichen »Nächstenliebe-Experimente« scheitern mussten: Sie hatten nichts mit Nächstenliebe zu tun. Ich war wie Eva, völlig auf mich selbst bezogen. Ich wollte andere Menschen nur glücklich machen, um mich selbst wieder an ihrem Glück anzustecken. Das war nicht besonders selbstlos, Frau Hagn. Ob ich das mit drei Vaterunser wiedergutmachen kann?

✻

Mein Wecker klingelt. Es ist Sonntagmorgen, 8.30 Uhr. Was für eine unchristliche Zeit! Und was für eine Schnapsidee, freiwillig einen Gottesdienst zu besuchen. Ich denke darüber nach, dass man sich bestimmt strafbar macht, wenn man zum Gottesdienst geht, obwohl man aus der Kirche längst ausgetreten ist, und ziehe mir die Decke wieder über den Kopf. Bis mich eine tiefe Stimme streng ermahnt: »Wer auf Toms Party gehen kann, kann auch zum Gottesdienst!«

Da ich nicht weiß, ob ich das geträumt habe, mein Über-Ich oder diesmal der Herrgott persönlich zu mir gesprochen hat, quäle ich mich vorsichtshalber aus dem Bett. Ich entscheide mich gegen Duschen und Schminken, dafür für ein Frühstück. Denn es gibt nichts Schlimmeres als Oblate auf nüchternen Magen.

Aus reiner Bequemlichkeit habe ich mich gegen die Einladung des Pfarrers aus Kreuzberg entschieden und mir eine näher gelegene katholische Kirche ausgesucht. Als ich dort ankomme, bin ich überrascht, dass mir dieses riesige Bauwerk noch nie zuvor aufgefallen ist. Die Pforten stehen einladend offen. Ich betrete das Gotteshaus und suche mir einen freien Platz relativ weit hinten am Rand, damit ich schnell wieder abhauen kann, falls es unerträglich langweilig wird. Für alle Fälle habe ich außerdem die »Gala« eingepackt.

Ich sehe mich ein wenig um und bin wirklich erstaunt, was hier los ist. Jetzt weiß ich endlich, was die Leute aus Prenzlauer Berg machen, die sonntags nicht auf den Mauerpark-Flohmarkt oder zum Brunchen gehen. Die Menschenscharen drängen nur so herein. Gruppenweise Männer und Frauen, Pärchen mit und ohne Kinder, Omis mit und Omis ohne Opis, genauso wie Männer und Frauen in meinem Alter, die offensichtlich auch allein hier sind. Ich mache einen kurzen Männercheck, kann aber kein interessantes Objekt einer möglichen Begierde entdecken.

Als sich eine vierköpfige Familie genau vor mich setzt, ärgere ich mich, dass sie mir die Sicht auf die Bühne, äh, den Altar versperrt und setze mich noch mal um. Irgendwie erinnert mich das gerade an einen Kinobesuch, nur in kostenlos, live und mit dem großen Unterschied, dass dieser Laden hier bis zum letzten Platz »ausverkauft« ist. Davon können viele Kinobetreiber heutzutage nur noch träumen.

Als die Kirchenpforten wie von unsichtbarer Hand pünktlich um halb zehn knarrend geschlossen werden, wird es andächtig still. Nur ein paar vereinzelte Babys schreien, als würden sie sich erst vor der Stille und dann vor ihrem eigenen Echo fürchten.

Ich drehe mich um und beobachte den Beginn der Show: Ein Priester, gehüllt in einen purpurnen Mantel, schreitet samt Gefolgschaft von 13 Ministranten (ist das nicht einer zu viel?) und einigen weiteren Geistlichen, deren Funktion mir nicht klar ist, den Kirchengang entlang bis zum Altar. Diese Prozession wird musikalisch von einem Kirchenchor untermalt, der vergeblich gegen die alles übertönende Kirchenorgel ansingt.

Passend dazu kommt die Parade am Altar, genau unter der mindestens drei Meter in die Höhe ragenden Jesusstatue, zum Stehen. Ich blicke auf den gekreuzigten Jesus, der mir mit seinen hervorstehenden Rippen, seinen durchbohrten Gliedmaßen und all dem Blut einen kalten Schauer über den Rücken jagt. Diese Statue ist nicht gerade jugendfrei. Ob die schon mal darüber nachgedacht haben, eine FSK-Freigabe für Gottesdienste einzuführen?

Die nächsten 60 Minuten denke ich keinen Moment darüber nach, die »Gala« aufzuschlagen, denn dieser Gottesdienst ist ein wahres Spektakel. Ein Gottesdienst, gepimpt mit einer Mischung aus »Zirkus Roncalli« und »Wetten, dass ..?«. Der Priester geht wie Thomas Gottschalk mit Mikrofon durch die Reihen und stellt Fragen an das Publikum (nur gut, dass ich so weit hinten sitze). Meistens richtet er seine Frage an Kinder, deren Gestammel mich wiederum an »Dingsda« denken lässt. Er lässt die Kleinen geduldig zu Ende brabbeln, bevor er die Antwort aufgreift und in kirchenpädagogische Sprache übersetzt. Vor meinem geistigen Auge verschwimmt dieser so nette Priester mehr und mehr zu einer Mischung aus Thomas Gottschalk, Fritz Egner und Peter Lustig.

Die Temperatur ist angenehm, mir ist kein bisschen kalt. Ganz im Gegenteil: Fast komme ich ins Schwitzen von all dem Aufstehen, Hinsetzen, Aufstehen, Hinknien, Aufstehen und Applaudieren. In der Tat: Es gibt Applaus für den Kirchenchor. Was kommt als Nächstes? Karaoke?

Ungefähr zur Halbzeit wird um eine Kollekte gebeten und ein Opferkorb durch die Bänke gereicht. Ich streiche »kostenlos« von meiner Pro-Gottesdienst-Liste, und nutze die Gelegenheit, mein Kleingeld loszuwerden. Die Fünf-Euro-Scheine stammen bestimmt nur von ganz großen Angebern oder ganz schlimmen Sündern. Bis ich mich versehe, sind wir schon beim Oblaten-Teil, damit im dritten Akt und somit fast am Ende angekommen. Ich verzichte heute nicht nur aus kirchenrechtlichen Gründen darauf, die Kommunion zu empfangen. Denn soweit ich mich erinnere, darf man dies nur im »sündenfreien« Zustand. Und ich bin mir nicht ganz sicher, ob ich dieses Kriterium derzeit erfülle, tippe aber eher auf »nein«.

Und dann passiert es. Ich habe die Ansage des Priesters nicht mitbekommen, weil die Akustik trotz Mikrofon immer noch ziemlich miserabel ist. Was vor allem an den vielen plärrenden Arschlochkindern liegt, die alle mal von ihrer Oma eine geknallt bekommen sollten. Doch auch ohne nur ein Wort verstanden zu haben sehe ich, was in diesem Augenblick vor sich geht: Die Menschen reichen sich die Hände und murmeln sich etwas zu. Meine Achselhöhlen, meine Stirn und meine Handinnenflächen werden schweißnass. Ehe ich mich versehe, dreht sich der ältere Herr vor mir um, lächelt mich an und tut es. Er streckt mir seine Hand entgegen. Ich greife danach wie nach einem Rettungsring, denn in diesem Moment wird mir klar, dass das meine große Chance ist, endlich das Geheimnis zu lüften. Er greift nach meiner Hand, schüttelt sie. Ich spitze meine Ohren und höre klar und deutlich, wie er folgende Worte spricht: »Friede sei mit dir!«

»Friede sei mit dir«, antworte ich ihm, genau diese Worte wiederholend. Niemand gibt irgendwem eine Ohrfeige. Ein Wunder ist geschehen!

Den vorletzten Programmpunkt, »Veranstaltungstipps«, übernimmt der Geistliche in dem weißen und nicht ganz so hübschen Kostüm. Er preist eine Pilgerfahrt an, für die man sich noch anmelden könne (da habe ich leider schon was vor) und einen sich an den Gottesdienst anschließenden Gemeindekaffee, bei dem auch Vorschläge zur Farbgestaltung des Gemeindehauses eingebracht werden könnten. Würde mich nicht wundern, wenn die auch eine Facebook-Seite haben.

Als alle in einen gemeinsamen Abschlussgesang einstimmen, muss ich an das Madonna-Video »Like a Prayer« denken und drifte in einen erotischen Tagtraum ab, in dem ich vor brennenden Kreuzen in einem engen schwarzen Kleid auf dem Altar liege und von einem afroamerikanischen Jesus geküsst werde. Er schält mich aus dem Kleidchen, reißt es in zwei Teile und dann dringt ... wieder Gesang in mein Ohr, holt mich zurück in die Realität und erinnert mich an mein eigentliches Anliegen: »Du bist das Licht der Welt ... du bist der Freudenschein, der uns so glücklich macht, dringst selber in uns ein.« Amen.

❦

Nach dem Gottesdienst beschließe ich – vielleicht eine göttliche Eingebung –, den Priester spontan um ein Gespräch zu bitten. Ich platziere mich am Hinterausgang der Kirche wie ein Groupie im Backstage-Bereich, um ihn, nachdem er sich umgezogen hat, abzufangen. Der Huber Pfarrer hat sich auch immer direkt nach dem Gottesdienst umgezogen, weil er mit den Klosterschwestern noch zum Weißwurstfrühstück auf den Wochenmarkt gegangen ist.

Mein Plan geht auf und zehn Minuten später sitze ich diesem Mann, ungefähr Mitte 30, jetzt unverkleidet mit weißem Hemd und schwarzer Hose (»Ein Cappuccino, bitte!«), in einem Gemeinderaum gegenüber. Inzwischen bin ich ein richtiger Profi und beginne ohne Umschweife unser Gespräch: Sind Sie glücklich?

Pfarrer: *Bevor ich diese Frage beantworten kann, müssen wir Glück definieren.*
Ich: *Ich halte es mit »Glück ist subjektives Wohlbefinden«. Und Sie?*
Pfarrer: *Glück ist, ein Leben zu haben, für das wir bereit sind, Leid oder Schwierigkeiten auf uns zu nehmen, weil wir an einen tieferen Sinn glauben.*
Ich: *Und der wäre?*
Pfarrer: *Dass das Leben ewig ist.*
Ich: *Freud sagte: »Die Absicht, dass der Mensch glücklich sei, ist im Plan der Schöpfung nicht enthalten.« Was sagen Sie dazu?*
Pfarrer: *Das ist eine Lüge. Denn das Ziel der Schöpfung ist Glück.*
Ich: *Aber nach der Bibel zu urteilen, gibt es das vollkommene Glück nur im Paradies. Und daraus wurden wir vertrieben, wegen Eva.*
Pfarrer: *Nein. Das stimmt so nicht. Erstens war es nicht Eva allein. Adam trägt genauso Schuld. Er hat sie sofort angeklagt. »Das Echo des verlorenen Paradieses tragen wir alle in uns.« Das ist nicht von mir, sondern vom Papst. Aber: Gott hat die Vertreibung aus dem Paradies wieder repariert.*
Ich: *Wie das?*
Pfarrer: *Er hat sein Blut vergossen. Er hat uns seinen Sohn geopfert. Jesus hat uns erlöst, indem er die Sünden der Menschen auf sich genommen hat und auferstanden ist.*
Ich: *Also wurde mit der Auferstehung alles wieder gut?*
Pfarrer: *Nein. Es wurde sogar noch viel besser. Denn es gibt das Paradies jetzt auch trotz menschlicher Schwäche.*
Ich: *Klingt dennoch so, als gäbe es nach ihrer Ansicht kein Glück auf Erden, richtig?*

Pfarrer: *Auf Erden leben wir zwischen Licht und Dunkelheit. Wir leiden, wir können nicht richtig lieben, wir haben Sehnsüchte, wir sündigen, sind verdammt, uns selbst zu suchen. Wir leben in einem ewigen Kampf. Erst im Himmel können wir glücklich sein, ohne zu kämpfen.*

Ich: *Aber ist es dann noch Glück, wenn wir nicht dafür kämpfen müssen?*

Pfarrer: *Das hängt mit Ihrer Auslegung von Glück zusammen.*

Ich: *Camus hat gesagt … (Er unterbricht mich)*

Pfarrer: *Ich liebe Camus!*

Ich: *Er hat gesagt: »Um glücklich zu sein, darf man sich nicht zu sehr mit den Mitmenschen beschäftigen.« Was sagen Sie dazu?*

Pfarrer: *Insofern hat Camus recht, denn die Beschäftigung mit Mitmenschen macht auch verletzlich. Aber: Das ist eine sehr egoistische Auslegung vom Glück. Die Einsamkeit ist ein Fluch. Glück erfahre ich, wenn ich bereit bin, mein Leben für andere zu lassen. Die Erfahrung mit Gott macht Glück möglich.*

Ich: *Was ist mit Nächstenliebe, Mitmenschlichkeit?*

Pfarrer: *Auch. Aber an erster Stelle die Erfahrung mit Gott. Außerdem klingt das so sozial, wie Sie das sagen.*

Ich: *Hm. (Wir müssen lachen). Gab es Phasen in Ihrem Leben, in denen Sie nicht gläubig waren?*

Pfarrer: *Ich mag das Wort »glauben« nicht.*

Ich: *Na gut. Phasen, in denen Sie in keiner engen Beziehung zu Gott standen?*

Pfarrer: *Ja, aber ich habe nie den Glauben verloren. Natürlich gab es Momente der Verzweiflung.*

Ich: *Gibt es die noch immer?*

Pfarrer: *Sagen wir es so: Wenn es keinen Gott gibt, bin ich am Arsch. (Er lacht).*

Ich: *Klingt danach, als hätte es eine Frau in Ihrem Leben gegeben.*

Pfarrer: *Ja. Bevor ich mich entschieden habe, Priester zu werden, hatte ich eine Freundin.*

Ich: *Aber Sie haben sich für Gott entschieden.*

Pfarrer: *Ja.*

Ich: *Haben Sie das jemals bereut?*

Pfarrer: *Nein.*

Ich: *Was raten Sie mir, um glücklich zu werden?*

Pfarrer: *Reduzieren Sie ihre Ansprüche auf null. Dann werden Sie glücklich werden. Jeder Anspruch macht unglücklich.*

Ich: *Sind Sie Däne?*

Pfarrer: *Nein. Wieso?*

Ich: *Nicht so wichtig. Aber die Ansprüche zu reduzieren, das ist leichter gesagt, als getan. Wie funktioniert das?*

Pfarrer: *Beten Sie zu Gott. Bitten Sie ihn, dass Sie es schaffen, das Leben so hinzunehmen, wie es ist.*

Ich: *Sind Sie glücklich?*

Pfarrer: *Was denken Sie?*

Ich: *Ich denke, Sie haben nicht den Anspruch, auf Erden glücklich zu sein.*

Er nickt. Und ich denke: Ich schon.

SMS von Hannah: *Hallo Süße! Danke für die Tampons! Und den Happy-Hippy-Spaß. Das riecht wirklich gut! Schläfst du noch? Wollen wir gleich skypen?*

SMS an Hannah: *War gerade im Gottesdienst. Werde jetzt nach Hause pilgern und das Kreuz ablegen. Melde mich gleich. Gott sei mit dir. Amen.*

Glück ist ein Quantensprung

Langsam fange ich an, mir wirklich Sorgen um dich zu machen«, stellt Hannah fest. Sie trinkt Rotwein, ich auch. Wenn der Pfarrer das darf, darf ich das auch. Schließlich sind wir vor Gott alle gleich.

»Früher hast du dich in Clubs rumgetrieben und hattest Verabredungen mit alleinstehenden Männern. Heute besuchst du Gottesdienste und triffst dich mit Pfarrern oder Priestern.«

»Das sind auch alleinstehende Männer«, verteidige ich mich.

»Und? Süß?«

»Also Hannah, ich bitte dich! Glaubst du, ich will mir Ärger von ganz oben einhandeln? Ein Mann Gottes! Das fehlte mir gerade noch in meiner Sammlung der hoffnungslosen Liebschaften.« Hannah lacht.

»Konnten sie dir denn wenigstens bei deiner Glückssuche weiterhelfen?«

»Nicht so richtig. Denn in einem Punkt waren sich beide einig: Auf Erden gibt es kein vollkommenes Glück. Das gibt es, nach ihrer Ansicht, nur im Paradies. Und wer weiß, ob ich oder du da jemals hinkommen.«

Hannah trinkt einen Schluck, verzieht ihr Gesicht und sagt: »Also, irgendwie schmeckt mir der Wein in Neuseeland nicht.«

Im Folgenden rede ich auf Hannah ein, dass sie dringend ihre Ansprüche reduzieren sollte, nicht nur in Bezug auf Wein, Kaffee, Zahnpasta oder Tampons und außerdem nur am »Du zum Ich« werden kann, um dann ins Paradies zu kommen.

»Ich will nicht ins Paradies, ich will ins Bett«, gähnt Hannah direkt in die Kamera, sodass ich sogar ihre Mandeln sehen kann. Ich lasse sie ziehen und nehme mir vor, mein verlorenes Schaf später einzusammeln. Denn mich locken die ersten Frühlingsstrahlen längst nach draußen.

Ich beschließe, einen kleinen Spaziergang durch den Kiez zu machen und mit meinem verspäteten Wochenendeinkauf zu verbinden. Deshalb liebe ich Berlin so sehr. Weil man auch sonntags immer irgendwo einkaufen kann. Und weil man zu jeder Jahreszeit, Tag und Nacht, immer aufgeschnittene Ananas bekommt.

Ich brauche Milch, Kaffee, Eier, natürlich Ananas und Toilettenpapier. Leider ist es mir auch im Alter von 30 Jahren immer noch peinlich, mit einer riesigen Packung Klopapier durch den Kiez zu spazieren, und so entscheide ich mich im Laden für eine kleine Vierer-Packung, die ich bequem in meiner Tasche verstecken kann. Als ich an der Kasse stehe und gerade darüber nachdenke, ob man vielleicht erst dann wirklich erwachsen ist, wenn einem ein Toilettenpapier-Einkauf nicht mehr peinlich ist, entdecke ich Leo, der an der Kasse nebenan gerade dieselbe Packung in seinem Rucksack verstaut.

»Erwischt! Du kaufst Klopapier!«, erschrecke ich Leo von hinten, was ihn zusammenzucken lässt. Ich öffne meine Tasche, präsentiere ihm meine eigene Packung Toilettenpapier und flüstere ihm verschwörerisch zu: »Ich auch. Aber das muss unter uns bleiben!«

Leo und ich müssen über unseren verklemmten Simultaneinkauf sehr lachen und beschließen, uns irgendwo zusammen in die Sonne zu setzen. Er und Sebastian haben sich tatsächlich endgültig getrennt und Leo ist direkt bei mir ums Eck in eine wunderschöne Altbauwohnung eingezogen. Bei einem Kaffee in der Kastanienallee erzählt er mir von seinem Trennungsschmerz, der sich aus Enttäuschung, Wut und nicht totzukriegender Sehnsucht nach dem alten Liebesglück zusammensetzt. Ich möchte Leo gern etwas Aufmunterndes sagen, aber ich weiß nicht, ob der Satz »Im Himmel wird alles gut« wirklich zu seiner Erbauung beitragen könnte. Also lege ich nur meinen Arm um ihn, gebe ihm ein Küsschen auf die Wange und verweise auf den knackigen Hintern unseres Hotpants tragenden Kellners. Tatsächlich zaubert sich für einen kurzen Moment ein Lächeln auf Leos Lippen.

Um ihn noch ein bisschen abzulenken, erzähle ich, dass ich gerade nicht mehr so recht weiß, wo ich noch nach dem Glück suchen soll. Die Geheiminformation, dass es auf Erden scheinbar hoffnungslos ist, behalte ich besser für mich.

»Kennst du die Lolo-Welle?«, fragt mich Leo. Ich verneine und starre auch dem Kellner auf den Po. Leo zückt sein iPhone und zeigt mir auf Amazon das Buch »Go Lolo« von Patricia Saint Clair. Ich überfliege die Kurzbeschreibung, wobei ein einziger Satz sofort meine ganze Aufmerksamkeit fesselt: »Liebe dich glücklich – das Paradies auf Erden existiert«.

»Das muss ich bestellen!«, rufe ich euphorisch. Leo grinst und erzählt mir, wie er diese Frau bei einem TV-Dreh kennengelernt hat. »Das glaubst du nicht, wenn du es nicht selbst erlebt hast!«, beginnt Leo seine Geschichte. »Patricia hat sich vor die Gäste dieser Fernsehsendung gestellt, sie gebeten, sich auf ihren Fokus zu konzentrieren, also auf das, was sie sich für ihr Leben wünschen, ändern oder schaffen wollen. Anschließend hat sie ihnen mit ihren bloßen Händen einen Energieschub zukommen lassen. Eine Lolo-Welle. Das ist reine Energie. Du kannst das nicht sehen, aber die Leute spüren diesen Schub. Ohne dass sie die Personen berührt hat, sind sie der Reihe nach umgefallen. Das war unglaublich.«

Leo ist ganz aufgeregt und erklärt mir weiter, dass diese Energiewelle die Quanten der Menschen neu ausrichten würde und man nach dieser »Behandlung« ein völlig neuer Mensch sei.

»Ein glücklicher Mensch«, fügt Leo an.

»Aber wieso machst *du* das dann nicht?«, frage ich interessiert nach.

Leo lacht: »Ich habe das natürlich sofort ausprobiert. Und ich bin auch umgefallen.« Er schweigt einen Moment. »Danach habe ich erst zwei Wochen geheult und dann mein gesamtes Leben umgekrempelt. Ich habe mich nach 15 Jahren Beziehung von meinem damaligen Freund getrennt, meine Firma aufgelöst und bin von München nach Berlin gezogen. Und jetzt, jetzt wohne ich bei dir ums Eck – was natürlich sehr schön ist. Aber ganz ehrlich, das reicht mir erst mal an Veränderung für dieses Jahr.« Leo streckt sein Gesicht in die Sonne. »Aber irgendwann werde ich das bestimmt noch einmal ausprobieren. Patricia ist inzwischen eine sehr gute Freundin von mir. Wenn du willst, stelle ich einen Kontakt her.«

»Per Anruf oder per Energiewelle?«, frage ich ironisch nach.

»Erst mal per Facebook, wenn du möchtest.«

Klar möchte ich. Ich möchte nichts unversucht lassen, um das Glück zu finden. Auch wenn ich zugebe, solchen übersinnlichen esoterischen Heilmethoden mehr als skeptisch gegenüberzustehen. Ich glaube einfach nicht daran. Ich bin mehr so der Typ: »Ich glaube, wenn ich sehe.« Und was ich gerade sehe, gefällt mir sehr gut. Leo und ich starren beide auf den Kellner, der sich soeben nach einer davonrollenden Münze bückt.

»Noch'n Kaffee?«

»Auf jeden Fall!«

Wieder zu Hause, recherchiere ich zum Thema »Lolo«, was, wie ich herausfinde, die Abkürzung von »Lotuslove« ist. Auf der Homepage der Saint-Clairs-Bewusstseinsschule lese ich unter dem Menüpunkt »Go Lolo«, dass »LotusLoveHealing« die Heilenergie der neuen Zeit sei. Eine Energie, die alten emotionalen Ballast abschütteln und uns ein rundum glücklicheres Leben auf allen Ebenen unseres Seins ermöglichen könne. Bisher dachte ich immer, mein Therapeut würde mir dazu verhelfen, alten emotionalen Ballast abzuschütteln.

Trotz meiner Skepsis lese ich weiter: »Indem wir lernen, Gefühle zu klären und positive Glücksgefühle zu erschaffen, erfahren wir einen wahren Quantensprung in ein paradiesisches Leben voller Glücksgefühle und gigantischer Liebesschwingungen.« Klingt sehr verlockend, das muss ich zugeben. »Wer es beherrscht, positive Gefühle ultimativ zu steigern, beherrscht das Geheimnis eines sensationell schönen Lebens voller Wunscherfüllungen, wahrer Liebe, finanzieller Fülle, beruflichem Erfolg, strahlender Jugend und Gesundheit. GO LOLO! Und dein Leben wird faszinierend schön.«

Ich weiß, was Hannah jetzt sagen würde (»Jetzt spinnst du total!«), aber ich will auch Lolo haben. Ehrlich gesagt, habe ich mich schon in das Wort verliebt, was auch daran liegen könnte, dass ich ein Stofftier besitze, das Lolo heißt. Ein gelbes Stoffschwein. Ich bekam es von meiner ersten (und leider schon damals unerwiderten) Liebe geschenkt. Er gab es mir als kleines Trostpflaster, um mich über seinen Korb hinwegzutrösten. Heute kann ich ihn ganz gut verstehen. Ich war zehn, er achtzehn. Ich hatte ihm während einer Skifreizeit auf dem Gang unserer Jugendherberge eine Liebeserklärung gemacht. Mit zehn Jahren und in langen Unterhosen. Mann, oh Mann, was war ich früher mutig ...

✤

Ein paar Tage später stehe ich mit Patricia schon in regem Schriftverkehr via Facebook – Fluch und Segen unserer Zeit. Ich erzähle ihr von meiner Suche nach dem Glück und dass Leo, unser gemeinsamer Freund, mich an sie verwiesen habe. Patricia schreibt, dass sie Menschen, die Glück und Leichtigkeit in ihr Leben bringen wollen, lieben würde und gern bereit sei, mir dabei behilflich zu sein. Sie bietet mir an, mir ein Exemplar ihres Buches zu schicken, und als kleines Dankeschön schicke ich ihr im Gegenzug mein Buch »Auf Männerfang« zu. Patricia hat zwar schon den Mann ihres Lebens gefunden, aber ich hoffe, die Geste zählt.

Bereits in unserem ersten Telefonat bietet sie mir an, mir auch mal »eine Welle draufzugeben«, wie sie sagt, damit ich die positive Energie am eigenen Leib erfahren könne. Inzwischen habe ich den Mitschnitt der TV-Sendung gefunden, in dem man Patricia sieht, wie sie mit einer einzigen Handbewegung und ohne Berührung Frauen, aber auch gestandene Mannsbilder, einfach umfallen lässt. Ich bin immer noch skeptisch, aber auch umso neugieriger. Patricia meint, wir könnten uns für nächste Woche gern dazu verabreden. Am besten am Telefon, da sie so schnell nicht nach Berlin kommen würde.

»Telefonisch? Das geht?«, frage ich verdutzt nach und höre mit offenem Mund zu, als sie mir erklärt, dass wir uns nicht sehen müssten, um miteinander in energetischen Kontakt zu treten. Die Welle sei dann nicht ganz so stark, aber auch spürbar.

»Ruf einfach Montag noch mal an, dann machen wir einen Termin aus.« Einverstanden. Wir wünschen uns einen wundervollen Tag und ich gebe zu, selten mit einer so glücklich klingenden Person gesprochen zu haben.

Ich nutze die nächsten Tage, um mich auf meinen Quantensprung vorzubereiten, und lese fleißig in Patricias Buch. So erfahre ich, dass »LotusLoveHealing« unabhängig von einem religiösen Glauben funktioniere und alles, was ich dafür tun müsse, ist, mich jetzt dafür zu entscheiden, mein Leben zu ändern. Dann wird mich Lolo durchfluten und mich sensationell glücklich machen: »Glücksgefühle über Glücksgefühle, Gesundheit und Fülle sind die neuen Essenzen deines Lebens«, verspricht Patricia in der Einführung ihres Buches. Und ich finde, das klingt nach einem sehr verlockenden »All-inclusive-Paket«.

Wie ausgemacht rufe ich am Montag an und vereinbare mit Patricias Assistentin einen Termin für den nächsten Tag. Da ich morgen den ganzen Tag im Büro sein werde, frage ich nach, ob wir das auch in meiner Mittagspause »erledigen« könnten. Aber mein Vorschlag wird abgelehnt. Ich müsse für die Sitzung auf jeden Fall liegen, da es passieren könne, dass ich umfalle, was über das Telefon nicht zu verantworten wäre. Ich werde darauf hingewiesen, dass ich mit diesem Telefonat automatisch eine Einverständniserklärung abgebe, dass mein höheres Selbst bereit sei, die Welle in Empfang zu nehmen, und ich über einen möglichen Quantenkollaps informiert wurde. Langsam bekomme ich Angst.

Am nächsten Tag im Büro bin ich ein wenig aufgeregt und versuche mir einzureden, dass dieser »Hokuspokus« bei mir bestimmt nicht funktionieren wird. Andererseits möchte ich gern daran glauben, denn die Aussicht auf eine so nahe liegende Zukunft voller Glück, Gesundheit, Schönheit, Reichtum und Fülle ist sehr verführerisch.

Während ich am Kopierer stehe und ein hundertseitiges Drehbuch viermal vervielfältige, sage ich mir folgendes Mantra wieder und wieder auf: »Ich entscheide mich, glücklich zu sein, ich entscheide mich, glücklich zu sein, ich entscheide mich ...«

»Christiane, alles okay?«, fragt mich mein Kollege, der ganz plötzlich hinter mir steht. Mein Gesicht wird feuerrot.

»Was ist los? Hast du was ausgefressen?« Ich schüttle entschieden den Kopf. »Nein. Ich habe mich nur dafür entschieden, glücklich zu sein. Kann ich auch irgendwas für dein Glück tun?«

»Bitte nicht!«, lautet seine Antwort. »Obwohl, hast du Zigaretten?«

Ich kann es mir nicht verkneifen, aus Patricias Buch zu zitieren, und sage: »Vergifte niemals deinen Körper mit Drogen, zu viel Alkohol, Nikotin oder schlechtem Essen.« Dann ertönt das Warnsignal am Kopierer: Papierstau.

»Kannst du nicht wieder auf Männerfang gehen? Das mit dem Glück bekommt dir irgendwie nicht.«

»Jetzt gehen wir erst mal eine rauchen!«, lautet meine Antwort. Noch will ich rauchen, noch hasse ich Papierstau. Doch schon ab heute Abend wird das Wort »Hass« aus meinem erfüllten Wesen verbannt sein. Für immer. Ganz bestimmt.

❧

Zu Hause angekommen, versuche ich mich noch ein wenig abzulenken, indem ich Wäsche aufhänge und Rechnungen sortiere. Als ich gerade darüber nachdenke, ob ich mir für diese Séance etwas Besonderes anziehen sollte, klingelt pünktlich um 19 Uhr mein Handy. Es ist Patricia und sie hört sich noch glücklicher an als das letzte Mal.

Patricia gibt mir ein paar finale Anweisungen. Wir würden gleich beginnen und ich könnte mich dazu hinlegen oder auch einfach nur setzen. Wichtig wäre, dass ich ab Beginn mindestens zehn Minuten lang in der gewählten Position verharre und auch danach nur ganz vorsichtig aufstehe, wenn überhaupt. Es wäre ihr lieber, ich würde ganz liegen bleiben, damit wir keinen Krankenwagen rufen müssen, falls ich durch die Lolo-Welle umfalle und mich dabei womöglich verletze. Nach circa 45 Minuten soll ich mich dann telefonisch bei ihr zurückmelden.

Patricia warnt mich vor: »Christianchen, es kann passieren, dass du in den nächsten 14 Tagen starken Gefühlsschwankungen ausgesetzt sein wirst. Dass du weinen musst, einfach so, vielleicht, weil du ein rotes Auto siehst. Mach dir deshalb keine Sorgen. Das gehört mit dazu. Du befreist dich von emotionalem

Ballast. Erst wenn wir eine Einheit von Körper, Geist und Seele erschaffen, können wir vollkommen sein. Und dazu müssen wir Seelenteile wieder zusammenfügen, die du zurückgelassen hast. Zum Beispiel bei früheren Partnern.«

Ich muss ein bisschen schmunzeln und bestätige ihr, dass es da so einige gibt, an denen mein Seelchen noch immer hängt. In der Tat bin ich sehr schlecht darin, auch nach dem Ende einer Beziehung endgültig loszulassen. Ich liebe alle meine Exfreunde. Noch immer. Einmal in meinem Herzen, ist es schwer, da wieder rauszukommen. Mein Herz ist eine Einbahnstraße – ohne Wendemöglichkeit. Und es herrscht ständig Stau.

Bevor wir beginnen, möchte Patricia noch wissen, worauf mein Fokus liege, also, was ich in meinem Leben gern verändern möchte. Darüber habe ich in den letzten Tagen immer wieder nachgedacht. Eigentlich wollte ich sagen, dass ich einfach jeden Tag glücklich sein möchte. Aber irgendetwas in mir ist mit dieser Antwort nicht richtig glücklich. Das fühlt sich so schwammig an. Und wenn ich schon »einen Wunsch frei habe«, dann möchte ich mir eigentlich etwas ganz Konkretes wünschen. Obwohl ich mich für meinen profanen Wunsch ein bisschen schäme, schaffe ich es, unverblümt mein Bedürfnis zu äußern – vielleicht auch deshalb, weil ich Patricia noch nie begegnet bin: »Ehrlich gesagt sehne ich mich nach einem Mann, den ich liebe und der mich liebt, so wie ich bin.«

»Also die wahre Liebe finden?«, fragt Patricia routiniert nach und klingt dabei, als würde sie ein Häkchen auf einem Fragebogen vermerken. Ich werde noch röter und sage: »Ja.«

»Und hast du eine Idee, warum das bisher nicht geklappt hat, wo da deine Blockade lag?«

Dazu hätte ich so einige Theorien. Ich könnte sagen, es liegt an den Männern, an Berlin oder an unserer Generation der polygamen »Ich brauche meine Freiheit«-Beziehungen. Doch stattdessen kommt mir ein Satz meines Therapeuten in den Sinn, mit dem er mich in der letzten Sitzung mal wieder gegen meinen Willen zum Weinen gebracht hat. Er sagte: »Es scheint, als würden Sie sich selbst nicht liebenswert finden.« Ich erzähle Patricia davon und sie sagt: »Mangelnde Selbstliebe. Alles klar. Das ist ein sehr häufiges Problem. Denn wenn man sich selbst nicht liebt, wie sollen es dann andere tun?« Mir scheint, ich bin eine von vielen verlorenen Seelen.

Dann legen wir auf. Ich ziehe die Vorhänge zu und zünde mir, so wie ich es in Patricias Buch gelesen habe, zwei Kerzen neben meinem Bett an, um für diesen besonderen Moment eine besondere Atmosphäre zu schaffen. Was habe ich schon zu verlieren?

Ich lege ich mich auf mein Bett, schließe die Augen und warte ab. Zuerst spüre ich gar nichts. Ich höre, wie draußen ein stürmischer Wind aufzieht, der durch die Blätter pfeift und mein Gartentor zum Klappern bringt. Die Stimmung ist irgendwie unheimlich und daher sehr passend für meine Séance.

Ich schließe die Augen und versuche, »meinen Fokus zu finden«. Ich visualisiere einen Partner, so wie ich ihn mir vorstelle, und sofort entstehen verschiedene Bilder in meinem Kopf. Bilder von einem Mann, dessen Gesicht ich nicht erkennen kann. Ich sehe, wie dieser Mann und ich uns lieben (er hat einen tollen Körper), wir zusammen lachen und weinen. Ich sehe uns durch ferne Länder reisen und in meinem Garten Unkraut jäten. Ich sehe uns, wie wir gemeinsam im Supermarkt stehen und wie er souverän zu einer Familienpackung Klopapier greift. Was für ein Mann! Wie wir zu Hause gemeinsam die Wäsche aufhängen und uns dabei über »Germany's Next Topmodel« kaputtlachen. Ich stelle mir vor, wie glücklich und ausgeglichen ich wäre, gütig und nachsichtig, auch mit mir selbst.

Plötzlich spüre ich, wie meine Oberschenkel sehr heiß werden, und ich gebe zu, das macht mir ein bisschen Angst. Doch die Hitze verschwindet schnell und wird abgelöst von Kälte. Kurz darauf setzen Kopfschmerzen auf meiner linken Stirnhälfte ein und es fällt mir schwer, bei meinem Fokus zu bleiben. In meinem Kopf erscheinen lauter Bilder von Dingen, die ich noch erledigen muss, wie Einkaufen, Duschen oder die Steuererklärung machen. Ich versuche, mich wieder auf meinen Wunsch zu konzentrieren, und frage mich dabei, wie viel Zeit wohl schon vergangen sein mag, seit ich hier liege. Vermutlich keine fünf Minuten. Als ich kurz danach auf die Uhr sehe, stelle ich fest, dass ich sogar schon über 20 Minuten so in meinem Bett liege. Das bedeutet auch, dass ich mich schon wieder vorsichtig bewegen darf. Da ich mich recht stabil fühle und immer noch furchtbar friere, gehe ich sofort heiß duschen.

Ich bin nicht sicher, ob ich nun enttäuscht oder erleichtert bin, dass Patricias Energiewelle keine körperlich spürbarere Wirkung auf mich hatte. Irgendwie wollte ich schon gern ohnmächtig werden.

Wie vereinbart, rufe ich sie um Viertel vor acht an. Ich gestehe ihr, nicht nur keiner Ohnmacht nahe gewesen zu sein, sondern dem Ganzen auch sehr skeptisch gegenüberzustehen – auch wenn ich mich gern darauf einlassen möchte.

Entgegen meiner Erwartung muss Patricia über meine Bemerkung lachen. »Das ist ganz normal«, sagt sie. »Wer sollte an diesen Hokuspokus schon glauben, wenn er es nicht selbst erlebt hat.« Sie sagt, ich würde in den nächsten Tagen die Veränderung bestimmt noch spüren. Ihr sei während unserer Sitzung aufgefallen, dass ich recht viele meiner Seelenanteile bei meinen Eltern zurückgelassen habe. Auch wenn diese Aussage bestimmt auf jeden zweiten Menschen zutrifft, bin ich doch ein wenig schockiert. Denn dass ich mit inzwischen 30 Jahren eine immer noch ungewöhnlich intensive Bindung zu meinen Eltern habe, ist mir durchaus bewusst. Ich bin alles andere als eine abgenabelte Person.

Patricia bittet mich, ihr in den nächsten Tagen zu schreiben, wie es mir ergeht. Ich bin einverstanden und bedanke mich für ihre Zeit. Am Ende stelle ich ihr noch eine Frage, die mich brennend interessiert: »Patricia, ist das eigentlich anstrengend für dich, wenn du Energie verschickst?«

Patricia lacht: »Nein. Ganz und gar nicht. Es gibt mir geradezu Kraft. Ich liebe meinen Beruf!«

Und ich schaue zu viel Fernsehen.

❋

Die nächsten Tage beobachte ich, ob ich irgendwelche Veränderungen feststellen kann. Ich fühle mich keinen Gefühlsachterbahnen ausgesetzt, würde mich eher glücklich als unglücklich nennen. Mir ist immer noch nach Rauchen zumute, was ich auch tue. Dafür muss ich auch nicht weinen, wenn ich ein rotes Auto sehe, was mich irgendwie auch erleichtert.

Abends vor dem Einschlafen lese ich in »Go Lolo«, anstatt »TV-Total« zu schauen. Außerdem halte ich Patricia über meinen Gefühlszustand auf dem Laufenden – nicht nur, weil wir es vereinbart haben, sondern weil ich das Bedürfnis danach habe. Denn unabhängig davon, ob ich nun an diese Welle glaube oder nicht (was ich immer noch nicht so genau weiß), schätze ich Patricias Engagement – sie hat sich um mich bemüht, ohne mich zu kennen. Die Tatsache, dass ich Kontakt zu ihr aufgenommen habe (egal ob nun per Facebook, Telefon oder Welle), hat auf jeden Fall dazu beigetragen, dass ich von nun an disziplinierter versuche, jeden Tag bewusster zu leben. Mich auf das, was ich gerade tue, oder auf den Menschen, mit dem ich es in diesem Moment zu tun habe, zu konzentrieren. Und sei es auf mich selbst.

Positives Denken steht auf dem Programm und Motivation der eigenen Person durch die eigene Person. Daher habe ich mir angewöhnt, mich morgens nach dem Aufwachen (wer jetzt lacht, wird erschossen) selbst zu umarmen. Noch tanze ich nicht meinen Namen, aber ich gebe zu, mich nach dem Aufstehen ans offene Fenster zu stellen, um tief frische Luft ein- und wieder auszuatmen. Ich begrüße den Tag und sage mir in Gedanken, zugegeben, manchmal auch laut, vor, dass dies ein wunderschöner Tag werden wird – auch wenn es regnet und alle Eintragungen in meinem Kalender eigentlich das Gegenteil vermuten lassen.

Manchmal sage ich auch ganz langsam »Loooo-loooo«. Danach hopse ich – ja ich hopse – ins Bad und tanze beim Zähneputzen zur Musik von »Radio Energy«. Bevor ich das Haus mit Kopfhörern und immer noch mit dem Hintern wackelnd verlasse, werfe ich mir selbst im Spiegel eine Kusshand zu und mache mir ein Kompliment, wie verdammt gut ich heute wieder aussehe, oder wie mutig ich sei, mit dieser Frisur respektive diesem Outfit nach Mitte zu fahren.

Ich lächle die Menschen an, die mir begegnen, und meide die, die mir unangenehme Gefühle bereiten. So war es längst an der Zeit, einem lästigen Verehrer freundlich, aber bestimmt mein Desinteresse mitzuteilen, um uns gegenseitig keine Lebenszeit zu stehlen, und meine Freundin Lara darauf hinzuweisen, dass sie mich gern auch mal anrufen dürfe, wenn sie nicht gerade einen Nervenzusammenbruch hat oder dringend Geld braucht. Genauso war es an der Zeit, anderen Menschen mal ein Dankeschön zu sagen, deren Freundschaft und Liebenswürdigkeit für mich schon selbstverständlich wurden, was niemals passieren sollte.

Möglicherweise liegt der Trick zum Glücklichsein einfach darin, es sich jeden Tag vorzunehmen. Eigentlich ist es gar nicht so schwer. Rezept zum Glück: Man nehme einen Esslöffel positives Denken, eine Prise Disziplin und je nach Geschmack eine Messerspitze Lolo. Wenn's glücklich macht ...

SMS an Hannah: *Hallo verlorenes Schaf. Das Paradies auf Erden existiert doch! Ich bin so lolo!*
SMS von Hannah: *Ich hoffe, du meinst »solo«! Sonst Finger weg von synthetischen Drogen.*

Glück hat nichts mit Glück zu tun

„Spieler sind Menschen,
die dem Glück eine Chance geben"

Werner Mitsch (*1936), deutscher Aphoristiker

Ich muss dringend ins Casino!«, begrüße ich Hannah an diesem Morgen auf meinem Bildschirm.

»Ich hatte schon befürchtet, dass du das irgendwann sagen wirst!«, sagt Hannah und klingt dabei weniger euphorisch als ich.

Ich erzähle ihr, dass ich nach dem Empfang der Lolo-Welle, von der Frau Dr. Hannah natürlich rein gar nichts hält, total glückselig sei und der Verdacht nahe läge – zumindest im Moment –, eine vom Glück beseelte Frau zu sein. Da mir LotusLove neben Glück auch Reichtum prophezeit hat, scheint mir genau jetzt der richtige Zeitpunkt, mich mit dem Thema »Glücksspiel« auseinanderzusetzen.

»Vermutlich bin ich gerade eine Glückssträhne auf zwei Beinen. Und falls ich im Casino gewinne, kann ich dich auch endlich besuchen kommen!«

Hannah wünscht mir viel Glück, findet aber, ich sollte den Flug besser erst nach dem Casinobesuch buchen. Sicherheitshalber.

Leider verstehe ich rein gar nichts vom Glücksspiel. Das einzige Kartenspiel, das ich fast fehlerfrei beherrsche, ist »Mau-Mau«. Um meine Wissenslücke zu füllen, suche ich, als studierte Medienwissenschaftlerin, zuallererst die Videothek auf. Ich leihe mir die Filme »Casino« von Martin Scorsese, »Der Croupier« mit Clive Owen und »21« von Robert Luketic aus, um hinter das Geheimnis von Poker, Blackjack und Roulette zu gelangen.

Viele Filmstunden später reime ich mir das wie folgt zusammen: Roulette ist das mit der Kugel, Poker kam in keinem der Filme vor und bei Blackjack, könnte man das System überlisten, indem man die bereits gespielten Karten mitzählt. Aber um das zu beherrschen, müsste man mindestens Harvard-Student sein und viele ebensolche Freunde haben. Da ich so schnell keinen Freundeskreis aus Harvard-Studenten organisieren kann, sieht es so aus, als müsste ich mich mal wieder allein auf das Glück verlassen.

Am nächsten Tage übe ich am Rechner und spiele online Blackjack anstatt bei Zalando einzukaufen oder bei Facebook wild in der Gegend rumzustupsen. Ich gewinne auf Anhieb 2000 Euro, leider nur Spielgeld. Höchste Zeit, ernst zu machen. Also rufe ich meine Freundin Jasmin an und frage, ob wir am Freitag zusammen in die Spielbank am Potsdamer Platz gehen wollen. Denn ich habe gehört, dort gäbe es wenigstens noch im Ansatz so etwas wie eine Kleiderordnung. Jasmin ist genau die richtige Frau für einen solchen Ausflug. Denn sie liebt es nicht nur, sich hübsch anzuziehen, sondern sie ist auch eine Zockerin sondergleichen.

Jasmin ist genauso schön, wie ihr Name es andeutet. Sie ist blond, hat nicht zu übersehende wunderschöne Brüste, blaue Augen, ein ansteckendes Lachen – und: Sie würfelt jeden Kerl unter den Tisch! Egal ob Poker, Mäxchen, Backgammon, Sachsenkniffel oder »Mensch ärgere dich nicht!«: Jasmin gewinnt immer. Und das gilt nicht nur für Würfelspiele. Sie ist auch die Königin der Kartenspiele wie Canasta, Rommé, Arschloch oder Bullshit. Es gibt eigentlich überhaupt kein Spiel, bei dem ich Jasmin jemals hätte verlieren sehen. Billard, Dart, Kickern oder Minigolf, ihr Gegenüber ist chancenlos. Das einzige Spiel, in dem ich gegen Jasmin gewinne, ist Schach. Und das liegt vermutlich daran, dass sie die Regeln nicht kennt. Ein bisschen unfair, ich weiß.

Jasmin sagt sofort zu, auch wenn sie mich vorwarnt: »Aus meiner bisherigen Casino-Erfahrung habe ich eine Sache gelernt: Ein Besuch im Casino hat nichts mit Glück zu tun! Ohne Strategie bist du schnell pleite.«

Darüber kann ich nur schmunzeln. Vielleicht hat sie recht, aber ich antworte gelassen mit den Worten des Schauspielers Attila Hörbiger: »Das Glück kann man nicht zwingen, aber man kann es wenigstens einladen.« Liebes Glück: Du bist herzlich willkommen! Außerdem: Ich fühle mich immer noch ziemlich lolo!

✿

Was soll ich sagen: Jasmin sieht umwerfend aus. Wenn ich das Glück wäre, ich würde die Einladung dieser Frau auf keinen Fall ausschlagen. Sie trägt knallroten Lippenstift, die kurzen blonden Haare verwuschelt und ein glitzerndes Paillettenoberteil. Nur in Bezug auf ihre Hose ist sie noch unsicher. Die schwarze Jeans würde ihrem Po irgendwie nicht gerecht werden, findet sie. Ich setze mich auf ihr Bett und fühle mich in meinem Outfit plötzlich ein wenig underdressed. Statt meines Paillettenkleides, das um den Bauch rum – nun, sagen wir – etwas *unvorteilhaft* aussah, trage ich ein einfaches, aber etwas weiteres schwarzes Kleid und meine »Fuck me now and love me later«-Stiefel, overknee, ohne Absatz. Jasmin entscheidet sich für eine andere Hose und Buffalo-Stiefel mit Pfennigabsätzen. Hoffentlich haben die da kein Parkett.

Auf dem Weg zur U2 holen wir uns ein Stück Pizza und Jasmin erklärt mir im Gehen essend ihre Taktik beim Roulette: »Am besten spielst du immer Carré! Dabei setzt du auf vier aneinander angrenzende Nummern. Das heißt, du setzt zum Beispiel auf die 23, 24, 26 und 27 gleichzeitig. Die Auszahlungsquote beträgt dann acht zu eins.«

Ich sehe Jasmin überrascht an. Ich dachte immer, sie kann nur so weit zählen, wie ihre Nägel lackiert sind.

»Wenn du dagegen nur auf eine Zahl setzt, liegt die Quote bei 35 zu eins. Dann machst du richtig Asche. Aber die Wahrscheinlichkeit, dass genau diese Zahl kommt, ist bei 37 Möglichkeiten, äh, na ja eben scheiße gering. Du kannst auch nur auf Rot oder Schwarz, Gerade oder Ungerade setzen. Das ist eine 50:50-Chance. Dann bekommst du das Doppelte deines Einsatzes zurück. Oder du setzt auf das erste, zweite oder dritte Dutzend. Wenn du dann gewinnst, bekommst du das Dreifache wieder. Aber das ist echt langweilig und bringt kaum Kohle.«

Ein hartnäckiger Käsefaden zwingt Jasmin kurz innezuhalten und ich nutze die Gelegenheit: »Was passiert, wenn ich auf die Null setze? Bekomme ich dann so etwas wie einen *Mut-zur-Null-Bonus?*«

»Ne. Das ist eine Zahl wie jede andere auch. Nur eben ohne Farbe. Also, wenn du rot oder schwarz spielst und es kommt die Null, dann hast du einfach Pech gehabt.« Verstehe.

Die U2 ist vermutlich die langsamste U-Bahn der Welt. Umzingelt von einer Horde Spanier lasse ich mir auf der 20-minütigen Fahrt weitere Feinheiten und Strategien, um Reichtum zu erlangen, erklären. Ich spüre, dass mich langsam, aber sicher das Spielfieber packt und ich es gar nicht mehr erwarten kann, endlich diese bunten Jetons in meiner Hand zu halten. Nicht mehr lange und ich werde eine glückliche *und* reiche Frau sein!

Schon von Weitem blinkt uns der Leuchtschriftzug der Berliner Spielbank entgegen, der mit »Klassisches Spiel«, »Automatenspiel« und »Pokerfloor« wirbt. Während Jasmin wegen unseres Gewaltmarsches über schmerzende Füße klagt, bin ich nun doch ganz froh, mich gegen Absätze entschieden zu haben.

Endlich angekommen, müssen wir am Eingang unsere Ausweise vorzeigen. Allerdings nicht, wie ich gehofft hatte, um unsere Volljährigkeit zu beweisen, sondern um überprüfen zu lassen, ob wir auf der »schwarzen Liste« stehen, was uns, wie ich erfahre, jeglichen Zugang zu den Spielcasinos dieser Welt verwehren würde. Würde mich nicht wundern, wenn wir gleich noch eine Schufa-Auskunft vorlegen müssten. Ich verspreche dem Mann an der Kasse, mich heute Abend zu benehmen, um nicht auf die böse Liste zu kommen, und bitte ihn, meine Daten nicht für Spam-Zwecke zu missbrauchen.

»Wissen Sie, ich werde heute Abend sehr viel Geld gewinnen«, erkläre ich ihm und ernte ein mitleidiges Schmunzeln. Ich sehe schon, Humor stand eindeutig nicht in seiner Job-Description.

Jasmin und ich geben unsere Jacken ab und schlendern durch die »Automatenwelt«. Meine Erwartungen in Bezug auf Glanz und Glamour des Casinos werden nicht im Ansatz erfüllt. Statt geheimnisvoller Frauen in Cocktailkleidern und betuchter Männer im Maßanzug sehe ich nichts als halbstarke Kerle in Lederjacken und vom Rauchen faltig gewordene Frauen. Von wegen Kleiderordnung!

Ich beobachte einen Mann, der in Jogginghose, Norwegerpulli und Krücken vor einem einarmigen Banditen sitzt. Nach seinem Gesichtsausdruck zu urteilen wartet er seit Stunden vergebens auf das Erscheinen dreier roter Kirschpaare. Dieser Ort wirkt wie eine Sammelstelle für einsame Seelen, die eskapistisch vor bunt blinkenden Maschinen in einer Scheinwelt versinken. Maschinen, die immerzu fordern, kaum geben und dabei schreckliche Geräusche produzieren. Ich spüre das dringende Bedürfnis, all diese Menschen mal kräftig durchzuschütteln und ganz laut »Wacht auf!« zu schreien. Aber dann käme ich bestimmt auf die schwarze Liste. Und das, noch bevor ich den ersten Jeton überhaupt in der Hand gehalten hätte.

Jasmin bemerkt meinen entsetzten Blick: »Na ja, das ist nicht gerade Monte Carlo, aber in der oberen Etage wird es etwas vornehmer.«

Wir nehmen den Glasaufzug nach oben und betreten den Bereich des »klassischen Spiels«. Hier reihen sich Blackjack- und Roulette-Tische aneinander. Es gibt eine Bar sowie Croupiers und Dealer, die Kartengeber beim Blackjack, die allesamt in schicken, schwarzen Anzügen stecken. Wenigstens die. Denn die Klientel macht auch hier keinen besonders exklusiven Eindruck.

Jasmin und ich entscheiden uns für einen Roulette-Tisch, an dem ein etwas untersetzter Croupier mit Schnauzbart steht, der irgendwie sympathisch, weil harmlos wirkt. Wir tauschen jeweils 20 Euro in Zwei-Euro-Jetons um. Mehr habe ich Jasmin verboten, weil ich mich schuldig fühlen würde, wenn sie wegen mir viel Geld verliert.

Die Kugel beginnt zu rollen. Ich will gerade auf Rot setzen, aber Jasmin zieht meinen Jeton zurück: »Erst beobachten, dann setzen!«, instruiert sie mich streng. »Du musst ein Gefühl für den Tisch und den Croupier bekommen. Du schaust dir einen Kerl doch auch zuerst an, bevor du ihn küsst, oder?«

Na ja, nicht immer. Außerdem finde ich, der Vergleich hinkt. Trotzdem folge ich artig und stecke den Chip wieder ein. Die Kugel rollt und rollt und die Leute platzieren ihre Jetons.

»Nichts geht mehr«, sagt der kleine Mann im Anzug – was weitestgehend ignoriert wird. Alle setzen weiter und er wiederholt: »Bitte nicht mehr setzen« – und wird erneut ignoriert.

»Jasmin, wieso setzen die alle noch?«, frage ich nach. Sie zuckt mit den Schultern und der Croupier wirft mir einen Blick zu, als wollte er sagen: »Weil die alle keine Kinderstube haben!« Der Arme. Bestimmt kam er in der Schule nie dran, obwohl er sich gemeldet hat.

Das Geräusch der kreisenden Kugel verlangsamt sich, bis es schließlich ganz verstummt. Ein Seufzen geht durch die Reihen.

»26, Schwarz!« Der Croupier markiert mit einem durchsichtigen Spielstein die 26 und schiebt mit beiden Händen alle restlichen Steine in ein Loch. Dann bezahlt er den einzigen Gewinner aus und ich bin froh, nicht auf Rot gesetzt zu haben.

Jasmin erklärt mir flüsternd, dass man immer davon ausgehen könne, dass in der nächsten Runde eine Zahl kommen würde, die ziemlich genau gegenüber von der davor gefallenen Zahl läge.

»Das glaub ich nicht«, sage ich, etwas zu laut. »Wenn es so einfach wäre, würden doch alle gewinnen«, fahre ich nun flüsternd fort.

»Das ist nicht einfach, sondern Statistik. Es kommt auch immer auf den Effet an, den der Schwung des Croupiers hat. Deshalb: Beobachte erst, bevor du setzt! Oder wieso denkst du, tauschen die auch ständig die Croupiers aus?«

»Äh, vielleicht wegen des Arbeitsschutzgesetzes«, vermute ich zaghaft.

»Unsinn. Das machen die, damit du dich auf keinen einspielen kannst!«

»Aber ist das nicht egal, wer die Kugel wirft?« Jasmin sieht mich an, als würde sie hier Perlen vor die Sau werfen. Dann fällt die Kugel in die schwarze Acht und Jasmin sagt: »Siehst du!« Dabei hält sie mir eine Miniatur-Roulettescheibe aus Papier unter die Nase. Und tatsächlich, die Acht liegt ziemlich genau gegenüber der 26.

Wir beobachten eine weitere Runde, bis mir Jasmin das Okay gibt, nun endlich auch selbst setzen zu dürfen. Ich alter Angsthase lege einen Stein auf Rot – wie die Liebe –, während Jasmin drei Steine zwischen je vier unterschiedliche Zahlen legt.

»Sie spielt Carré«, erkläre ich stolz dem Mann neben mir, der nicht danach gefragt hatte.

»22, Schwarz«, lautet das Ergebnis dieser Runde. Ich beobachte, wie mein Jeton im Loch verschwindet und Jasmin eine Handvoll Jetons vom Tisch zieht.

»Du musst Carré spielen! Alles andere ist zu mühsam.«

»Ich glaube nicht an deine Statistik. Ich glaube an das Glück«, sage ich und setze zwei Steine auf die Zehn, meine persönliche Glückszahl! Der Croupier schmunzelt über meinen Satz und wirft die Kugel, wie ich finde, jetzt besonders elegant in den Kessel.

»Komm schon, Baby, gib mir eine Zehn!«, feuere ich die Scheibe an und mache dabei dieselben Geräusche wie Julia Roberts beim Polospiel in »Pretty Woman«. Dafür ernte ich vernichtende Blicke aller umstehenden Leute, einen Stoß in die Rippen von Jasmin und ein erneutes Schmunzeln vom Dickerchen. Ich glaub, der mag mich.

»32, Rot«, sagt er.

»Scheiße«, sage ich, und Jasmin sagt: »Schon wieder gewonnen.«

Die nächste halbe Stunde geht es genauso weiter. Während ich bei maximal jedem dritten Einsatz höchstens einen Stein gewinne und sonst immer verliere, gibt es keine Runde, in der Jasmin mit weniger als mehr rausgehen würde. Sie räumt ab, ohne Gnade. Nach einer halben Stunde hat sie bereits so viele Jetons, dass sie diese kaum noch in den Händen halten kann. Ich setze meine letzten zwei Euro mal wieder auf Rot, wie die verdammte Liebe, und verliere.

»Rien ne va plus«, sage ich und zeige Jasmin, die bereits das Eurozeichen in den Augen blinken hat, meine leeren Hände. Sie sagt: »Tut mir echt leid, Süße«, wobei sie wie hypnotisiert die rotierende Kugel verfolgt und auch diese Runde als Siegerin verlässt.

»Siehst du, du hättest auch Carré spielen sollen!«

Ich ziehe Jasmin am Ellbogen vom Tisch weg: »Carré hin oder her, ich glaube nicht an deine Taktik, sondern an das

Glück. Und davon hattest du heute Abend eine Menge. Und genau deshalb solltest du jetzt aufhören. Wie viel hast du schon gewonnen?«

Jasmin weigert sich, nachzuzählen, denn das würde Unglück bringen. Ich bin fasziniert davon, wie eine Person gleichzeitig nicht an Glück, aber an Unglück glauben kann, und schlage vor, dass der Gewinner den Verlierer an der Bar auf einen sehr teuren Longdrink einladen muss. Aber Jasmin lehnt ab.

»Ich kann jetzt nicht aufhören. Ich habe gerade eine Glückssträhne. Lass uns zum Blackjack gehen. Das lohnt sich wenigstens. Dann kaufe ich dir nachher keinen Drink, sondern eine Louis-Vuitton-Handtasche.«

Wirklich, ich habe es versucht. Ich habe auf Jackpot-Jasmin eingeredet, gebettelt und gefleht. Ich habe ihr sogar gestanden, dass ich mir aus Louis Vuitton gar nichts machen würde, obwohl ich fürchtete, dass sie mir daraufhin die Freundschaft kündigen würde.

»Jasmin!«, habe ich gesagt. »Ich wünsche mir jetzt nichts sehnlicher als einen Gin Tonic und dass du aufhörst zu zocken! Ein Bier ist auch okay.« Doch mein Blackjack-Baby war nicht mehr zu bremsen. Die ersten Runden liefen ganz gut. Mit Verdoppeln, Splitten, Versichern und all dem Unsinn, mit dem sie mich doch ganz schön beeindruckt hat. Jasmin hat es ihnen allen gezeigt: Der fetten Asiatin, die Kartoffelchips fressend die Kohle ihres reichen Ehemannes verzockte. Dem angeberischen Schweizer, der 500 Euro in fünf Spielen verlor. Und dem Dealer, der bereits nach der ersten Runde Schweißperlen auf der Stirn hatte und aussah, als würde er jetzt um seinen Job bangen. Ich stand neben Jacky-Jasy und dachte irgendwann *Scheiß auf vernünftig sein!*, und feuerte sie an: »17 und vier, meine Freundin ist ein Tier!« Es ging auch noch einfallsloser, wie: »Ohne Scheiß, wir sind gleich reich!« Das führte zumindest dazu, dass ich relativ viele Schaulustige anzog, was nicht weiter schlimm war, da Jasmin es liebt, im Rampenlicht zu stehen. Schließlich ist sie Schauspielerin.

Doch dann passierte das Schreckliche: Dieser wirklich gut aussehende junge Mann, ich glaube ein Italiener, bin aber nicht sicher, weil er kein Wort von sich gab, begann, auf *Jasmin* zu setzen. Ich wusste überhaupt nicht, dass so etwas geht. Und ich glaube, meine Kartenkönigin auch nicht. Denn plötzlich wurde sie völlig unsicher und das Glück schien die ehemals selbstbewusste Spielerin verlassen zu haben. Jasmin verlor, verlor und verlor. So lange, bis der hübsche Italiener die Seiten wechselte und auf die dicke Asiatin zu setzen begann.

Das war auch der Moment, in dem ich zu mir kam und handelte. Ich riss Jasmin vom Tisch, schob sie in den Glasaufzug, vorbei an der Garderobe und raus aus dem Casino. Dann kehrte ich noch mal um, allein, um ihre wenigen verbliebenen Steine in Bargeld umzutauschen. Ich bekam 50 Euro ausgezahlt. Das hätte wirklich schlimmer kommen können.

Auf der Fahrt zurück versuchte Jasmin auszurechnen, wie viel sie zwischenzeitlich wohl schon auf der Hand hatte. 200 Euro? 400 Euro? 1000 Euro? Doch dann platzte dieser unangenehme Mann mit den unangenehmen Worten: »Fahrscheine bitte!« mitten in ihre Berechnungen. Ich kramte und kramte ganz langsam nach meiner Tageskarte, um für Jasmin, die alte Schwarzfahrerin, Zeit zu schinden. Doch als dann auch noch der zweite Kontrolleur dazukam, fiel sogar die Alternative »Lauf so schnell du kannst!« flach.

Plötzlich fing Jasmin an zu lachen. Sehr laut zu lachen. Sie konnte gar nicht mehr aufhören damit. Erst als sie allmählich wieder Luft bekam, verstand ich so etwas in der Art wie: »Wie gewonnen, so zerronnen«, womit die Herren Kontrolleure nicht allzu viel anfangen konnten, sich aber sichtlich über die vielleicht erste lachende Schwarzfahrerin ihrer Laufbahn freuten.

Jasmin zahlte die 40 Euro gleich in bar und steckte ihre verbliebenen zehn einer Obdachlosen zu, die an ihrem Daumen nuckelte und immerzu sagte: »Ich will kein Dreckspatz mehr sein. Ich will kein Dreckspatz mehr sein.«

Dann gingen wir beide in der Acht-Millimeter-Bar endlich Gin Tonic trinken. Wir haben bestellt, gelacht, bestellt, getrunken und wieder bestellt. Aber bezahlt, bezahlt haben wir an diesem Abend gar nichts mehr.

SMS von Hannah: *Und? Hast du gewonnen? Bist du reich? Kommst du mich besuchen?*
SMS an Hannah: *Gern! Lädst du mich ein?*

Glück ist nicht immer mit den Dummen

✤

*„Unglück wird zum Glück,
wenn man es bejaht."*

Hermann Hesse (1877–1936), Schriftsteller

Hannah findet, ich hätte die 20 Euro besser einem Hilfsfonds für Dialysepatienten gespendet, anstatt sie einer Spielbank in den Rachen zu werfen.

»Wovon glaubst du denn, lebt so ein Casino?«

Ich schweige bockig.

»Na, davon, dass die Leute verlieren!«

»Aber Jasmin …«

»Jasmin hätte auch noch mehr verloren, wenn du sie nicht gebremst hättest. Und natürlich muss auch mal jemand gewinnen, sonst würde da ja niemand mehr hingehen. Wenn du mich fragst, gehen da eh nur süchtige Leute hin. Süchtige und Dumme.«

Dich fragt aber keiner, denke ich und sage: »Dankeschön!«

Heute macht es irgendwie keinen Spaß, mit Hannah zu skypen. Zusätzlich zu meinem Gin-Tonic-Kater habe ich jetzt auch noch schlechtes Gewissen wegen der Dialysepatienten. Ich fange an, nebenbei nach solchen Hilfsfonds zu googeln, während Hannah sich mal wieder über ihren aktuellen Monatsabschnittspartner beschwert, den ich aus pragmatischen Gründen nur »Mister April« nenne.

»Christiane, hörst du mir überhaupt zu?«

»Ja, klar«, lüge ich und werde sofort überführt, da ein Werbebanner aufpoppt, das sehr laute Musik abspielt. Es ist das Banner einer Fluggesellschaft, die mit Oster-Flügen nach Odessa wirbt.

»Sag mal, warst du schon mal in Odessa?«, frage ich Hannah in der Hoffnung, sie dadurch von meinem Aufmerksamkeitsdefizit abzulenken. Aber so einfach ist das nicht mit Hannah.

»Was hat das denn jetzt mit James zu tun?«

»Wer ist James?«, frage ich und ahne zugleich, dass das vielleicht nicht besonders schlau war.

»Christiane, lass uns wieder reden, wenn du Zeit dazu hast. Ich muss eh los. Die Ratten warten auf mich.«

Ob sie damit nun ihre Kollegen oder die Labortierchen meint, weiß ich nicht. Aber mir soll das recht sein. Denn für heute habe ich genug von ihrer, wenn auch vielleicht berechtigten, Moralpredigt. Außerdem hat Odessa inzwischen meine gesamte Aufmerksamkeit für sich eingenommen. Ich wollte da schon immer mal hin. Erstens, weil das so schön klingt. O-des-sa, cha-cha-cha, der Herr links, die Dame rechts. Und zweitens, weil dort die berühmte Treppenszene aus »Panzerkreuzer Potemkin« von Sergej Eisenstein gedreht wurde. Wirklich herrlich, wie dieser Kinderwagen so holterdiepolter da runterrauscht.

Die Idee, jetzt spontan zu verreisen, ist geradezu perfekt. Denn nächste Woche ist Ostern. Das heißt: Karfreitag, Ostersonntag und Ostermontag. Lauter unerträgliche Feiertage, die ich dieses Jahr zur Abwechslung mal nicht damit verbringen möchte, allein im Mauerpark zu liegen und glücklichen Pärchen beim Schmusen in der Sonne zuzusehen. Ich muss einfach mal wieder raus. Und nach meinem E-Mail-Umfrageergebnis zu urteilen, ist Glück auch »spontan zu sein« oder »in Freiheit zu reisen«. Als ich dann noch lese, dass man für die Ukraine seit einigen Jahren nicht mal mehr ein Visum benötigt, ist die Entscheidung gefallen – drei, zwei, eins: meins! Es lebe die ukrainische Unabhängigkeit!

Ein paar Sekunden später bin ich gute 300 Euro ärmer. Das war zwar nicht gerade ein Oster-Schnäppchen, aber das ist mir jetzt egal. Geld macht nicht glücklich. Ausgeben schon. Und Geld für Reisen auszugeben macht nach meiner Meinung am meisten Sinn. Außerdem, ich habe weder Mann noch Kind zu ernähren und: Ich kaufe mir nie teures Make-up. Bestimmt habe ich in den letzten 15 Jahren mit Hilfe kosmetischer Billigprodukte schon Tausende von Euro gespart. Ich weiß, die Tierversuche. Aber ich kann nichts dafür. Bei Naturkosmetik bekomme ich Ausschlag. Echt. Und um mir mein Karma nicht völlig zu verderben, spende ich jetzt noch 20 Euro an einen Hilfsfonds für Dialysepatienten.

❦

Am Donnerstag sause ich ganz aufgekratzt durchs Büro und singe dabei »Odessa, la la la la la, ich fliege nach Odessa!«, sehr zum Leidwesen meines Kollegen, der im Gegensatz zu mir die Feiertage mit Arbeit verbringen muss.

»Odessa? Wie bist du denn darauf gekommen? Wo liegt denn das überhaupt?« Ich sage etwas zögerlich und fast fragend: »Am Schwarzen Meer?«

Ehrlich gesagt: Ich habe keine Ahnung. Ich weiß nur, dass Odessa auch die Abkürzung für »Organisation der ehemaligen SS-Angehörigen« ist, schließe aber einen Zusammenhang zu der Stadt Odessa aus. Die werden da ja wohl kaum alle wohnen! Hoffentlich. Zugegeben, ich weiß weder, an welche Länder die Ukraine angrenzt, ob das überhaupt ein Land ist, welche Geschichte dieses Land hat, noch welche Währung dort gilt oder wie das Wetter ist. Vielleicht sollte ich meine Mutter anrufen, die ihren Lebensabend mit der Verfolgung weltweiter Wetterberichtserstattung verbringt. Aber hey: Geografie, Währung, Wetter! Das ist was für Angsthasen, nicht für Glückssucher! Ich lasse mich einfach überraschen. Wichtig ist, dass ich kein Visum brauche. Mehr muss ich nicht wissen, um eine spontane Reise auch spontan anzutreten.

Zu Hause werfe ich ein paar Klamotten in meinen kleinsten (spontanen) Koffer, auch den Bikini, falls es in Odessa so richtig heiß ist, und eine Mütze, falls nicht. Als ich fertig gepackt habe, überprüfe ich noch viermal, ob ich auch meinen Pass eingesteckt habe. Dabei muss ich ein wenig über mich selbst schmunzeln, weil ich bezüglich Reiseunterlagen ein neurotischer Kontrollfreak bin.

Ich gehe zeitig ins Bett, schaue »Germany's Next Topmodel«, moderiert von Heidi Klum – alias der Antichrist –, esse eine große Schüssel Vanilleeis und bin froh, dass ich zwar nicht so schön und schlank, aber auch nicht so dumm wie diese Mädchen bin. Ich schlafe noch vor dem Folgenfinale ein, weil es mir scheißegal ist, wer rausfliegt.

Morgens um halb fünf klingeln drei Wecker: Handy, Radiowecker im Bad und ein Alarm direkt neben meinem Bett. Das ist so ohrenbetäubend laut, dass ich sofort kampfbereit im Bett stehe. Vielleicht ein bisschen viel des Guten, aber ich habe nun mal eine angeborene Angst, Flüge zu verpassen – was mir natürlich noch nie passiert ist. Leute, die Flüge verpassen, sind »die anderen«.

Ich entscheide mich für ein schwarzes Kleid und Stiefel (man weiß ja nie, wen man unterwegs so trifft), packe zu guter Letzt noch Pille plus Zahnbürste ein und mache zum tausendsten Mal den Kontrollgriff nach dem Pass. Ich muss endlich aufhören, so superneurotisch zu sein – gerade jetzt, wo ich doch ach so spontan verreisen möchte.

Ich schließe meine Terrassentüren ab, ziehe alle Stecker, verstecke die Schlüssel im Bücherregal, lösche die Lichter, bis auf eines, das ich für den Einbrecher zur Vortäuschung meiner Anwesenheit anlasse. Ich weiß, das ist Energieverschwendung, aber dafür werde ich die nächsten fünf Tage keinen weiteren Strom in dieser Wohnung verbrauchen (und Hannah werde ich es einfach nicht verraten). Nach dreimaligem Absperren und erneutem Pass-Check (ich kann nicht anders) verlasse ich morgens um fünf endlich die Wohnung. Ich freu mich so!

Um meine Vorfreude auf meine abenteuerliche Reise noch ein wenig zu steigern, lese ich auf der Busfahrt zum Flughafen – Spontaneität hin oder her – doch schon mal ein bisschen in meinem Reiseführer. Ich lese von Katharina der Großen, die 1794 Odessa als Kriegs- und Handelshafen begründen ließ, von der landesüblichen Korruption, die auch im 21. Jahrhundert noch zur Tagesordnung gehöre, und von der ukrainischen Hausmannskost, wobei ich zum ersten Mal in meinem Leben morgens um fünf – oder überhaupt – Lust auf Kohl, Speck und Rote Bete habe. Ich freue mich auf Spaziergänge am Hafen, auf Trinkgelage mit Ukrainern und auf einen Besuch in der berühmten Oper von Odessa.

Am Flughafen angekommen, bin ich doch froh, so zeitig losgefahren zu sein. Die Schlange am Austrian-Airlines-Schalter ist ewig lang. Nach einer halben Stunde endlich an der Reihe fragt mich die adrette Dame von Austrian Airlines, wo ich gern bis Wien und von Wien nach Odessa sitzen möchte. Ich bekomme einmal einen Fensterplatz und einmal den Notausgang-Platz.

»Ich bin auch nicht schwanger«, scherze ich und blicke in ihr auf einmal völlig entgleistes Gesicht. Sie hält mir meinen Pass unter die Nase und sagt: »Das geht nicht. Der ist abgelaufen!«

Es dauert einige Schrecksekunden, bis mein Gehirn registriert, was meine Ohren gerade gehört haben.

»Das kann nicht sein!«, sage ich felsenfest davon überzeugt, dass diese Frau Zahlenlegasthenikerin ist. Denn abgelaufene Reisepässe haben nur »die anderen« – nicht ich, Frau Hagn, Miss Superorganisiert.

»Doch, 3. März.«

»Und welches Datum haben wir heute?«, frage ich verstört mit inzwischen zittrigen Beinen und schweißnassen Händen nach.

»21. April!«, lautet ihre Antwort, wobei sie inzwischen schon ein wenig vorwurfsvoll klingt. Ein Blick auf mein Handy verrät mir, dass sie recht hat und ich dumm, dumm, dumm, saudumm bin. Das wäre den Topmodels bestimmt nicht passiert!

»Ich bin am Arsch«, stelle ich erstaunt fest und beobachte, wie die Dame hinter dem Schalter anfängt zu telefonieren. Ich höre nicht zu, weil ich völlig blockiert bin. Ich kann nicht fassen, was mir da gerade passiert ist. Mir, und nicht den anderen. *Mir*!

»Den Gang runter und dann rechts«, reißt mich ihre Stimme aus meinen Gedanken. »Da können Sie sich von der Bundespolizei ein Ersatzdokument ausstellen lassen. Mit diesem Dokument können Sie dann auch in der Ukraine einreisen. Ich habe das gerade gegengecheckt.«

Ich hätte nie gedacht, dass das Wort »Bundespolizei« jemals wie Musik in meinen Ohren klingen würde und ich eine Angestellte von Austrian Airlines tatsächlich für einen Engel halten könnte. Doch gerade jetzt, in diesem Moment, stehe ich kurz davor, diese Frau zu küssen.

Ich reiße mich zusammen, schenke ihr mein dankbarstes Lächeln, greife meinen spontanen Koffer und renne. 20 Minuten später und immer noch 15 Minuten vor Abflug stehe ich erneut vor ihr und überreiche ziemlich stolz meinen Ersatzpass.

»Gute Reise«, sagt sie und »Gott segne Sie«, sage ich (das habe ich von meinem Priesterchen gelernt). Danach steige ich glückselig ins Flugzeug, grinse schelmisch und denke: Das Glück ist eben mit den Dummen.

✳

»You cannot enter the country!«, sagt der Mann mit Schnauzbart und Uniform. Ich bin seit zehn Stunden wach. Ich hatte morgens um halb sieben schon einen halben Nervenzusammenbruch, war bei der Bundespolizei, habe mir am Wiener Flughafen einen Kaffee über mein Kleid geschüttet und mich danach wegen des ukrainischen Flugzeugessens fast übergeben. Jetzt muss ich eigentlich pinkeln. Und Sätze wie »You cannot enter the country« finde ich gerade überhaupt nicht komisch.

Erst muss ich nur zur Seite treten. Dann werde ich von einem bewaffneten Grenzpolizisten in ein Nebenzimmer geführt. Ich soll mich setzen. Ich setze mich. Mir wird ein Papier vorlegt mit Buchstaben, die ich nicht lesen kann, in einer Sprache, die ich nicht spreche, nicht verstehe. Weitere uniformierte Grenzpolizisten folgen. Es steht fünf gegen eine. Fünf gegen eine Minderheit. Ich bin die Minderheit. Ich soll unterschreiben. Ich weigere mich. Ich unterschreibe nichts, was ich nicht verstehe. Ich bin Juristentochter!

Ich erkläre mit Händen und Füßen mein Missgeschick. Ich erzähle von der Austrian-Airlines-Dame und der Bundespolizei. Aber die Antwort klingt nicht gut: »German police is not Ukrainian borderpolice!« Alle lachen – nur ich nicht.

»You need a passport!«

»That is a passport!«, sage ich betont laut und deutlich und verweise gestisch auf mein Ersatzdokument, auf dem »Ersatzpass« steht und das mich heute Morgen acht Euro gekostet hat.

»No. We don't accept!«

No, we don't accept? Ich schmier dir gleich eine, du Scheißrusse, denke ich und schäme mich so gar nicht für meinen politisch unkorrekten Gedanken. Doch ich gebe zu, mein »Ersatzdokument« sieht ein bisschen aus wie ein gefälschter Schülerausweis. Und mein abgelaufener Pass kann die Herren der Grenzpolizei schon gleich gar nicht überzeugen. Eigentlich warte ich die ganze Zeit darauf, dass ich anfange zu heulen, aber das passiert einfach nicht.

»I want to call the German Embassy«, sage ich stattdessen. Botschaft anrufen kommt immer gut. Das kenne ich aus Filmen, in denen unschuldige Frauen, so wie ich, in Thailand ins Gefängnis gesteckt werden sollen, weil ihnen Drogen untergejubelt wurden.

»You have the number?« (Das haben die in dem Film nie gefragt!)

»No. I have no iPhone«, versuche ich ihn zu verwirren.

»Okay. You can fly back now or you can go to prison!«

Dieses Gespräch fängt langsam an, unangenehm zu werden. Ukrainisches Gefängnis ist bestimmt auch ein Abenteuer. Aber ein anderes, als ich mir vorgestellt hatte. Und ob das noch was mit Glück zu tun hat? Wer weiß, vielleicht würde mir Freiheitsentzug ganz neue Erkenntnisse zum Thema Glück liefern?

»Where is the prison?«, frage ich und weiß nicht wieso.

»Upstairs!«, sagt der grimmige Ukrainer und klingt dabei sehr überzeugend und zunehmend genervt. Mit dem ist echt nicht gut Kirschen essen.

»Look«, sage ich in meinem nervositäts-holprigen Englisch: »I am just a normal German girl. I am not dangerous. I just want to see the steps of Panzerkreuzer Potemkin!«

Potemkin spreche ich in der Landessprache »Patjomkin« aus, in der Hoffnung, integrationswillige Pluspunkte zu ernten. Kopfschütteln allerseits.

Dann erinnere ich mich an den Text in meinem Reiseführer bezüglich der landesüblichen Korruption und starte einen letzten waghalsigen Versuch: »Can I give you dollar?«

✤

15 Minuten später stehe ich mit vier Grenzpolizisten in der Sonne. Wir rauchen. In meinem Kopf spielt folgender Refrain: »And I said I need dollar dollar, a dollar is what I need. And

if I share with you my story would you share your dollar with me.«

Ich erzähle ihnen, dass ich Film studiert habe und wegen Sergej Eisenstein unbedingt mal nach Odessa kommen wollte. Dabei schnorre ich gerade die dritte Zigarette in Folge. Bevor wir anfangen, Nummern oder Facebook-Kontakte auszutauschen, werde ich in ein Auto geladen und wieder zu der Maschine gefahren, die ich vor einer dreiviertel Stunde voller Vorfreude verlassen hatte.

»Good bye!«, winke ich und ein sozialistisch-trauriges »Good bye« kommt zurück. Ich glaube, jetzt tue ich ihnen doch ein bisschen leid. Aber Staatsfeind bleibt Staatsfeind.

Als wir abheben und ich wieder den gleichen ukrainischen Fraß serviert bekomme wie vor knapp zwei Stunden, versuche ich mir einzureden, dass ich einfach froh sein sollte, wenigstens von diesem Essen verschont zu bleiben. Und dann, ganz plötzlich, fange ich an, wie ein Schlosshund zu heulen. Endlich.

Zeit für einen doppelten Wodka. Nastrovje!

✿

Mit Hilfe von Ukrainian Airlines habe ich mir noch im Flieger vor lauter Wut über meine eigene Dummheit und die Unbestechlichkeit ukrainischer Grenzpolizisten (die sind auch nicht mehr das, was sie mal waren) einen angetrunken und anschließend mit lauten Selbstgesprächen rumgepöbelt. Meinen »Pass« bekam ich, die illegale Einwanderin, erst wieder, als ich das Flugzeug verließ. Und alle waren froh, als ich das tat.

So kam ich leicht benebelt in Wien an und weigerte mich, in die nächste Maschine nach Berlin abgeschoben zu werden. Ich wollte auf keinen Fall in die Wohnung zurück, die ich heute Morgen um fünf Uhr mit dreimal Absperren verlassen hatte. Ich wollte nicht zurück zu dem Einbrecher in meinem Wohnzimmer und den küssenden Pärchen im Mauerpark. Ich wollte spontan verreisen, nicht wie ein Volltrottel durch die Gegend fliegen.

»Ich will nicht nach Berlin! Dann geh ich lieber in Odessa ins Gefängnis!«, schimpfte ich am Austrian-Airlines-Schalter ungehalten wie ein trotziges Kind. Das klang wohl sehr überzeugend, denn die Dame buchte mein bereits von den Ukrainern umgebuchtes Ticket schließlich doch wieder auf das ursprüngliche Datum zurück. Ich bedankte mich nicht allzu euphorisch mit: »Bleib ich halt in Wien!«

Daraufhin meinte sie: »Geh, i bitt Eana. Bessa ois wie durt im Häfn is des ollemoi!« und brachte mich damit schon fast zum Lachen. Aber nur fast.

❦

Mit Hilfe einiger Telefonate (es wird wirklich Zeit für ein internetfähiges Handy) gelingt es mir, die Telefonnummer meiner ehemaligen Schulfreundin Klara Kun herauszubekommen, die – wenn ich mich recht erinnere – nach dem Abi nach Wien gezogen ist. Oder war das Wiesbaden?

»Hallo Klara! Ich bin's. Christiane. Christiane Hagn. Ja. Mensch. Wie lange ist das jetzt her ... zehn Jahre?«

Es war Wien. Und so ziehen Klara und ich schon wenige Stunden später durch diverse Tanzlokale Wiens und schwelgen in lustigen und grausamen Erinnerungen an unsere gemeinsame Schulzeit. Eine Zeit, die aus heimlich rauchen, heimlich weggehen, heimlich knutschen, und sich heimlich piercen lassen bestand.

»Weißt du noch, wie ich dir in der neunten Klasse immer helfen musste, deine Schuhe zu binden?«

»Quatsch. Da war ich 16. Da konnte ich doch wohl allein meine Schuhe binden!«

»Nicht nur das«, sagt Klara und grinst. »Du konntest schon 'ne ganze Menge allein. Auch dich selbst piercen!«

Ja, richtig. Mein Bauchnabel-Piercing. Das sah nämlich nicht nur scheiße aus, sondern war auch selbst gestochen und infolgedessen bald so eitrig, dass ich mich vor lauter Schmerzen nicht mehr bücken konnte.

Klara und ich müssen bei dieser Erinnerung so laut lachen, dass wir die Aufmerksamkeit einiger Barbesucher auf uns ziehen und prompt von einem echten Wiener angesprochen werden, der gern wissen möchte, wer »die lustigen Damen« seien.

Nachdem er, Stefan, meinem Reise-Disaster – über das ich inzwischen auch schon lachen kann – gelauscht hat und außerdem mitbekommt, dass Klara am nächsten Tag verreisen wird (nicht ohne mir ihre wunderschöne Altbauwohnung im 4. Bezirk gegen Pflanzengießen zu überlassen), bietet er mir an, mein persönlicher Wien-Guide zu werden. Was kann man zu so einem Angebot anderes sagen außer: *Leiwand*!

So sah ich bei sonnigstem Osterwetter die ganze Stadt, das Schloss Schönbrunn, den Neusiedler See und speiste abends über den Weinbergen Wiens in einem Heurigen nationale Spezialitäten. Auch in den nächsten Tagen wurde mir *eh nicht fad*. Mein Programm war *bummvoll* und *urgail*. Nach diversen Ausstellungen, einem Shoppingmarathon, zwei Theaterstücken am Burgtheater und stundenlangem Schlendern und Futtern am Naschmarkt konnte ich mir überhaupt nicht mehr erklären, warum ich jemals nach Odessa wollte. Wo liegt denn das überhaupt?

An meinem vorletzten Abend bekomme ich via Facebook eine Nachricht von einem Mädchen namens Katharina Kipfinger. Sie ist blond, hat knallrote Lippen und auf ihrem Profilfoto eine Erdbeere zwischen ihren Zähnen. Ich kenne diese Frau, wie viele meiner Facebook-»Freunde«, nicht. Katharina schreibt mir, dass sie mein letztes Buch gelesen habe, und da sie anhand meiner Statusmeldung »Christiane isst Wiener Schnitzel« davon ausgeht, dass ich in ihrer Stadt gestrandet bin, bietet sie mir an, mich ein wenig herumzuführen. Diese Wiener sind wirklich unglaublich freundlich. Fast schon dänisch!

So kommt es, dass ich zum Abschluss meiner Odessa-Odyssee auch noch mit dieser lustigen Wienerin einen Tag verbringe. Wir gehen zusammen frühstücken und fahren auf den Donauturm, um den wundervollen Panorama-Rundumblick über Wien zu genießen. Als wir anschließend bei einem großen Schoko-Eisbecher ohne Sahne (wegen der Linie) über die Liebe und die Männer plaudern erzählt sie mir, dass sie mein Buch »Auf Männerfang« deshalb gekauft habe, weil sie gerade großen Kummer wegen eines »Burschen« hatte: »Und wäßt du was? Es tut änfach gut zu lesen, dass man nicht alläne ist. Dein Buch hat mir arg geholfen!«

Dann strahlt sie mich an, mit Schokolade im Mundwinkel. Und das, das macht mich richtig glücklich.

SMS von Hannah: *Und? Wie ist die Ukraine?*
SMS an Hannah: *Völlig überbewertet! Bin an der Passkontrolle umgekehrt.*

Glück ist ein „Hoho-hahaha"

„Das Glück kommt zu denen, die lachen."

Japanisches Sprichwort

Aber du wusstest schon, dass die Ukraine nicht zur EU gehört, oder?« Hannah kann einfach nicht fassen, was mir passiert ist.

»Sagen wir so«, hole ich aus, »ich habe mir gar keine Gedanken darüber gemacht, ob die Ukraine in der EU liegt. Ich wollte einfach nur spontan verreisen. Aber Wien ist wirklich wunderschön. Warst du schon mal dort?«, versuche ich ungeschickt vom Thema »Dumpfbacke fliegt mit abgelaufenem Pass« abzulenken.

»Christiane, ich liebe dich sehr. Aber du bist ein Trottel!«, prustet Hannah los und fängt lauthals an zu lachen. Erst bin ich etwas irritiert, doch dann lache ich einfach mit. Denn es ist unglaublich toll, Hannah lachen zu sehen. So ungewohnt.

Angespornt von der Schönheit dieses seltenen Augenblickes, berichte ich Hannah von den Höhepunkten meiner Reise, imitiere die ukrainischen Grenzpolizisten und erzähle im Wiener Dialekt von meinen Ausflügen mit wieder- und neugefundenen Freunden. Hannah amüsiert sich köstlich und auch mir tut es gut, über das Erlebte zu lachen. Woody Allen hatte recht, als er sagte, dass »Tragödie plus Zeit« Komik sei.

»Es war wirklich schön, mit dir zu skypen«, beendet Hannah um Mitternacht ihrer Zeit unser Gespräch. »Ich fühle mich fast schon glücklich!«, fügt sie noch an und ich bin ein bisschen stolz, das Unerreichbare *fast* erreicht zu haben.

Anstatt heute endlich dieses englische Drama-Drehbuch zu lektorieren, das ich im guten Vorsatz übers Wochenende mit nach Hause genommen habe, recherchiere ich – angespornt durch das viele Lachen und meine daraus resultierende hervorragende Stimmung – den Zusammenhang von Glück und Lachen.

Auf www.gluecksarchiv.de werde ich schnell fündig. Tatsächlich wird schon seit den Sechzigerjahren die Wirkung von Lachen auf Emotionen und Gesundheit erforscht. Fakt ist, so steht es da, dass Lachen unsere Stimmung nicht nur positiv verändert, sondern auch Auswirkungen auf unsere Gesundheit hat. Denn durch das Lachen steigt die Sauerstoffversorgung des Gehirns an. Dabei werden Glückshormone sowie schmerzstillende körpereigene Substanzen freigesetzt, welche die Produktion der Stresshormone Adrenalin und Cortisol vermindern und sogar erholsamen Schlaf fördern. Toll, oder? Doch damit noch lange nicht genug. Lachen soll außerdem Botenstoffe aktivieren, welche die Vermehrung von Tumorzellen hemmen. Der reine Wahnsinn: Lachen als Krebsvorsorge! Warum hat mir Hannah das nie verraten?

Ich lese weiter und erfahre, dass Kinder ungefähr 400 Lacher am Tag produzieren, während Erwachsene durchschnittlich nur noch 15-mal am Tag lachen. Auch wenn ich mich grundsätzlich für einen eher fröhlichen Menschen und trotz fortgeschrittenen Alters immer noch nicht für erwachsen halte, lache ich definitiv eher 15-mal als 400-mal am Tag. Kein Wunder, wenn ich immer diese düsteren Dramen lesen muss.

Vielleicht könnte ich beim Betriebsrat erwirken, dass ich aus gesundheitlichen Gründen nur noch Komödien lektorieren darf.

Ob es dafür ein Formular gibt? Ich finde, das sollte man für deutsche Firmen generell einführen: ein »Glücksantrag«-Formular. Irgendetwas, was das Glück gesetzlich vorschreibt. So, wie im Königreich Buthan, in dem das Bruttosozialglück über dem Bruttosozialprodukt steht. Selbst in den USA zählt das »Recht auf Glück« laut amerikanischer Verfassung zu den Grundrechten der Bürger. Allerdings ist »das Recht auf etwas« noch lange keine Garantie für etwas. Typisch Amerikaner: große Klappe, nichts dahinter. Noch dazu weiß ich nicht einmal, ob wir überhaupt einen Betriebsrat haben. Daher beschließe ich, mich mal wieder selbst um mein Glück zu kümmern: Mein Ziel ist es, mindestens 400-mal am Tag zu lachen – oder zumindest öfter als 15-mal. Wirklich keine leichte Aufgabe, bei einem Drehbuch, das den Titel »Hopeless« trägt.

Noch am selben Abend schaue ich zum wiederholten Male meine aktuelle Lieblingskomödie »Hangover« auf DVD, über die ich – ehrlich gesagt – auch schon mal herzlicher lachen konnte. Aus Mangel an guten Kinokomödien bitte ich Freunde, mir lustige Anekdoten oder zumindest mal einen Witz zu erzählen. Dabei stelle ich fest, dass keine meiner Freundinnen (außer Jasmin) anständig Witze erzählen kann. Da Jasmins Witze allerdings alle frauenfeindlich sind, muss ich erst furchtbar lachen und dann sofort mit ihr schimpfen, was zur Folge hat, dass sie mir keine Witze mehr erzählen will. Daher konzentriere ich mich in den nächsten Tagen auf TV-Formate, die »Humor«, »Lachen« oder zumindest »Spaß« versprechen. Aber ganz ehrlich: Das ist alles andere als lustig. Nach einer knappen Woche hat mich das deutsche Unterhaltungsfernsehen so furchtbar traurig gemacht, dass ich mich für einen radikaleren Schritt entscheiden muss.

So kommt es, dass ich mich hier und heute vor einem Gebäude mit dem kreativen Namen »Mehrzweck-Veranstaltungszentrum« wiederfinde. Ich habe mich für eine Probestunde »Lachyoga« angemeldet, was ich selbst gerade nicht besonders komisch finde.

Ich bin einfach kein Freund von Ringelpiez mit Anfassen. So zumindest stelle ich mir das vor. Doch auf der Homepage dieser Lachyogagruppe las ich erneut von all diesen positiven Nebenwirkungen, welche das Lachen auf den menschlichen Organismus haben soll: Stärkung des Immunsystems, Vorbeugung von Krebs, Herz- und Kreislauferkrankungen und Steigerung der Lungenkapazität. Die regelmäßige Teilnahme an diesem Kurs würde seelisch bedingten Krankheiten wie Angst, Depression, Nervenzusammenbrüchen und Schlaflosigkeit entgegenwirken, das Selbstbewusstsein stärken und die Kreativität fördern. Klingt schon ziemlich vielversprechend.

Was mich letzten Endes aber wirklich überzeugt hat hierherzukommen, war das Argument, dass Lachen effektiver sei als Sport. Laut Dr. William F. Fry von der Standford University würde eine Minute Lachen zehn Minuten Aktivität auf einer Rudermaschine entsprechen. Und jetzt kommt der Hammer: Lachen soll durch das Training der vielen Gesichtsmuskeln das Abschlaffen der Haut verringern und somit den Alterungsprozess verlangsamen. Allein dieser Gedanke zaubert ein breites Grinsen in mein Gesicht, was mich an den Ausdruck »Lachfalten« denken lässt, als sich mein Antlitz in der gläsernen Eingangstür spiegelt. Vielleicht können mir die Lachprofis diesen offensichtlichen Widerspruch erklären?

Voller Elan öffne ich die Tür, auf der steht: »Wir lachen nicht, weil wir glücklich sind – wir sind glücklich, weil wir lachen«, und betrete einen Raum, in dem es so ähnlich riecht wie in Jugendherbergen: Eine Mischung aus Hagebuttentee und alten Socken.

Mich begrüßen eine Dame um die 50, die einen grünen Jogginganzug aus Frottee trägt, und vier weitere Personen dieser Altersgruppe, die mir den Anschein machen, nicht zum ersten Mal hier zu sein. Sie unterhalten sich angeregt und echauffieren sich gerade über den Stau auf der Stadtautobahn.

Ohne große Worte zu verlieren, werde ich von der Dame in Grün gebeten, meine Schuhe auszuziehen, Jacke und Tasche aufzuhängen und mich in die Teilnehmerliste einzutragen. Bisher: kein einziges Mal Lachen meinerseits.

Kurz nach mir betreten zwei junge Frauen den Raum, die etwas verschüchtert in die Runde blicken, gefolgt von einem blonden Mann, vielleicht Anfang 20, der mit den älteren Herrschaften bestens vertraut zu sein scheint. So geht das weiter, bis der Raum einschließlich meiner Person bald mit 15 Leuten gut gefüllt ist.

Punkt 19 Uhr stellen wir uns alle im Kreis auf und die Frau in Grün erklärt in ein paar Sätzen, für Neuankömmlinge wie mich, die Entstehungsgeschichte von Lachyoga. Der erste Lachclub wurde 1995 von dem Arzt Dr. Madan Kataria im indischen Mumbai gegründet. Er begann damit, dass er Leute auf der Straße ansprach und sie einfach einlud, mit ihm im Park zu lachen. Daraus entwickelte er das Lachyoga, das aus einer Kombination von Dehn-, Klatsch-, Atem-, und Lachübungen besteht und bei regelmäßigem Praktizieren das subjektive Wohlbefinden enorm steigert.

»Wenn ihr schlechte Laune habt, beißt einfach auf einen Bleistift. Schon allein die Bewegung der nach oben gezogenen Mundwinkel signalisiert dem Gehirn bessere Stimmung«, schließt die Frottee-Frau die Theoriestunde.

Danach beginnen wir die Vorstellungsrunde. Dazu wird ein Stofftier reihum geworfen, das bei Berührung Lachgeräusche von sich gibt. Es ist ein gelbes Stoffhuhn. Wir sollen unseren Vornamen nennen plus eine Charaktereigenschaft, die mit dem gleichen Buchstaben beginnt wie unser Name. Als ich das kichernde Huhn zugeworfen bekomme, sage ich: »Mein Name ist Christiane und ich bin charmant.«

Alle lachen, obwohl das gar nicht witzig war, aber ich glaube, das gehört dazu. Denn von nun an lachen immer alle, sobald sich jemand vorgestellt hat. Auf diese Weise lerne ich die Kursleiterin in Grün »Heike hungrig«, den blonden »Rudi ruhelos«, die schüchterne »Sonja sympathisch« und ihre Freundin »Tina toll« kennen – sowie »Peter pedantisch«, »Maike mutig«, »Tanja taff«, »Joachim jähzornig«, »Christina chaotisch«, »Eva eitel«, »Oliver ordentlich«, »Nina niedlich«, »Maren munter« und »Anna arbeitslos«.

Nach dieser Runde atmen wir tief ein und mit einem lauten Seufzer wieder aus, wobei wir die Hände erst in die Luft strecken und dann zum Ausatmen Richtung Boden schütteln.

Dann werfen wir unseren ganzen Frust in ein imaginäres Tuch, das wir gemeinsam aufheben und ausschütteln. Ich fühle mich ein bisschen wie früher beim Improvisationstheater und versuche, mich krampfhaft von einem sonderbaren Nebengefühl zu befreien, das sich am besten mit dem Wort »peinlich« beschreiben lässt. Wenn ich schon zum Lachyoga gehe, dann sollte ich mich auch voll und ganz darauf einlassen. Mich kennt hier ja eh niemand. Ich kann imaginäre Stresstücher ausschütteln, so viel ich will. Und die Gruppe attraktiver Musiker vor dem Fenster, die anscheinend gerade Bandprobe haben und sich nun dabei amüsieren, uns in ihrer Raucherpause zu beobachten, die werde ich bestimmt auch nie kennenlernen. Jetzt nicht mehr. Oder wie sollte das ablaufen: »Was? Du hast die Braut vom Lachyoga klar gemacht? Wie war's?« – »Witzig!«

»Ach, tat das gut!«, reißt mich »Heike hungrig« aus meinen Gedanken und lacht mich an. Ich lache zurück. Das war gar nicht so schwer. Dann legt sie eine CD ein und fordert uns auf, jetzt einfach mal hemmungslos zu tanzen.

Es erklingt: »Ba ba ba ba la Bamba«. Ich kapituliere und tanze hemmungslos auf »La Bamba«. Dabei verabschiede ich mich von meiner Zukunft mit einem attraktiven Musiker.

»Yo no soy marinero, yo no soy marinero, soy capitan, soy capitan, ba ba bamba, ba ba bamba, ba ba bamba … arriba, arriba!«

Nach diesem Ausbruch an Hemmungslosigkeit laufen wir in Strümpfen durch den Raum und klatschen im Takt »hoho-hahaha«. Unsere Hände sind gespannt und die Finger gespreizt. Denn so werden unsere Handreflexzonen massiert und die Akupressur-Punkte in den Handflächen stimuliert. Wichtig ist außerdem, Blickkontakt zueinander aufzunehmen und uns gegenseitig anzulachen. Denn »Blickkontakt ist der Zündfunke für das Lachen«, erklärt »Heike hungrig« – wie soll es anders sein – lachend. Diese Hoho-hahaha-Übung würde unsere Bronchien und Lungen reinigen. Daraus schlussfolgere ich, dass Raucher, die sehr viel lachen, weniger gefährdet sind, an einem elendigen Lungenkrebs zugrunde zu gehen, und lache gleich umso lauter.

In den nächsten Übungen lachen wir Vokale (a-hahahaha, i-hi-hihihi), spielen fröhlich schnatternde Pinguine nach oder lachen in ein imaginäres Handy. Das empfiehlt uns »Heike hungrig« als kleine Übung für den Alltag: »Wenn ihr einfach mal herzhaft lachen wollt, ohne auf der Straße komisch angesehen zu werden, tut so, als würdet ihr telefonieren und euch dabei kaputtlachen!«

»Peter pedantisch« läuft lachend an mir vorbei und hält sein imaginäres Telefon an mein Ohr, damit ich auch hören kann, was so lustig ist. Hemmungslos, wie ich gerade bin, spiele ich voller Eifer mit und pruste los. Später füllen wir ein imaginäres Motorrad mit Lachbenzin, düsen damit durch den Raum und stellen uns anschließend erneut im Kreis auf, um uns gegenseitig zu loben: »Sehr gut, sehr gut, ha ha ha!« Natürlich halten wir dabei die Daumen in die Höhe.

Wir steigern die Intensität des Lachens vom kindlichen Gekicher über herzhaftes Lachen bis hin zu einem prustenden Lachanfall, bis ich schon nicht mehr so genau unterscheiden kann, ob ich nur so tue, als würde ich lachen, oder tatsächlich lachen muss. Zum Schluss beenden wir den Kreis mit einer Lachrakete. Ja, Lachrakete. Dabei kommen wir ganz eng zusammen, imitieren das Geräusch einer gezündeten Rakete, was in einem

Jubelschrei seinen krönenden Abschluss findet. Schamgefühl ist inzwischen ein Fremdwort. Das Leben ist viel zu kurz, um sich zu schämen.

Am Ende der Stunde liegen wir noch zehn Minuten auf dem Rücken und lachen einfach nur vor uns hin. Das erweist sich gerade im Liegen als ziemlich anstrengend. Nach ein paar Minuten geht mir die Luft und auch ein wenig die Lust aus. Aber dann höre ich wieder das Lachen von »Heike hungrig« durch den Raum schallen und muss einfach mitlachen. Tatsache: Künstliches Lachen ohne Grund wirkt stimmungsaufhellend.

Nach dem Kurs bin ich sogar so gut gelaunt, dass ich mich spontan entscheide, noch zu der Comedy-Show nach Neukölln zu fahren, zu der mich David über Facebook eingeladen hat. Ich finde, das passt ganz gut zum Motto des Abends. Außerdem habe ich schon viel zu viel Zeit vergehen lassen, David – den alten Griesgram – mal wieder als Stand-up-Comedian zu bewundern.

David und ich haben uns vor ein paar Jahren kennengelernt, als ich ihm im 103-Club schon ziemlich angetrunken brutal auf den Fuß gestiegen bin. Anschließend habe ich ihm klipp und klar erklärt, dass uns nicht meine Tollpatschigkeit, sondern das Schicksal zusammengeführt habe, ich seine Traumfrau sei und wir heiraten würden. Außerdem sei heute Walpurgisnacht und meine Freundin habe mir aufgetragen, um das Feuer zu tanzen und einen Mann zu verführen. Er war sofort einverstanden, bis auf die Sache mit dem Feuer.

Unsere so spontan und intensiv begonnene Liebesbeziehung fürs Leben dauerte genau einen Monat, so lange, bis mich David eines Morgens mit dem Satz »I don't wanna be your boyfriend anymore« verließ. Ich konnte ihn gut verstehen. Ich war unausstehlich. Doch nach ein paar Wochen Funkstille wurden wir Freunde. Gute Freunde. Und David, der vorher kein Geld als DJ verdiente, wurde Comedian.

Als ich die Sin-Bar in der Schönleinstraße um halb neun betrete, sitzt David am Tresen, so wie ich ihn kenne: allein, mit einer Club Mate in der Hand. Er trägt wie immer seinen Hut, seine Brille und seinen Schnauzbart. Er lächelt und ich lache zurück, wobei ich mir ein Hoho-hahaha verkneife.

Als ich David von meiner aktuellen Suche nach dem Glück erzähle, ernte ich einen äußerst skeptischen, fast schon angeekelten Gesichtsausdruck, wobei er seine Augenbraue so weit nach oben zieht, dass ihm die Brille verrutscht. Ich lasse mich nicht weiter irritieren und bitte David, mir ein paar Fragen zu beantworten. Denn wer könnte mir besser Auskunft über den Zusammenhang von »Lachen und Glück« geben als ein Mensch, der sein Geld damit verdient, andere zum Lachen zu bringen.

Dabei entspinnt sich folgender Dialog:

Ich: *David, do you feel happier since you started working as a comedian?*
David: *Nope.*
Ich: *Why not? You make people laugh. That must be a great feeling!*
David: *It's a job. A not very well paid job. It is a great feeling when people laugh, for sure. But people don't always laugh. It's not like I jump on stage every night, the people pee their pants laughing and I collect the money and the girls ... The same joke doesn't always work. It's like having sex. It is never 100 per cent in your hands, it also depends on the girl – or the audience.*
Ich: *Okay ... well, when I got to know you some years ago you were a DJ without gigs, hating people. And now, you make them laugh and they love you! Doesn't that make you happy?*
David: *I still hate people. (Er lacht) Well, let's say I love people, but people on the whole are fucked up though. So sad when*

you see someone holding up an iPhone and complaining about how slow the Internet connection is, yet there's still developing countries without water. People on the whole are spoiled rotten brats ... In a small way, yes. I'm happy that I found stand up, and I'm also a little bit proud. On the other hand, pride is what leads to the fall.

Ich: *Are there any rules you stick to in daily life ... rules for »being happy«?*

David: *Yes. First of all: No rules! Don't put yourself in a box. You will miss the exciting things life keeps ready for you. Second: Respect is more important than anything else.*

Ich: *Okay, no rules, no box, and respect. What else is important for a happy life?*

David: *I don't believe in a fairy-tale »happy life«. I've read a lot of books about princesses being rescued by a prince after he slays the dragon, but I haven't seen a lot of that in real life. Happiness is a journey and there will be some shitty times along the way. I'm happiest when I'm working toward being a better artist, which is possible every day until I die. At the end of the day we're all going to the same place, I just think we can make the trip as comfortable as we can for everyone ... Or not, fuck it, get the girl, grab the money and run!*

Die Show beginnt und David wird als »host« auf die Bühne gerufen:

»Back from London: Mr. motherfucking David Deery!« Die Leute applaudieren. David springt auf die Bühne und beginnt seine Show: »Wow! From London! That sounds great! From London! Yeah, bitches, I am from London. Where are you from?, isn't that the dumbest question ever? I mean small talk doesn't matter. Just imagine you talk to this very hot girl. Why the hell should you ever ask: Where are you from? You don't wanna fuck her if she is from Russia? You don't care! ...«

David bringt die Leute zum Toben. Er ist witzig und sieht dabei auch noch ungewohnt gut aus, wie ich gerade feststelle. Es ist einfach nicht zu leugnen: Humor macht sexy! Zum Schluss der Show wird David mit Standing Ovations verabschiedet. Er lacht ins Mikro und sagt: »Yeah give me more! Bitches! Give me more! That makes me so happy!«

Dann grinst er kurz zu mir rüber und zwinkert mir zu. Auch wenn er sich unter dem Deckmantel der Ironie zu verstecken sucht, bin ich mir ganz sicher: David ist jetzt gerade, in diesem Augenblick, trotz dieser schrecklichen Welt, in der wir leben, sehr, sehr glücklich.

Auf dem Heimweg fahre ich Schlangenlinien und lache laut vor mich hin: »Hoho-hahaha! Wer braucht schon ein imaginäres Handy, wenn er so glücklich ist wie ich heute.«

SMS von Hannah: *Mucki! Meld dich mal. Ich bin unglücklich.*
SMS an Hannah: *Leg dir einen Bleistift griffbereit, ich bin gleich für dich da!*

Glück ist ein Wombat

„And when I touch you
I feel happy inside
it's such a feeling
that my love I can't hide
I can't hide I can't hide"

The Beatles »I want to hold your hand«,
geschrieben von John Lennon und Paul McCartney,
aufgenommen Oktober 1963

Äh, was machst du da?«, fragt Hannah, als sich das Video-fenster öffnet und ich verkrampft grinsend mit einem Blei-stift zwischen meinen Zähnen auf dem Display erscheine.

»Verchuch dach auch ma«, stammle ich. »Mach glicklich.«

»Christiane, du musst nicht immer den Clown für mich spie-len. Sei einfach du selbst. Das ist schon komisch genug.«

»Ich bin ich selbst«, rechtfertige ich mich und erkläre Hannah den Bleistift-Trick für gute Stimmung. Aber Hannah meint, ihr Gehirn wäre nicht so dumm, sich von ein paar einfachen Muskel-zuckungen beeinflussen zu lassen.

»Wenn ich traurig bin, könntest du mir sonst was in den Mund stecken, das würde nicht helfen!« Ich überlege, ob ich zu »sonst was« einen Vorschlag unterbreiten sollte, aber verkneife es mir.

Dann wird Hannah sehr ernst: »Weißt du, ich glaube, ich hab irgendwie so etwas wie Heimweh.« Hannah sieht jetzt so traurig aus, dass sie mir fast das Herz bricht.

»Heimweh nach wo? Nach Heidelberg?«, frage ich nach, in der Hoffnung, das Problem durch genaue Lokalisierung eingrenzen und damit lösen zu können.

»Nach Heidelberg bestimmt nicht. Das ist ja das Schlimme. Ich weiß nicht mal nach wo.« Ich verstehe. Keine Lokalisierung möglich. Ergo, Problemlösung rückt in weite Ferne.

»Das ist wie bei einer Depression. Du bist todtraurig und weißt nicht wieso«, fügt Hannah erklärend hinzu.

Das Wort »Depression« ist gefallen. Alarmstufe rot! Denn: »Das kleine Gegenteil von Glück ist Langeweile, das große Gegenteil die Depression« (Stephan Lermer, *1949, Psychotherapeut und Schriftsteller).

Ich muss sofort handeln und entscheide mich für die Strategie meines Therapeuten – die Patientin mit assoziativer Fragestellung in die Enge zwingen: »Was könnte es denn sein, wonach du dich sehnst? Hast du eine Idee?«

Hannah überlegt einen Moment, wobei sie wie immer an ihrer Haarlocke am rechten Ohr dreht. Denn das macht Hannah, wenn sie nachdenkt. Wenn Hannah wütend ist, zieht sie ihre Oberlippe auf der rechten Seite ein Stückchen nach oben, wie ein Hund seine Lefzen – nur dass Hannah dabei nicht ihre Zähne zeigt. Wenn Hannah hingegen lügt, drückt sie ihre Zunge gegen die Innenseite ihrer Wange, und wenn sie sich schämt, das ist besonders süß, dann schiebt sie ihre aufeinandergepressten Lippen von links nach rechts.

Ich starre erwartungsvoll auf die denkende Hannah, die inzwischen ihre Haarlocke so fest um ihre Fingerspitze dreht, dass diese vom Blut abgeschnürt weiß anläuft. Endlich macht sie den Mund auf, macht ihn wieder zu und setzt mit einem tiefen Seufzer erneut an: »Ich glaube, ich will einfach nur mal wieder

in den Arm genommen werden.« Hannah schiebt die zusammengepressten Lippen von links nach rechts.

»Aber dafür musst du dich doch nicht schämen«, werfe ich
ein.

»Ich schäme mich ja gar nicht«, sagt Hannah, die von ihren
unbewussten Körpersignalen keine Ahnung hat. Und ich werde
mich hüten, ihr das zu verraten.

»Aber mal wieder in den Arm genommen zu werden dürfte
für dich doch nun wirklich kein Problem darstellen. Mach mal
die Tür auf! Da stehen die wahrscheinlich schon Schlange. Was
wurde denn aus Mister April?«, frage ich irritiert nach.

»Aus wem?«

»Na, John?«

»Ach so. James«, korrigiert Hannah mein Namensgedächt-
nis. »Ach, der. Also, erstens haben wir schon Mai und zweitens
will ich in den Arm genommen werden, ohne dabei einen eri-
gierten Penis zwischen meinen Beinen zu spüren!« Wir müssen
lachen.

»Als ich vorgestern am Flughafen war, habe ich mich dabei
erwischt, dass ich es genieße, von der Sicherheitskontrolle abgetastet zu werden. Ist das nicht erbärmlich?«

»Nein, ganz und gar nicht!«, halte ich dagegen. »Ich liebe es,
am Flughafen abgetastet zu werden. Deshalb lasse ich immer
absichtlich ein paar Münzen in meiner Hosentasche. Und am
Flughafen in Kopenhagen hat mich sogar ein Mann abgetastet.
Das war mein erotischstes Erlebnisse der letzten Monate. Das ist
auch nicht erbärmlich!«

Hannah zieht ihre Augenbraue nach oben, was so viel bedeutet wie: Doch, das ist erbärmlich.

»Na gut, vielleicht ein klein wenig«, gebe ich zu. »Ehrlich
gesagt, hat mich auch schon lange niemand mehr einfach so in
den Arm genommen. Wenn ich mit Ricci unterwegs bin und
anhänglich werde, denkt er immer, ich will mit ihm schlafen.

Manchmal mache ich das dann auch. Aber meistens, weil ich von dem ganzen Anfassen selbst Lust bekomme.«

»Das kenn ich«, sagt Hannah und wir lachen wieder. Ich glaube, es geht bergauf. Ich würde meine Hannah jetzt so gern in den Arm nehmen. Scheißskype. Nur anschauen, nicht anfassen.

»Ab jetzt spare ich jeden Cent, damit ich dich zum Jahresende besuchen und drücken kann. Drei Wochen lang! Und als Sparmaßnahme erteile ich mir ab sofort selbst Hausverbot bei H&M und bitte unseren Computeradministrator, die Zalando-Seite auf meinem Rechner zu sperren, okay?«

Hannah lächelt traurig. Ich fürchte, sie hat kein Vertrauen in meine Sparmaßnahmen. Als wir schließlich auflegen, verabschiedet sich der Clown Christiane endgültig und ich muss ein paar Krokodilstränen verdrücken. Ich vermisse sie.

Ich will auch mal wieder in den Arm genommen werden. Gestreichelt zu werden macht mich nämlich extrem glücklich. Falls ich jemals wieder einen festen Freund haben sollte, wünsche ich mir einen, dessen größte Leidenschaft darin besteht, mich den ganzen Tag zu streicheln. Der, wenn ich nach Hause komme, Sachen sagt, wie: »Christiane, wie schön, dass du da bist! Darf ich dich, nachdem ich dir ein Bad eingelassen und dir dein Lieblingsessen gekocht habe, ein paar Stunden lang massieren? Bitte auch deine Füße!«

Ich hatte mal so einen und das wurde mir einfach nicht langweilig. Aber möglicherweise ihm, denn eines Tages war er einfach verschwunden und ward nie mehr gesehen. Vielleicht habe ich ihn mir auch nur eingebildet, wer weiß das schon, heutzutage?

Natürlich bin ich nicht die Einzige, die es glücklich macht, angefasst zu werden. Bei meiner kurzen Internetrecherche zu diesem Thema stoße ich schnell auf den Artikel »Berührung macht glücklich!«.[11]

Dort erfahre ich, dass Körper- und Hautkontakt eines der wichtigsten menschlichen Urbedürfnisse ist. Für Kinder und Babys, neben Trinken und Atmen, sogar überlebenswichtig. Daher wird das Neugeborene noch vor dem Durchtrennen der Nabelschnur seiner Mutter auf den Bauch gelegt. Aus wissenschaftlicher Sicht wird das Glücksgefühl durch Berührung mit unserem körpereigenen Opiatsystem erklärt: »Werden wir gestreichelt oder auch nur sanft berührt, schüttet unser Gehirn Oxytocin aus, das sogenannte Kuschelhormon. Es wirkt beruhigend, stressreduzierend und angstlindernd.«

Daher lautet der Glückstipp der Woche: »Kuschele, streichele, schmuse und massiere in der kommenden Woche, was das Zeug hält! Dein Glückspegel wird es dir danken!«

Das sagen die so einfach. Aber zum Kuscheln, Streicheln, Schmusen und Massieren fehlt mir mal wieder ein passender Partner. Diese Partnerlosigkeit verfolgt mich mein Leben lang. Schon in der Tanzschule kam ich als eine von Wenigen ohne »selbst mitgebrachten« Tanzpartner zum Kurs. Und bei der Herrenwahl haben sich immer alle auf die Blondine neben mir gestürzt. Für mich blieb dann nur noch der lange Lulatsch mit den Schweißhänden übrig. Er war nett, aber konnte sich einfach nicht bewegen, geschweige den tanzen. Und zum Abschlussball ist er einfach nicht aufgetaucht. Hm. So nett war er vielleicht doch nicht. Zumindest war er schuld daran, dass ich auf meinem eigenen Abschlussball ausschließlich mit meinem Vater tanzen musste, was fatale Folgen für mein Männerbild hatte und zu völliger Bindungsunfähigkeit führte.

Es sollte doch irgendwie möglich sein, trotz Partnermangel an Berührung und Oxytocin-Ausschüttung ranzukommen, ohne auf das Flughafenpersonal oder, noch schlimmer, auf unverbindlichen Geschlechtsverkehr angewiesen zu sein. Denn für One-Night-Stands bin ich inzwischen zu alt. Am Ende verliebe ich mich nur wieder, tue so, als wäre ich eine unabhängige, selbstbestimmte Frau und warte auf Anrufe, die nicht kommen.

Ich lese den besagten Artikel zu Ende und überfliege dabei ein paar Tipps, die Leute wie mich betreffen – sogenannte Singles (ist das eigentlich ein Schimpfwort?). Auf diese Weise habe ich Erstkontakt mit einem Begriff, der mir einen eiskalten Schauer über den Rücken jagt: die Kuschelparty.

❅

Ich kann nicht glauben, dass ich wirklich hier bin. Allein der Gedanke, gleich mit völlig fremden Menschen gegen einen Unkostenbeitrag von 16 Euro in »bequemer Kleidung« und »entspannter Atmosphäre« auf ausgelegten Matratzen stundenlang zu kuscheln, ohne sexuelle Absichten zu verfolgen, löst blankes Entsetzen bei mir aus. Auch wenn ich mir vorgenommen hatte, alles, und sei es noch so absurd, auszuprobieren, um mein subjektives Wohlbefinden zu steigern, setzt mir mein subjektives Grauen gerade enorm zu.

Von den zahlreichen Möglichkeiten, in Berlin Kuschelpartys zu besuchen, habe ich mich für eine in Prenzlauer Berg entschieden. Ausnahmsweise nicht deshalb, weil ich ums Eck wohne, sondern weil es die einzige war, deren Internetauftritt weder rosa ist, noch Kuschelmusik abspielt. Auf dieser Seite las ich erneut, wie wichtig liebevolle Berührungen für unser körperliches, geistiges und seelisches Wohlbefinden seien und dass auch gerade erwachsene Menschen glücklicher und zufriedener würden, wenn sie genügend Kuscheleinheiten bekämen. Angenehme Berührungen würden uns gesunder leben lassen, das Immunsystem stärken, Stresshormone reduzieren, Angstzustände und Depressionen mildern und gesunden Schlaf fördern.

Obwohl ich mich gerade beim Lesen gefragt habe, ob die wohl von der Lachyoga-Gruppe abgeschrieben haben oder sogar mit denen unter einer Decke stecken, stehe ich jetzt trotzdem hier, um es selbst auszuprobieren.

Wie immer bin ich eine akademische Viertelstunde zu früh dran. Nicht mal das »15 Minuten zu spät kommen« habe ich an der Uni gelernt. Ich drücke mich Zeit schindend mit einer Zigarette vor dem Eingang herum und fange an, Aushänge zu lesen, die an einem Laternenpfahl kleben: »Hugo-Boss-Hose verloren. Biete 100 Euro für ehrlichen Finder!« Ich hoffe, er hatte die Hose nicht an, als er sie verlor. Auch schön finde ich: »Überleben im Quantenuniversum – Moderne Physik und altes vedisches Wissen im Alltag«. Also, Sachen gibt es. Ich frage mich, wer solche Veranstaltungen besucht, und muss zugleich darüber lachen. Schließlich stehe ich gerade kurz davor, eine Kuschelparty zu besuchen.

Um mir ein bisschen Mut zu machen, rufe ich mir die wichtigsten »Kuschelregeln« ins Gedächtnis, die ich vorab sehr genau studiert habe:

1. Respektiere deine eigenen Grenzen und die des anderen! (Das sagt mein Therapeut auch immer.)
2. Sexuelle Berührungen sind nicht erlaubt! (Schade?)
3. Du kannst jederzeit die Kuschelparty verlassen! (Bekomme ich dann mein Geld zurück?)
4. Achte auf deine Körperhygiene!

Ich drücke schnell die Zigarette aus und rieche unauffällig an meinen Achseln. Vielleicht sollte ich doch besser umkehren? Etwas verunsichert von meinen eigenen Körperausdünstungen, fange ich an, in meiner Handtasche nach Kaugummi und Deo zu kramen. Aber wenn man Fahrrad fährt, bergauf, dann schwitzt man eben. Und Frau auch.

»Christiane?«, höre ich plötzlich eine männliche Stimme hinter mir. Ich drehe mich erschrocken um und blicke in das Gesicht von Matze, meinem ehemaligen Kollegen.

»Matze!«, sage ich eher entsetzt als erfreut.

»Mensch, so ein Zufall. Ist ja ewig her!«

In diesem Moment ziehen bereits tausend Bilder an mir vorüber: Ich erinnere mich, wie sich Matze ausgiebig am Sack kratzte, wenn er sich unbeobachtet fühlte (und er fühlte sich immer unbeobachtet), und wie er mit seinen Körperausdünstungen dem Büroklima eine ganz eigene Note verlieh. Auch wenn ich ihn irgendwie gern hatte, habe ich mich einfach vor ihm geekelt. Und als ich nach einer gemeinsamen Präsentation Herpes bekam, war das Fass voll. Ein paar Wochen später war ich weg.

»Ja. Mensch. Ewig«, stottere ich und gehe instinktiv einen Schritt zurück. »Was machst du denn hier?«, frage ich etwas zu euphorisch nach.

»Ach, ich gehe hier regelmäßig zu so einer Kuschelparty. Du etwa auch?«

Panik steigt in mir auf: »Ich? Nein. Kuschelparty? Was soll das sein?«

»Ach, das tut total gut. Wir treffen uns in zwangloser Atmosphäre, um …«

Matzes Worte verlieren sich in einem einzigen hohen Ton. So ein Ton, der erklingt, wenn das Fernsehbild zusammenbricht. Ich stehe da und glotze auf seinen sich öffnenden und schließenden Mund, hypnotisiert von seinen Zähnen, die mich an eine ZDF-Dokumentation über die Ausgrabung steinzeitlicher Skelette erinnern. Mein Körper signalisiert mir höchste Alarmstufe. Er schreit mich an: »Hau ab!« Doch statt diesem ersten Impuls zu folgen, entwickle ich ungeahnte Schlagfertigkeit.

»Mensch, das klingt ja total spannend. Aber ich wollte gerade zu, äh, so einem Vortrag, über, über, über das Überleben im Quantenuniversum. So Mädchenkram halt.«

Matze sieht mich überrascht an.

»Ach, Christiane. Du warst schon immer ein komischer Vogel. Schade, dass wir nicht mehr zusammenarbeiten.«

»Ja. Echt. Schade!«, sage ich und bin leider nicht schnell genug, Matzes Umarmung zu entgehen. Der Herpes ist mir sicher!

Als ich mich bereits umdrehe, um mit einem »Viel Spaß. Ich muss dann mal …« ganz schnell zu »meinem Vortrag« zu ver-

Nyhavn in Kopenhagen

Die traurige „kleine Meerjungfrau"
die nichts lieber wollte, als
„am ewigen Glück der Menschen"
teilzuhaben ...

... anstatt hier ein Eis zu essen ...

... so wie ich.

Pass abgelaufen! Mal sehen, ob
das Glück tatsächlich mit den
Dummen ist ...

4

Wombi liebt Äpfel

Lächeln für Lanz

Kleiner verfressener Oskar

Glück ist schaukeln

Und schaukeln und schaukeln
und schaukeln

Uiuiui, ist das hoch! Und was sind das für kleine Punkte?

Ich werde auf keinen Fall springen! Nur mal üben.

Aaaahhhhhh

Ich lebe noch? Toll!

5 SCHUSS
2 EURO

Auf Kondome schießen? Da muss
ich jetzt aber echt gut zielen

Billy

Schuss und Treffer!

Leg mir die Karten und sag mir, ob ich glücklich werde. Bitte!

Oje! Das sieht gar nicht gut aus ...

Spaziergang um den See
im Wellnessparadies

Auf dem Rücken der Pferde liegt
das Glück ... hoppala, mein BH!

Achtung: Glück!

Glückskeks Nummer 87: „Glückliche Ehe, großes Haus und viel Glück erwarten Sie!"

14

New York und mein Mann fürs Leben

schwinden, ruft mir Matze hinterher: »Warte! Ich komm mit. Kuscheln kann ich auch nächste Woche wieder. Und Mädchen- kram klingt immer gut!«

Lieber Gott, was habe ich dir nur angetan?

15 Minuten später sitze ich mit Matze im Quantenuniversum. Ich muss sagen, ich bin sehr erleichtert. Denn die Vorstellung, mit Fremden kuscheln zu müssen, war schon absurd genug. Aber der Gedanke, mit *Matze* kuscheln zu müssen … So gesehen, hat mich Matze fast gerettet. Noch dazu ist der Vortrag gar nicht mal so uninteressant. Ich erfahre, dass alles schwingt, der Zufall nur eine Maske des Geistes ist und Gott nicht würfelt. Das reicht mir dann auch an Information für heute aus. Als Matze irgendwann anfängt, mit der Physikstudentin neben sich zu tuscheln, ergreife ich unauffällig die Chance zur Flucht. Ob die beiden heute noch kuscheln werden?

Endlich sicher zu Hause angekommen – was an ein Wunder grenzt, in einer Welt, in der doch alles schwingt –, finde ich ein Riesenpaket vor, das der freundliche Postbote vertrauensvoll vor meiner Haustür abgestellt hat. Ich öffne es und bin im ersten Moment etwas verdutzt, als ich darin ein ziemlich unförmiges Stofftier einer mir unbekannten Spezies vorfinde.

Ich hebe das Ding aus dem Karton und finde eine Karte: »Lie- be Christiane. Das ist der Franzl, ein Wombat aus Neuseeland. Er hat einen sehr dicken Hintern und schläft die meiste Zeit. Aber er ist immer für dich da. Vom Glück versteht er leider nicht so viel, aber wenn du ihn ganz fest an deine Brust drückst, du dafür umso mehr. Ich hab dich lieb, deine Hannah!«

Gerührt halte ich das kleine Monster in die Höhe, das mich mit seinen Glubschaugen erschrocken anglotzt.

»Du musst keine Angst haben, kleiner dicker Wombi!«, flüstere ich in sein Ohr und drücke ihn ganz fest an meine Brust. Hannah hat recht. Das fühlt sich wirklich schön an. Ich drücke noch ein bisschen fester und tanze mit Wombi durch die Wohnung, den Refrain von Grönemeyers »Glück« singend: »Du bist das Geschenk aller Geschenke, seit ich dich kenne, trag ich Glück im Blick!«

Franzl und ich schlafen in dieser Nacht engumschlungen ein. Schon schön, wenn man so einen Wombat hat.

✳

Da das mit der Kuschelparty nicht »geklappt« hat und ich es nicht forcieren wollte, habe ich mir meine Streicheleinheiten in den folgenden Tagen auf zuverlässigerem, dafür etwas kostspieligerem Weg abgeholt. So war ich bei einer einstündigen ayurvedischen Ölmassage, bei der Fußpflege und beim Friseur mit der Anweisung »nicht schneiden, nur waschen!«. Ich liebe das, wenn die meine Kopfhaut kneten.

Vorgestern habe ich dann bei Betty übernachtet. Wir haben den Abend aneinandergekuschelt mit »Grey's Anatomy«, »Private Practice« und »How I met your mother« verbracht. Das war toll. Berührung gegen Bezahlung macht mich zwar auch sehr froh, aber von Glück würde ich nur sprechen, wenn ich von einem Menschen berührt werde, den ich richtig gern habe. Gott sei Dank können wir Frauen so schön miteinander kuscheln. Männer haben es da nicht so einfach. Zumindest kann ich mir nicht so recht vorstellen, wie das ablaufen würde. Vielleicht so:

»Hey Harald, mir geht's grad nicht so gut. Kannste mich ma drücken?«

»Klar, Kalle, leg den Kopf an meine Brust und ich kraul dich bisschen hinterm Ohr! Dafür sind Kumpels doch da. Willste noch ein Bier?«

✳

Am nächsten Morgen schleiche ich mich um sieben Uhr morgens auf Samtpfoten aus dem Bett, um Wombi nicht zu wecken. Ich muss mal wieder zur gynäkologischen Vorsorgeuntersuchung. Eigentlich hasse ich das. Aber mit meinen neuen Erkenntnissen kann ich bei dieser Gelegenheit gleich mal überprüfen, ob Berührung im Rahmen einer medizinischen Untersuchung auch glücklich machen könnte.

Als ich eine Stunde später oben ohne vor meinem Frauenarzt stehe, der mit geübten Griffen meine Brust abtastet, spüre ich keine Veränderung meines Glücksniveaus. Erst als er sagt, in meiner linken Brust sei eine Verhärtung zu spüren, tut sich was: fataler Sturz nach unten.

SMS an Hannah: *Danke für den Wombi. Ich liebe ihn. Hast du heute Zeit? Wir sind zu Hause und spielen mit meinen Brüsten.*
SMS von Hannah: *Keine Sexspielchen mit Franzl. Das ist ein anständiger Wombat. Ich melde mich um Mitternacht. Bin verliebt!*

Glück ist (a)sozial

„Loka samasta sukhino bhavantu!" (Sanskrit)
„Mögen alle Wesen in allen Welten glücklich sein!"

Mantra für den Weltfrieden;
Sutra für die Güte

Mein Arzt meinte, es sei nur eine Verhärtung. Kein Knoten«, erkläre ich Hannah, um sie etwas zu beruhigen.

»Verhärtung, Knoten, Knötchen. Das ist doch alles das Gleiche«, sagt Hannah, die von uns beiden nun mal die Ärztin ist.

»Ach, wird schon nichts sein«, spreche ich jetzt fast schon mir selbst Mut zu. »Schließlich hat er auch gesagt, ich müsste mir keine Sorgen machen.«

»Wenn du dir keine Sorgen machen müsstest, müsstest du auch nicht zur Mammografie«, sagt Hannah auf ihre unvergleichliche, alles andere als einfühlsame Art und Weise.

Gott sei Dank arbeitet Hannah in der Forschung und nicht im Krankenhaus. Denn bei Patientenkontakt mutiert sie regelrecht zu Doctor House. Dieser Charakterzug kam schon während ihres praktischen Jahrs an den Tag. Denn für Hannah gibt es nur zwei Sorten von Patienten: 1. die Kranken, 2. die Simulanten. Den Kranken sagt sie, dass sie krank seien und gegebenenfalls, dass sie bald sterben müssten. Und die Simulanten schickt sie mit

148

einem »Schämen Sie sich!« wieder nach Hause. Simulant ist bei Hannah ein sehr weit gefasster Begriff, der auch auf Menschen Anwendung findet, die wegen eines bisschen Fiebers oder einer lächerlichen Nackenstarre, noch dazu ausgerechnet am Wochenende, ins Krankenhaus rennen und das eh schon unterbesetzte Ärztepersonal in den Wahnsinn treiben.

Hannah liegt mit ihrer fachlichen Einschätzung meistens richtig, ist dabei aber auch sehr grob. Da auch Hannah selbst ihr Mangel an Empathie mit Kranken nicht verborgen geblieben ist, entschied sie sich zum Wohle aller für die Forschung: Labor statt Krankenhaus. Ratten statt Patienten.

Nach unserem Gespräch fühle ich mich nicht gerade erleichtert. Auch Wombi sieht ein wenig besorgt aus. Wir setzen uns zusammen in den Garten und teilen uns bedrückt einen Apfel, wobei Wombi, das kleine Leckermäulchen, die sehr viel größere Hälfte abbekommt. Mir ist nicht sonderlich nach Essen zumute. Ich mache mir große Sorgen um meine Brüste. Dabei fällt mir ein, dass ich Hannah gar nicht zu ihrer neuen Liebe befragt habe. Aber das würde sich vermutlich sowieso nicht lohnen. Schließlich haben wir bereits *Ende* Mai.

❦

Da ich keine Privatpatientin bin, musste ich ganze acht Tage auf meinen Mammografie-Termin warten. Acht Tage voller Sorge. Und heute, als es endlich so weit ist, wünschte ich mir so sehr noch weitere acht Tage, Wochen oder Monate.

Jetzt sitze ich schon seit über einer Stunde in diesem Wartezimmer und blättere zum dritten Mal durch ein Yogamagazin, ohne auch nur eine einzige Zeile davon wirklich gelesen zu haben. Dabei möchte ich so gern das Interview »Yoga, so bleibe ich gesund!« lesen, aber nach dem dritten Anlauf gebe ich endgültig auf. Ich kann mich einfach nicht konzentrieren. Falls ich hier je wieder heil rauskommen sollte, verspreche ich, bei allem, was mir heilig ist, bei meinem Wombi, mit Yoga anzufangen. Ich schwöre!

Um mich herum sitzen lauter traurige und zum Teil sehr gebrechliche Gestalten. Als die Omi neben mir aufgerufen wird, braucht sie ganze drei Minuten, um von ihrem Platz aus das Behandlungszimmer zu erreichen. Am liebsten würde ich sie huckepack nehmen und hineintragen. Sie ist ganz allein hier, so wie ich. Ich fühle mich schrecklich einsam und frage mich, wo all die Männer sind, die sich in den letzten Jahren so ausgiebig und gern mit meinen Brüsten beschäftigt haben. Und jetzt? Keiner da! Aber was hätte ich tun sollen. Vielleicht meine Exfreunde abtelefonieren: »Hey Paul, ich bin's, Christiane. Du weißt schon, deine Freundin von vor zwei Jahren. Ich dachte, wir könnten uns mal wieder treffen? Vielleicht morgen zur Mammografie in Charlottenburg? Passt dir elf Uhr?«

»Frau Hagn, bitte!«, reißt mich die Stimme der Arzthelferin aus meinen Grübeleien. Ich erhebe mich und brauche auch länger als üblich zum Behandlungszimmer. Auf dem Weg zum Schafott passiere ich eine junge Frau in meinem Alter, die mir aufmunternd zulächelt. Ob sie Krebs hat? Ob ich Krebs habe? Oje. Mir ist ganz übel.

»Bitte warten Sie in Raum eins und machen Sie sich obenrum schon mal frei. Der Doktor kommt gleich.«

Artig folge ich dieser strikten Anweisung und entblöße mich in Raum eins, einer Art Abstellkammer mit Liege, diversen Gerätschaften, Monitoren und Kabelsalat auf dem Boden. Hier sitze ich nun, oben ohne, und warte. Ich warte und warte und warte, bis ich anfange, darüber nachzudenken, diese Untersuchung einfach selbst durchzuführen. So wie Mister Bean beim Zahnarzt.

Eigentlich ganz schön unverschämt. Nur weil man vielleicht Brustkrebs hat, müssen die einen doch nicht respektlos nackt in der Gegend rumsitzen lassen, diese Arschlöcher in Weiß. Ich starre auf die Raufasertapete an der Wand und muss an einen Satz aus dem Film »Keine Lieder über Liebe« denken: »Zwischen Raufaser und Wand, klebt die Hoffnung fremder Leben ...« Wie wahr.

Endlich geht die Türe auf und herein kommt ein Mann in einem weißen Kittel, der am Bauch ein wenig spannt. Ich reiche ihm die rechte Hand, während ich mit der linken verschämt versuche, meine Brüste zu bedecken. Der Herr Doktor ist eher kurz angebunden und weist mich an, mich doch bitte auf den Rücken zu legen.

»Ich dachte, mein Busen wird in so ein Gerät gequetscht«, frage ich irritiert nach.

»Nein, wir machen eine *Sono*grafie«, klärt er mich ungeduldig auf. »Da wird nichts gequetscht. Da wird es nur ein wenig nass und kalt«, sagt er und spritzt im gleichen Atemzug Gel aus einer Plastiktube auf meine Brüste. Es ist gar nicht kalt und ich kann nicht fassen, dass ich jetzt tatsächlich an Ejakulat denken muss. Ob es ihm genauso geht?

Das junge Doktorchen mit dem Wohlstandsbäuchlein fährt mit einem Gerät, das ein bisschen wie der Scanner von der Selbstbedienungskasse bei IKEA aussieht, sehr konzentriert meine Brüste ab. Erst rechts, dann links, von innen nach außen. Ich liege einfach nur da, habe aufgehört zu atmen und angefangen zu beten.

»Also«, sagt er mit einem tiefen Seufzer, der nichts Gutes verheißen lässt. »Ich kann da nichts Außergewöhnliches finden.«

»Macht nichts!«, sage ich und richte mich sofort wieder auf. Er reicht mir ein paar Papiertaschentücher, damit ich das Gel abwischen kann. Ich verlange Nachschub und muss schon wieder an eine postsexuelle Szene denken.

»Heißt das, es ist alles in Ordnung?«, frage ich zur Sicherheit doch noch mal nach.

»Ja. Alles bestens. Ich weiß nicht, was Ihr Frauenarzt da getastet haben will.« Jetzt klingt er ein bisschen verärgert darüber, dass ich ihm mit meinen ach so gesunden und schönen Brüsten scheinbar nur die Zeit stehlen wollte. Hannah und er würden sich bestimmt sehr gut verstehen und in der Mittagspause über mich, die Simulantin, herziehen.

Statt für ein »Auf Wiedersehen« entscheide ich mich aus berechtigten Gründen für ein schnelles »Tschüss«. Noch nie hat jemand so schnell und noch dazu ohne BH eine Arztpraxis verlassen wie ich heute: neugeboren und überglücklich.

Diese Erfahrung hat mich mal wieder etwas sehr Wichtiges im Bezug auf das Glück gelehrt: Glück ist, wenn die Angst nachlässt. Glück ist, wenn alles ganz einfach in Ordnung ist. Glück ist: ein gesunder Körper und ein gesunder Geist. Und da gesunder Körper und Geist nicht einfach so vom Himmel fallen, nehme ich mir vor, diesbezüglich etwas zu unternehmen. Und da fällt es mir wieder ein: Ich habe einen Schwur geleistet! »Yoga, so bleibe ich gesund!«

Meine Einstellung zu Yoga als »Sport für Leute, die beim Sport nicht schwitzen wollen« nährt sich aus nichts als Vorurteilen. Denn ich habe noch nie Yoga gemacht. Allerdings war ich schon mal beim Pilates. Man sagte mir, das sei wie Yoga, nur anstrengender. Aber ich spürte rein gar nichts. Da kam ich auf dem Weg zur Dusche noch eher ins Schwitzen als von den 60 Minuten Rekeln auf einer Isomatte. Aber nun ist es an der Zeit, Yoga eine Chance zu geben. Versprochen ist versprochen, für Körper, Geist, Seele und natürlich: Wombi.

Da es zig verschiedene Yoga-Arten gibt, von Hatha über Tantra bis zu Lachyoga (das kann ich schon), google ich direkt mal »Yoga+Glück« und erhalte unzählige Treffer zu »Jivamukti-Yoga«.

Ich klicke mich durch einige Links und erfahre, dass Jivamukti-Yoga zu den neun international anerkannten Hatha-

Yoga-Arten gehört und zu tief empfundenem Glück der Seele beitragen könne, da es zu einer ganz neuen Lebenseinstellung anleite. Erfunden haben es Sharon Gannon und David Life (Wer?). Die beiden haben 1984 Jivamukti-Yoga in New York aus der Sivananda-Tradition (der was?) und dem sportlichen Ashtanga (Arsch-Tanga?) entwickelt. »Jiva« bedeutet »Seele« und »Mukti« »Befreiung«. Und dieses »Befreiung der Seele«-Yoga erfordert gute körperliche Kraft und Kondition. Das klingt zumindest auch nach sportlicher Ertüchtigung.

Ich lese weiter und erfahre, dass die Asanas, die körperlichen Übungen, nur ein kleiner Teil dieser Yoga-Lehre seien. Das Singen von Mantras, Meditation und Lektionen über östliche Philosophien und glückliche Lebensweisen seien fester Bestandteil der mit Musik untermalten Yogastunden. Im Großen und Ganzen geht es in der Lehre des Jivamukti um Gewaltlosigkeit, Meditation und das Studieren der Schriften zur indischen Yogalehre, die den Menschen dazu anleiten soll, sich im Leben 24 Stunden am Tag so zu verhalten, dass man sich und andere möglichst glücklich macht.

Ich recherchiere Jivamukti-Yogaschulen in Berlin und werde schnell fündig: Die betreffende Schule würde zeitgemäßes Jivamukti-Yoga für den modernen Menschen von heute (das bin ich!) anbieten. Und Jivamukti-Yoga sei ein wundervolles Instrument, um heutzutage permanent glücklich und rundum zufrieden sein zu können.

Die nehmen den Mund aber ganz schön voll. Sieht so aus, als sei Bescheidenheit eine Tugend, auf die man als glücklicher Yogi sehr gut verzichten könne.

❁

»Schuhe ausziehen!«, herrscht mich ein schwarzhaariger Mann mit Brille an, als ich mit einem freundlichen Lächeln die Yogaschule betrete. Mit einem »Entschuldigung« mache ich sofort wieder kehrt, entledige mich meiner Flip-Flops und starte einen zweiten Versuch.

»Guten Tag, ich wollte gern eine Probestunde Javamukti-Yoga machen«, erkläre ich formvollendet.

»Jivamukti, nicht Javamukti«, korrigiert er mich streng und ich ärgere mich über meinen zweiten Anfängerfehler.

»Ja, natürlich. Jivamukti. Javamukti gibt es ja gar nicht. Oder?«

Meine Frage verhallt im Nichts und mein Gegenüber zieht abschätzig seine linke Augenbraue nach oben.

»Dann bekomme ich zehn Euro. Eine Matte kannst du dir für zwei Euro ausleihen. Oder hast du eine dabei?«

Ich sehe an mir runter und meine Vermutung bestätigt sich. Ich habe offensichtlich keine Matte dabei.

»Nein. Sieht nicht so aus«, sage ich und halte ihm einen 20-Euro-Schein entgegen.

»Hast du es nicht kleiner?«, fragt er gelangweilt nach und kramt in seiner Kasse nach Münzen. Jetzt sind wir also schon per du. Bevor ich mich vergesse, reiche ich ihm wortlos noch ein Zweieurostück. Er gibt mir zehn Euro zurück und ich hoffe inständig, dass dieser Typ nur der Hausmeister und kein echter Jivamukti-Mann ist. Denn der macht wirklich keinen besonders glücklichen Eindruck.

Zehn Minuten später sitze ich in Jogginghose und meinem Abi-T-Shirt barfuß im Schneidersitz auf meiner Zwei-Euro-Isomatte. Dabei drücke ich Zeigefinger und Daumen aufeinander und meditiere ein lautes und sehr langes Ommmmm. Voll Klischee-Yoga hier. Um mich herum tun dasselbe sechs weitere Frauen und ein einziger Mann. Wetten, dass der nicht wirklich wegen Yoga hier ist?

Uns gegenüber sitzen drei junge Frauen, die die Stunde anleiten. Dieses Aufgebot an Lehrkörper trägt einheitliche

Kleidung: Schwarze Leggins und ein Jivamukti-Logo-T-Shirt. Obwohl wir die Augen geschlossen halten sollen, linse ich verstohlen in die Runde. Dabei zähle ich fünf weitere solcher T-Shirts. Corporate Identity wird hier wohl ganz großgeschrieben. Als ich dann noch einen kleinen Schrein mit Kerzen und Räucherstäbchen entdecke, auf dem ein Foto von Sharon Gannon und David Life steht, die ich von meiner Internetrecherche her kenne, vermute ich allmählich eine Sekte hinter diesem ganzen Hokuspokus.

Nach ein wenig »Shanti-Gesang« beenden wir das Friedensgebet und wärmen uns mit dem Sonnengruß auf. Dabei muss ich mich in alle möglichen Richtungen verbiegen, die meiner natürlichen Körperhaltung widersprechen. Strecken, beugen, auf und nieder. In der nächsten halben Stunde folgen weiter Verrenkungen, die mich nicht ins Schwitzen bringen, mir aber dennoch Schmerzen bereiten. Am häufigsten wiederholen wir die Übung »abwärts schauender Hund« – eine Übung so selten umständlich wie ihr Name.

Zwischendurch lassen die Damen theoretisches Wissen über die Yogalehre einfließen. Sie nennen uns die indischen Namen der jeweiligen Übungen und fordern uns auf, diese im Chor nachzusprechen. Ich murmele ein bisschen mit, aber kann mich mit diesem didaktischen Ansatz nicht recht anfreunden.

Beim gefühlten hundertsten abwärts schauenden Hund (langsam wird es langweilig) kommt eine der Instrukteurinnen auf mich zu und korrigiert meine Fußstellung. Anschließend begibt sie sich, direkt vor mir, selbst in diese Pose, um mir die korrekte Haltung anschaulicher zu demonstrieren. Auf ihre Hände gestützt, schiebt sie ihren Po in die Höhe und gewährt mir durch die im gespannten Zustand nun sehr durchsichtigen Leggins freien Blick auf ihren String. Ganz schön knackiger Po. Motiviert und zugegeben ein bisschen erregt von diesem Anblick, tue ich es ihr nach. Sie lobt meine Fortschritte, stellt sich hinter mich und massiert mir – immer noch im abwärts schauenden Hund – ganz sanft den unteren Rücken.

»Sehr schön«, haucht sie mit einer engelsgleichen Stimme und fährt dabei zärtlich über meine Oberschenkel. Ihre Berührungen sind mehr als angenehm und ich frage mich, ob dieses Anfassen zur Yogalehre dazugehört. Dann will ich nämlich ganz schnell eine echte Yogi werden.

Es folgt eine Partnerübung und wie schon damals in der Tanzschule stehe ich auch jetzt wieder als Einzige allein da. Sofort bietet sich mir der Engel in durchsichtigen Hosen als Partnerin an. Für diese Übung, ich glaube »der Berg« oder »der Baum«, das habe ich akustisch nicht verstanden, stellt sie sich hinter mich und korrigiert erneut meine Haltung. Ich atme ihren Geruch ein, eine Mischung aus Zitrone und Räucherstäbchen. Zum Anbeißen. Dabei wandert mein Blick zum Fenster und ich kann mir ein Schmunzeln nicht verkneifen, als ich im Garten einen nackten Mann im Schneidersitz erblicke. Komischer Laden.

Wir beenden den praktischen Teil mit der Kriegerhaltung, bei der ich mir besonders viel Mühe gebe, um die Räucherstäbchen-Frau zu beeindrucken.

Die letzte Viertelstunde liegen wir alle auf dem Rücken, stemmen die Beine gegen die Wand und entspannen mit geschlossenen Augen zu den Klängen indischer Musik. Dabei gehen die drei Damen reihum, legen uns duftende feuchte Tücher auf die Stirn und massieren uns zärtlich den Nacken. Das sind schon mal 15 Minuten, in denen mich Yoga richtig glücklich macht. Shanti-Om, ist das schön.

Zurück in der Umkleide, zieht sich der duftende Engel neben mir um. Sie lächelt mich an und macht einen mehr als zufriedenen Eindruck.

»Und? Hat es dir Spaß gemacht?«, fragt sich mich, während sie ihre Leggins abstreift.

»Ja, schon«, antworte ich und versuche, nicht auf ihr Unterhöschen zu schauen. »Ist noch etwas gewöhnungsbedürftig, aber die Massage war wirklich toll.«

Ich tausche Jogginghose und T-Shirt gegen ein Sommerkleid, hoffe, dass auch sie nicht auf mein Unterhöschen schaut, und frage sie, wie lange sie schon Yoga praktizieren würde.

»Ach, schon eine Ewigkeit!«, sagt sie verträumt. »Vermutlich schon in meinem letzten Leben.«

Bestimmt war »Om« ihr erstes Wort. Diese Feststellung verkneife ich mir und frage stattdessen, ob sie bestätigen könne, dass Yoga glücklich macht.

»Auf jeden Fall!«, antwortet sie sofort. »Aber nicht Yoga allein, sondern der gesamte Verhaltenskodex, den man durch Yoga übernimmt. Ein guter Yogi tut keinem anderen Lebewesen weh, weißt du? Daher lebe ich auch vegan.«

»Vegan? Also kein Fleisch und kein Fisch. Ist das nicht hart?«

Sie lächelt sanftmütig.

»Ich finde es härter, Tiere zu quälen, sie zu essen oder sich skrupellos tierischer Produkte zu bedienen. Daher auch keine Milch, kein Honig, keine Eier, keine Wolle, kein Leder.«

»Kein Leder?«

»Nein. Ich trage kein Leder und auch keine Wolle.«

»Ach so. Aber sag mal, auf Käse kann doch kein Mensch verzichten. Also, Käse isst du schon, oder?«, frage ich sie mit einem Augenzwinkern, das ihr signalisieren soll, dass sie mir ihre kleinen Käsesünden ruhig anvertrauen kann.

»Nein«, lacht sie.

»Auch nicht auf der Pizza?« Sie schüttelt den Kopf.

»Es ist wirklich ganz leicht, auch auf Käse zu verzichten. Kannst du ja mal ausprobieren. Das ist alles eine Sache der Einstellung. Und ethischer Vegetarismus ist ein wichtiger Bestandteil von Jivamukti-Yoga. Das gehört zusammen, wie Yin und Yang.«

Dann wirft sie lachend ihr Haar in den Nacken, schenkt mir ein letztes bezauberndes Lächeln und verlässt schwebenden Ganges die Umkleide.

Ich bleibe etwas perplex zurück, bis sich ein Lächeln auf meine Lippen zaubert. Mein Entschluss steht fest: Ich werde Veganerin!

✻

Ich habe mich vorbereitet. Auf einschlägigen Seiten im Internet habe ich alles gefunden, was ich für meine Ernährungsumstellung wissen muss. Es gibt Lebensmittelersatz für fast alles: Sojamilch statt Milch, Margarine statt Butter, Ahornsirup statt Honig, Tofu statt Fleisch und Anleitungen zum Backen und Kochen ohne Ei. Nicht, dass ich jemals backen oder kochen würde, aber vielleicht fange ich ja jetzt damit an. Vielleicht ist es ohne Ei sogar einfacher.

Das Einzige, was mir wirklich Sorgen bereitet, ist das schreckliche Wort »Hefeschmelz«. Das soll als Käseersatz fungieren. Ich kann mir zwar vorstellen, für mein höheres Ziel eines glücklichen Lebens unter Umständen auch auf mein Frühstücksei zu verzichten. Aber auf Käse? Was hat das denn noch mit Glück zu tun? Ich liebe Käse. Aber: »Ein guter Yogi tut keinem anderen Lebewesen weh!«, erinnere ich mich an die Worte des glücklichen Engels. Ich hätte sie dringend fragen müssen, wem ich genau wehtue, wenn ich Käse esse. Bei Ziegenkäse vermutlich der Ziege. Aber bei Bergkäse?

Mein zweites Problem neben dem Käse ist das Thema »Wein«. Als blutige Anfängerin bin ich davon ausgegangen, dass Wein aus Weintrauben gemacht wird und daher auch für Veganer okay sein müsste. Falsch ausgegangen. Ich lese, dass es Schönungsmittel gibt, die der Klärung und Haltbarkeit des Weines dienen. Und diese sind wohl sehr oft tierischer

158

Herkunft, wie zum Beispiel Eiklar, Gelatine oder Hausenblase – auch Fischleim genannt. Ist ja ekelhaft. Ab sofort werde ich mich nur noch mit Wein betrinken, der mit Bleicherde geschönt wurde. Shanti und Prost.

✤

Am ersten Morgen meines neuen veganen Lebens starte ich mit einem Om in den Tag, gefolgt von einem Sonnengruß zur körperlichen Ertüchtigung. Im Büro angekommen, mache ich mir einen Kaffee mit Sojamilch und schütte Sojajoghurt über klein geschnittenes Obst. Bisher ist es ganz leicht, Veganerin zu sein.

In meiner Mittagspause bin ich mit Ricci zum Essen verabredet. Ich schaffe es, den Italiener in ihm zu verscheuchen und ihn zum Asiaten zu überreden. Ricci bestellt schlecht gelaunt Hühnchen süß-sauer und ich nehme einen wirklich sehr grünen Seetangsalat und Avocado-Maki. Allerdings bin ich mir nicht ganz sicher, ob Algen überhaupt erlaubt sind.

»Algen leben doch auch irgendwie, oder?«, frage ich Ricci, der nur genervt mit den Schultern zuckt und findet, ich könne mich auch gleich unter einen Baum setzen und warten, bis ein Apfel herunterfällt.

»Aber ich bin Veganerin, nicht Frutarierin. Das ist ein Unterschied«, belehre ich Ricci besserwisserisch, wobei ich ein bisschen neidisch auf sein Hühnchen schiele. Aber der Seetang ist wirklich sehr lecker.

Doch als ich sieben Stunden später mit Moni verabredet bin und erneut vor Seetangsalat und diesmal Kürbis-Maki sitze, finde ich diesen Salat nur noch grün und inzwischen etwas fad. Trotzdem: Nein danke! Ich möchte Monis gegrillten Lachs sicher nicht probieren. Totes Tier! Ist ja widerlich!

✤

Nach einer Woche des veganen Daseins ziehe ich Bilanz und stelle fest, dass ich in nur sieben Tagen zu einem asozialen, schlecht gelaunten Freak mutiert bin – keinen Deut glücklicher, dafür beständig mürrisch. Ich kann dieser veganen Ernährung einfach nichts abgewinnen. Es ist gerade mal eine Woche und schon bin ich Gemüse, Reis, Soja, Tofu, Nüsse, Algen, Samen, Steinfrüchte und Salat mit pflanzlichen Ölen leid. Obst mit Sojajoghurt hing mir schon nach drei Tagen zum Hals raus. Und mein Bäcker ums Eck, der auch Zigaretten und Zeitschriften verkauft, weiß nun mal nicht, ob seine Brötchen mit Milch und/oder Eiern gebacken wurden. Noch dazu ist mir schon die Frage furchtbar peinlich. Schließlich möchte ich nur ungern als »vegane Bio-Muschi« abgestempelt werden. Und was sollte ich überhaupt auf diese Brötchen schmieren? Margarine und Marmelade? Bin ich zwölf und im Jugendzeltlager?

Wirklich, ich habe Alternativen versucht, aber der vegane Kräuterdinkel-Aufstrich (125 ml für 2,39 Euro) schmeckt nicht herzhaft würzig, sondern nach gar nichts. Vielleicht ein bisschen nach Erde. Genauso wie Tofu. Ich vermisse mein Frühstücksei, Pizza, Gorgonzola-Nudeln, überhaupt Nudeln mit Ei, Käse in allen Erscheinungsformen, Sommerrollen mit Shrimps, gefüllte Maultaschen und Steak. Nein, nicht medium. Englisch! Und ich will Gummibärchen essen, die *mit* Gelatine!

Doch das Schlimmste daran, vegan zu leben, ist die soziale Isolation. Ich kann mich kaum noch mit jemandem zum Essen verabreden, ohne dieser Person mit Sätzen wie »Ne, darf ich nicht« oder »Entschuldigung, wurde dieser Wein mit Fischleim oder Bleicherde geschönt?« auf die Nerven zu gehen. Und ich finde das sehr wohl nachvollziehbar. Ich gehe mir ja bereits selbst auf die Nerven.

So finde ich mich nach über einer Woche des veganen Daseins als gemeinschaftsunfähige Person wieder, die sich mit niemandem mehr verabreden möchte, um ihr asoziales Essverhalten keinen

Freunden zuzumuten. Vielleicht sollte ich mich ausschließlich mit anderen Veganern treffen. Dann könnten wir gemeinsam auf die Menschen schimpfen, die Wolle tragen, Zoos besuchen oder sich ein Haustier halten. Was für Barbaren!

Vielleicht aber sollte ich jetzt auch etwas ganz anderes tun. Nämlich den ganzen »Käse« schnell wieder sein lassen und etwas Vernünftiges tun. Zum Beispiel: Fisch essen, dazu einen trockenen Weißwein trinken und anschließend Sex auf einem Lammfell haben. Mit einem Mann, so wild wie ein Löwe, so verschmust wie ein Kater. Klingt nach einer tierisch guten Idee.

SMS an Hannah: *Hey Baby. Habe mir gerade Lederstiefel gekauft und einen Döner gegessen. Was machst du Verbotenes?*
SMS von Hannah: *Ich muss auf eine Motto-Party: ›Dress up as something with B!‹ Danke für die Inspiration. Ich geh als Baby!*

Glück ist Scheitern

„You can't buy happiness – steal it!"

Postkartenspruch mir unbekannten Ursprungs

A m nächsten Morgen finde ich auf Skype eine ziemlich deprimierte Hannah vor – die dafür umso lustiger aussieht. Wie angekündigt hat sie sich für die Mottoparty »Dress up as something with B«, die in einem der angesagtesten Clubs von Wellington stattfand, als Baby verkleidet. Ich kann mir das Lachen nicht verkneifen, als Hannah noch mit Schnuller um den Hals, Rassel in der Hand und babyblauem Frottee-Pyjama auf meinem Bildschirm erscheint.

Hannah erzählt frustriert, dass sie die einzige Frau war, die sich gegen das Partyoutfit »Bitch« entschieden hätte. Infolgedessen wäre sie allerdings auch die Einzige gewesen, die vom Türsteher nicht reingelassen wurde.

»Also, eines muss man dir echt lassen. Eitel bist du wirklich nicht. Dafür sehr mutig!«, pruste ich los.

Hannah findet das so gar nicht witzig. Schließlich hatte sie ein Date mit ihrem neuen – wie sie das nennt – *love interest*, in den sie jetzt schon seit ein paar Tagen (!) schrecklich verliebt ist. Ich hör die Hochzeitsglocken schon läuten.

»Und der hat sich jetzt bestimmt eine der zahlreichen Bitches geangelt! Dabei wollte ich so gern Sex mit ihm haben.«

»Ich will auch mal wieder Sex haben«, stimme ich sehnsüchtig mit ein.

»Das wäre auf jeden Fall sinnvoller, als deine Zeit damit zu verschwenden, dich von Tofu und Hefeschmelz zu ernähren!«, findet Hannah.

»Also besser von Luft und Liebe?«, frage ich ironisch nach.

»Zum Beispiel! Wann hattest du denn das letzte Mal Sex?«, will Hannah wissen.

»Puh. Das war … warte.« Ich denke nach. Ich denke sehr lange nach. So lange, bis Hannah abwinkt: »Das ist zu lange!«

Ich kann mich wirklich nicht so genau erinnern. Doch ich glaube, das letzte Mal Sex hatte ich mit Ricci. Und das kam so:

Ich las in der Frauenzeitschrift »Laviva« vom »Glück des Aufräumens. Warum Leben und Liebe manchmal eine neue Ordnung brauchen«. Darin hieß es, dass es total glücklich mache, sich von altem Ballast zu befreien. Bevor man sich allerdings an den inneren Ballast heranwagen könne, solle man sein gesamtes Hab und Gut einer gründlichen Inventur unterziehen: weg mit allem, was man nicht mehr braucht. Weg mit allem, was alt ist, und vor allem weg mit den Dingen, an denen man seit Jahren aus unerklärbaren emotionalen, furchtbar unvernünftigen Gründen hängt. Daher habe ich eines Sonntags ausgemistet.

Zuallererst knöpfte ich mir meine Uniunterlagen vor, mit denen ich in den letzten sechs Jahren schon viermal umgezogen bin – ohne jemals wieder einen Blick hineinzuwerfen. Seminararbeiten zu spannenden Themen wie »Ramón de la Cruz und die Volksgattung des *sainete*« oder »Entwicklungspsychologie: die Voraussetzungen zum Spracherwerb« landeten im Müll. Das fiel mir allerdings recht leicht. Schließlich existiert davon noch eine digitale Fassung.

Mit wirklich großer Freude entsorgte ich meine Kontoauszüge der letzten drei Jahre, obgleich ich damit nach Aussage meines Vaters einen schlimmen Verstoß gegen die Abgabenordnung (»kurz: AO«) des Steuergesetzes begangen habe, da jeder Bürger verpflichtet sei, die steuerlich relevanten Unterlagen eine gewisse Mindestfrist aufzubewahren – wenn er sich recht erinnere, mindestens sieben Jahre. Daher habe sein guter Freund Herbert auch ein Extra-Zimmer angemietet, in dem er ausschließlich seine Unterlagen aufbewahre. Bei Themen wie Steuer, Börse, Altersvorsorge, Versicherungen oder Grillanzünder findet mein Vater einfach kein Ende. Auch dann nicht, wenn ich ihm erkläre, dass ich bei meiner Suche nach dem Glück auf Aufbewahrungsfristen pfeife.

Des Weiteren trennte ich mich von meinem Abi-T-Shirt (aber nicht von meinem Abi-Buch), schmiss Bücher und DVDs weg (aber nur die, die ich doppelt hatte) und sortierte meinen Kleiderschrank aus – allerdings nur die Wintersachen und die kamen nur in den Keller.

Ja, ich gebe zu, ich bin eine ganz miese Wegwerferin. Auch kein Messie, aber ich hänge an jedem noch so leblosen Gegenstand, da ich ihn meist mit einem bestimmten Moment meines Lebens verbinde.

Als ich vor vielen Jahren mein Auto verkauft hatte, weil man in Berlin genau so dringend ein Auto braucht wie einen Minirock in Marrakesch – was einfach nur nervt –, heulte ich trotzdem wie ein Schlosshund, als mein schwarzer Flitzer langsam in der Ferne verschwand. In diesem Moment erinnerte ich mich an all die wunderbaren und schrecklichen Momente, die ich mit diesem Auto geteilt hatte. Dieses Auto, das immer auf mich wartete und mich in plötzlich auftauchenden Lebenskrisen spontan vom Provinzmoloch Erlangen über den San Bernardino ins wunderschöne Tessin brachte. Mit dem Verkauf meines Autos hatte ich plötzlich das Gefühl, ein Stück Freiheit verkauft zu haben. Absurd, aber wahr.

Mein kläglicher Ausmistungsversuch blieb also erst mal relativ folgenlos. Daher entschied ich mich für einen radikaleren Schritt und verkaufte die Couch, die ich von meinem Opa geerbt hatte – und mit der ich bestimmt schon zehn Mal umgezogen war. Sie war blau, wunderschön und das unbequemste Möbelstück, das jemals hergestellt worden war. Noch dazu schlummerten in dem samtenen Polster Milben aus den Sechzigerjahren. Trotzdem liebte ich diese Couch, auf der ich mit diversen Männern schon allerlei Schabernack getrieben hatte. Auch das sah man ihr mittlerweile an.

Es war an der Zeit, endlich erwachsen zu werden und sich eine eigene, selbst gekaufte Couch zuzulegen. So bestellte ich auf Anraten von Leo ein riesiges Ding im Internet.

»Probesitzen geht leider nicht, dafür ist sie um die Hälfte reduziert!«, lautete sein schlagkräftiges Argument, das mich sofort überzeugte.

Um Platz zu schaffen (nein, die alte Couch passte nun wirklich nicht mehr in den Keller – das hatte ich versucht), schaltete ich eine Annonce auf eBay-Kleinanzeigen. Bereits vier Tage später kam ein junger Mann, der sich über das »antike« Schnäppchen für seine Design-Agentur so sehr freute, dass wir beide Tränen in den Augen hatten.

Die nächsten Wochen wartete ich – voller Schuldgefühle mit Blick auf den leer gewordenen Platz im Wohnzimmer – auf das neue, erwachsene Ungetüm, das nicht nur mein Konto erleichtert, sondern mich auch um einen Teil meiner Vergangenheit beraubt hatte. Schon bevor sie kam, mochte ich sie nicht. Kein guter Start für ein langjährig angelegtes Zusammenleben.

Als das gute Stück nach 14 Wochen Lieferzeit endlich eintraf, beäugten wir uns kritisch. Sie war grau, groß und gemütlich. Dennoch. Irgendetwas fehlte. Also rief ich umgehend meinen Freizeitfreund Ricci an, lud ihn zum Abendessen ein und schob meine erste Nummer auf der neuen Couch.

»Doch. Ich bin mir ganz sicher«, erkläre ich Hannah, zurück im Hier und Jetzt. Mein letztes Mal Sex war mit Ricci zur Coucheinweihung. Seitdem habe ich das Monster auch in mein Herz geschlossen. Super Bums-Couch. Die Lehne hat genau die richtige Höhe. Gott sei Dank ist das alte Ding weg.«

Sieht so aus, als müsse man bei Ausmist-Aktionen einfach nur sehr konsequent vorgehen, um das subjektive Wohlbefinden erfolgreich zu steigern. Denn ich bin in der Tat sehr glücklich mit dieser Neuanschaffung.

»Jetzt liege ich zum Fernsehen nicht mehr im Bett, sondern immer auf dieser Couch. Natürlich denke ich nun auch darüber nach, mir einen neuen Fernseher zuzulegen. Aber was dann? Nach dem Flat-Screen will ich vermutlich einen Beamer, dann einen größeren Kamin oder gleich eine neue Wohnung, die besser zu meiner Couch passt. Was für ein Teufelskreis.«

Hannah findet, ich solle erst mal noch ein paar Nummern auf dieser Couch schieben, bevor ich mein Leben nach ihr ausrichte. Und Männer könne ich zukünftig gleich auf dieser Couch casten. Der Mann, der am besten zur Couch passt, kommt in den Recall! Eines muss man ihr lassen: Manchmal hat sie wirklich gute Ideen.

Dennoch, Couch hin oder her, ich habe einfach kein Händchen für »gute« Männer. Und dieses Schicksal zeichnete sich schon vor der Tanzschule ab. Bereits in der Grundschule saß ich am ersten Tag ausgerechnet neben dem Jungen, der sich vor lauter Aufregung in die Hosen gepinkelt hatte. Nach dem Pinkler kamen später der Fummler und der Petzer hinzu. Anton Maier fummelte in der fünften Klasse unentwegt in seiner Hose rum. Also bat ich ohne Begründung um Versetzung auf einen anderen Platz. So landete ich in der letzten Reihe neben Veith Veilhof, der sofort petzte, wenn ich nur auf sein Blatt schielte.

»Herr Merz, die Christiane schreibt ab!«

Dabei wollte ich nur sehen, welches Datum wir hatten. Das an die Tafel Geschriebene konnte ich nämlich nicht lesen, da ich schon mit zehn Jahren zu eitel war, meine Brille zu tragen – was sich bis heute nicht geändert hat.

Im Laufe meiner Adoleszenz machte ich Bekanntschaft mit weiteren Kategorien von Männern. Es folgten »der Quatscher«, »der Gaffer«, »der Popler«, »der Angeber«, »der Grapscher«, »der Feigling«, »der Geizhals«, »der Stinker«, »der Trinker«, »der Nazi«, »der Blender«, »der Bipolare« und – der Schlimmste von allen – »der Spirituelle«. Zuweilen vereinte auch ein einziger Mann mehrere Kriterien dieser Art in einer Person. Bis heute warte ich vergeblich, dass »der Held«, »der Mutige«, »der Romantische«, »der Kluge«, »der Charmante«, »der Lustige«, »der Handwerker« oder von mir aus wenigstens »der Reiche« oder »der Erfolgreiche« meinen Weg kreuzen. Von einer Kombination mehrerer oder gar all dieser Eigenschaften ganz zu schweigen. Das wäre nun wirklich zu viel des Guten.

Zugegeben, es gibt auch viele tolle Männer in meinem Leben. Da wäre mein bester Freund Tom zu nennen, den ich über alles liebe. Doch allein die Vorstellung von gemeinsamem Geschlechtsverkehr jagt uns beiden Angst und Schrecken ein. Es gibt Männer, mit denen ich arbeite und die ich bewundere, die ich aber nach Feierabend nicht vermisse. Es gibt Männer, die ich respektiere, aber nicht liebe. Ab und an verfüge ich über den Luxus eines Liebhabers, der es versteht, mir viele Stunden meines Lebens mit körperlicher Zuneigung zu versüßen, ohne dabei mein Herz zu stehlen. Und dann gibt es die Männer, die mein Herz stehlen, und jene, deren Herz ich stehle. Leider existierte bisher zwischen letzteren beiden Sorten keine anhaltende Schnittmenge. Und so lebten, liebten und stahlen wir die letzten 30 Jahre aneinander vorbei. Mir scheint, es ist Zeit für einen Richtungswechsel. Ab sofort werde ich zurückstehlen. Nein, nicht stupsen. Stehlen.

Mein Vorhaben ist gefasst: Ein toller Mann soll mein Herz stehlen und ich werde seins zurückstehlen. Ich will mich vorsätzlich und zielführend verlieben. Ergo: Es muss auf Gegenseitigkeit beruhen.

Natürlich erinnere ich mich an Hannahs Worte: »Wenn du unbedingt glücklich sein willst, musst du schon selbst für dein Glück sorgen. Da kann dir kein Mann und auch kein Duschgel dieser Welt helfen.«

Aber nach meiner eingehenden Glücksrecherche der letzten Monate weiß ich es nun besser: »Glück ist Liebe. Wer lieben kann, ist glücklich.« Das sagte Hermann Hesse. Und selbst Hannah würde verstehen, dass ich mich im Duell »Hannah versus Hesse« nicht für sie entscheiden kann. Noch dazu soll mich ja gar kein Mann als Person, sondern die Liebe an sich, glücklich machen.

Allein der Gedanke, mal wieder richtig verliebt zu sein, macht mich schon ganz glücklich. Es ist ewig her, dass ich einem Treffen mit einem Mann aufgeregt entgegenfieberte, für den ich mich 23-mal umgezogen und zweimal geduscht habe. Ein Mann, dessen bloßer Geruch mein Blut in Wallung versetzte, dessen Stimme mein Herz zum Rasen brachte und dessen noch so dummen Scherze ich zum Kaputtlachen fand. Ein Mann, neben dem alle anderen Männer plötzlich unsichtbar wurden, der mit einem unauffälligen Blick, einer kaum wahrnehmbaren Geste meine gesamte Aufmerksamkeit für sich einnahm. Ein Mann, den ich gleichermaßen respektierte und begehrte. Ein Mann, dessen Nachname zu meinem Vornamen wie Musik klang. Ein Mann, für den ich mir sogar die Fingernägel lackierte. Ein Mann, der selbstredend all das genauso für mich empfand und tat. Abgesehen von der Sache mit den Fingernägeln.

Ja, wo ist denn nur dieser Mann?

Vielleicht ist er längst da und ich habe ihn vor lauter Glückssuche völlig übersehen? Wie schrieb Brecht so schön in seiner »Dreigroschenoper«: »Ja, renn nur nach dem Glück / doch renne nicht zu sehr / denn alle rennen nach dem Glück / das Glück rennt hinterher.«

Wenn das so weitergeht, kann ich mich zwar bald bei »Wetten, dass ..?« als wandelndes Lexikon der Glückszitate bewerben, aber verlieben werde ich mich so sicherlich nicht. Ich brauche einen Plan. Und »ein Plan braucht eine Liste!«, wie mein Kollege mich mindestens acht Mal am Tag erinnert. Also setze ich mich an meinen Rechner und verfasse meine erste freiwillig erstellte Liste.

Anleitung zum Verlieben:
1. Vergiss deine Vorstellungen von romantischer Liebe!
2. Vergiss deine Exfreunde!
3. Vergiss die Männer, die dich auf Facebook ausschließlich anstupsen!
4. Vergiss deine Vorurteile!
5. Vergiss niemals diese Liste!

Das muss als Grundlage zum Verlieben ausreichen. Denn: »Eine gute Liste braucht niemals mehr Punkte als Finger an der Hand!«, wie mein Kollege – der heimliche Erfinder des »One-Page-Managements« – mich zu ermahnen auch nicht leid wird.

Tatsächlich bleibt nach gründlicher Sondierung meiner aktuellen Männerbekanntschaften auf Basis dieser Fünf-Punkte-Liste nur ein einziger Mann übrig: Anton.

Anton saß eines Abends in meinem Wohnzimmer. Es war einer dieser Abende, die Moni, Betty, Jasmin und ich mal wieder mit einer schönen Runde Canasta bestritten. Dieses wunderbare Kartenspiel, das uns natürlich Jasmin beigebracht hat, bietet die perfekte Gelegenheit, dem Berliner Nachtleben ruhigen Gewissens den Rücken zu kehren. Sollen doch die anderen dumm in Clubs rumstehen. Wir lassen uns lieber in einer gepflegten Damenrunde gepflegt volllaufen.

Eine von uns muss immer kochen, die anderen bringen Nachspeise, wahlweise Schnaps mit. Unsere Kartenrunden sind gnadenlos. Denn jeder will gewinnen – was nur Jasmin auch tut. An jenem besagten Abend hatte ich mal wieder ein besonders schlechtes Blatt. Ich war die Einzige, die noch kein Canasta ausgelegt, aber schon drei rote Dreien gezogen hatte. Was so viel bedeutet wie: nichts als Minuspunkte. Während Jasmin nur noch eine Karte in der Hand hielt, wartete ich seit vielen Runden vergeblich auf den alles entscheidenden Joker, der natürlich nicht kam. Und als Moni dann auch noch den Kartenhaufen nahm, ausgerechnet mit der Karte, die ich abgelegt hatte, schaute ich ziemlich betreten in die Runde und nahm Anton zum ersten Mal bewusst wahr.

Würde man Anton fragen, wie wir uns kennengelernt haben, würde er das vermutlich so erklären: Moni, seine Nachbarin, schuldete ihm seit vielen Monaten ein Abendessen. Eine Art Dankeschön und Entschuldigung zugleich für die drei Regalwände, die er ihr in den fünften Stock getragen, wobei er sich den Knöchel verstaucht hatte, was Moni nicht davon abhielt, ihn auch noch um deren Aufbau zu bitten. Da Moni eine ganz miserable Köchin ist, nutzte sie eines Abends die Gelegenheit und schleppte ihn einfach mit zu unserer Kartenrunde, wo immer »reichlich aufgetischt« würde, wie sie behauptete.

So kam es, dass der arme Anton Reis mit Gemüse serviert bekam und weitestgehend von uns ignoriert wurde, da wir eigentlich keine Männer in unseren Kartenrunden dulden. Und die, die da sind, müssen schweigen und nachschenken.

Doch an diesem Abend, nachdem Jasmin zum dritten Mal ein Ass-Canasta (1000 Punkte!) gelegt hatte, begann ich mich aus lauter Verzweiflung mit Anton zu unterhalten. Anton ist 32 Jahre alt, wohnt, wie gesagt, neben Moni und arbeitet als Grafikdesigner. Neben Zeichnen und Regaleaufbauen kann er auch lesen, schreiben und sieht noch dazu ganz gut aus.

Obwohl er offensichtlich alle Grundvoraussetzungen erfüllte, interessierte ich mich von Anfang an kein bisschen für Anton.

Vermutlich deshalb, weil Moni das auch nicht tat. Und Moni ist hinter jedem Mann her, der als potenzieller Familienvater irgendwie infrage kommen könnte. Anton stand der Haken sozusagen ins Gesicht geschrieben.

Jener besagte Abend endete schließlich damit, dass ich aus Frust über meine anhaltende Pechsträhne mit Anton bis morgens um sechs um die Häuser zog. Seitdem sind wir irgendwie Freunde. Wir gehen regelmäßig zusammen frühstücken, treffen uns im Park, liegen faul in der Sonne oder schreiben uns sinnfreie SMS hin und her, wenn wir uns während der Arbeit langweilen. So geht das nun seit einem Vierteljahr. Bisher kein Sex, kein Kuss, kein Kribbeln. Nichts. Bis auf einmal, als mich Anton zum Abschied einen Moment zu lange umarmt hat – allerdings nur deshalb, weil sich mein Ohrring in seinem Kopfhörerkabel verhakt hatte.

Aber vielleicht ist Anton ein Mann, in den ich mich verlieben könnte? Soweit ich weiß, ist er Single, heterosexuell und frei von schwerwiegenden psychischen Störungen. Und: Er kann lesen! Ich sollte es auf einen Versuch ankommen lassen. Kann doch nicht so schwer sein, sich ineinander zu verlieben.

Entgegen unserer sonstigen Gewohnheit schreibe ich Anton an diesem Samstag schon mittags eine für unsere Verhältnisse relativ emotionale SMS: »Hallo Süßer!« (Mutig, oder?) »Musste gerade an dich denken.« (Geradezu tollkühn!) »Wollen wir heute Abend was essen gehen?« (Sehr romantisch). »Vermisse dich!« (Zu dick aufgetragen?) »Kuss, Christiane!« Ich habe tatsächlich *Kuss* geschrieben! Aber wenn ich verliebt wäre, würde ich bestimmt *Kuss* schreiben. Und wenn man wie ich das Pferd von hinten aufzäumen will, müsste eine solche SMS genau den richtigen Ton treffen.

Erst zwei Stunden später schreibt Anton zurück: »Hallo Christiane!« (Christiane! Nicht *Süße*!). »Heute läuft doch Fußball. Kann erst ab 22 Uhr. Auf'n Bier?«

Na gut, das ist nicht gerade die romantische Antwort, die ich mir gewünscht hätte. Denn die hätte ungefähr folgenden Wortlaut gehabt: »Hallo Süße. Ich dich auch. Denke schon den ganzen Tag an dich. Beim Italiener in der Kollwitzstraße? Um 20 Uhr? Darf ich dich abholen?«

Na ja. Mein Therapeut sagt immer: »Frau Hagn. Das Leben ist kein Film!«, und ich fürchte, er hat recht. Dann eben auf ein Bier.

Einige Stunden später sitzen wir vor einer Kneipe auf der Kastanienallee. Mir gegenüber sitzt Anton, der mir ganz aufgeregt von diesem Abseits erzählt, das doch gar kein Abseits war, und dass dieser blinde Schiedsrichter geteert und gefedert gehöre. Ich höre ihm fassungslos zu und nehme einen großen Schluck Bier. Dann kommt die Kellnerin und fragt, ob bei uns noch alles in Ordnung sei. Ich blicke auf mein halb volles Glas und Anton in ihr Dekolleté.

»Gefällt die dir etwa?«, frage ich nach ihrem Verschwinden entsetzter nach, als ich es vorhatte.

»Die ist doch süß!«, findet Anton und grinst. Aha. Die ist also süß und ich bin Christiane. »Was ist denn an der bitte süß? Riesiger Busen, dicker Hintern und viel zu viel Make-up!«, platzt es aus mir heraus.

»Ja. Ist doch geil«, sagt Anton und trinkt den Rest Bier auf ex. »Sag mal? Bist du etwa eifersüchtig?«

»Ich? Spinnst du? Wie kommst du denn darauf?«

»Ach. Nur so«, sagt Anton und schweigt.

»Und was wäre, wenn ich ... (ich trinke) tatsächlich eifersüchtig wäre?«

»Wenn, wenn, wenn! Wenn wir Schinken hätten, könnten wir Schinkennudeln machen, wenn wir Nudeln hätten!« Anton lacht. Ich nicht. »Sollen wir nachher noch auf diese Abriss-Party in der Auguststraße gehen?«, fragt Anton, der offensichtlich kein Interesse daran hat, das Thema »Wir« weiter zu vertiefen.

»Nehmen wir mal an, wir hätten Schinken«, lasse ich so schnell nicht locker. »Hätten wir dann überhaupt Lust auf Schinkennudeln?«

»Bestimmt. Also vorausgesetzt, wir hätten Nudeln!«

»Ja, schon klar. Also nehmen wir an, wir hätten Schinken und Nudeln. Hätten wir dann wirklich Lust auf Schinkennudeln? Oder vielmehr auf Schinkenbrot?«

»Warum sollten wir lieber Schinkenbrot als Schinkennudeln essen?« Anton ist irritiert.

»Na, weil wir kein Brot hätten!«

»Aber das wäre doch dann ziemlich dumm. Sag mal, hast du Hunger? Willst du was essen?«

Ach, es ist hoffnungslos. Männer sind einfach nicht in der Lage, vernünftig zu kommunizieren.

»Vergiss es. Ich geh jetzt nach Hause.«

Anton wirft mir einen verstörten Blick zu.

»Aber warum?«

»Warum?« In diesem Moment denke ich darüber nach, Anton einfach die Wahrheit zu sagen. Die Wahrheit darüber, dass ich tatsächlich angefangen habe, darüber nachzudenken, ob er und ich … Aber besser nicht. Ich glaube, mein »Ich will mich jetzt glücklich verlieben«-Plan war eine ziemliche Schnapsidee.

Also sage ich stattdessen: »Ich gehe jetzt nach Hause, weil ich noch Vanilleeis im Kühlschrank habe. Und genau deshalb jetzt auch wahnsinnige Lust darauf habe. So einfach ist das.«

»Ach so. Na, sag das doch gleich!«, schmunzelt Anton. »Da komm ich mit. Ich liebe Vanilleeis!«

SMS an Hannah: *Hat dir schon mal jemand Vanilleeis von den Brüsten geleckt? Das macht glücklich!*
SMS von Hannah: *Na endlich!*

Glück ist Zumba

„Glück, das ist einfach eine gute Gesundheit
und ein schlechtes Gedächtnis."

Ernest Miller Hemingway (1899–1961),
amerikanischer Schriftsteller

A lso, die Nacht war richtig toll. Anton war so leidenschaft-
lich. Und trotzdem war es auch so lustig. Und entspannt.
Vielleicht ein bisschen zu entspannt, denn verliebt habe ich mich
nicht«, erkläre ich Hannah, die über mein Anton-Experiment nur
den Kopf schütteln kann.

»Vielleicht ist Glück, wenn man es trotzdem macht!«, lacht
Hannah. »Auf jeden Fall ist es Quatsch, sich vorsätzlich verlieben zu wollen. Das geht doch gar nicht. Gefühle kann man
nun mal nicht beeinflussen.«

Wow. Ich bin beeindruckt. So emotional kenne ich Hannah
gar nicht. Ich dachte, sie wäre die Erste, die mir die Liebe als
rein chemischen Vorgang erläutern würde. Aber vermutlich kann
man auch chemische Vorgänge nicht beeinflussen.

»Ich dachte eben, ich könnte mich irgendwie selbst manipu-
lieren. Samt Gefühle.«

»Und jetzt hast du dem armen Jungen womöglich das Herz
gebrochen!«

174

Na, das sagt genau die Richtige! Noch dazu stimmt das gar nicht.

»Von wegen! Ganz ehrlich? Anton machte auch keinen sonderlich verliebten Eindruck. Bereits fünf Minuten danach, als wir immer noch nackt im Bett lagen, hat er schon wieder von Fußball gesprochen.«

»Vielleicht machen das verliebte Männer so? Schließlich liegt ihnen Fußball sehr am Herzen!«, spekuliert Hannah und ich muss sagen, diese Theorie gefällt mir. Denn so gesehen wären sehr viele Männer ganz schrecklich in mich verliebt.

Ich erkundige mich jetzt nach Hannahs Liebesleben, das hoffentlich nichts mit Fußball zu tun hat.

»Mein Liebesleben? Mein was? Pah! Das existiert gar nicht! Wir sehen uns immer nur beim Capoeira und laufen auf den Händen aneinander vorbei. Unsere Blicke treffen sich maximal bei der Ginga und unsere einzige Berührung war bisher, als ich ihm in der Roda bei einer Armada getreten habe!«

Ich habe nur Bahnhof verstanden und sage: »Also, du machst Sachen!«

»Weißt du, Liebesleben hin oder her: Capoeira ist etwas, was sogar mich glücklich macht. *Das* solltest du mal versuchen. Diese Kombination aus Tanz und Kampf führt zumindest zu einer extrem hohen Endorphin-Ausschüttung. Und Endorphine sind Glückshormone!«

»Die auch beim Sex ausgeschüttet werden können«, merke ich an.

»Ja. Oder durch beruflichen Erfolg oder Drogen«, ergänzt Hannah. Da hast du die freie Wahl.«

Darüber denke ich einen Moment nach. Ich habe gerade erst eine Gehaltserhöhung bekommen, die allerdings zu keiner Endorphinausschüttung meinerseits führte. Vielleicht deshalb, weil ich einen Betrag von zusätzlich 40 Euro *brutto* nicht wirklich als beruflichen Erfolg werten konnte. Im Gegensatz dazu freue ich mich über jede Zuschrift, die ich zu meinen Büchern erhalte. Vorausgesetzt, sie lobt mich und mein Werk in höchsten Tönen.

Drogen kommen für mich nicht infrage. Allein der Anblick einer Nadel oder einer Person, die sich etwas durch die Nase zieht, lässt mich in Ohnmacht fallen. Das Gleiche passiert, wenn ich an einem Joint ziehe. Im besten Fall muss ich »nur« kotzen.

»Ich schätze, in meinem Fall bleibt dann nur Sport oder Sex übrig.«

Hannah grinst. »Dann Sport! Das kannst du auch allein machen!«

»Sex auch.«

»Ja, aber das ist nur halb so gut. Außerdem ist Sport gesund, macht eine gute Figur und du musst weder dir noch sonst irgendwem das Herz brechen.«

»Außer du verliebst dich in deinen Capoeira-Partner!«

Touché!

✽

Es ist strahlender Sonnenschein. Ein Sonntagswetter wie aus dem Bilderbuch. Genau der richtige Tag, um mit Freundinnen an den See zu fahren, endlich den lang geplanten Ausflug in die Gärten der Welt nach Marzahn zu machen oder einfach den ganzen Tag in der Sonne zu sitzen und zu frühstücken. Und was mache ich? Ich stehe mit einer viel zu schweren Sporttasche am Tresen eines Fitnesscenters. Die Luft ist stickig. Es riecht nach Schweiß, Gummisohlen und isotonischen Getränken. Die Ausdünstungen kommen von Menschen, die mit Kopfhörern auf seltsamen Maschinen stehen und trübsinnig auf Bildschirme starren, die nichts als trauriges deutsches Fernsehprogramm zum Besten geben. Diese Menschen sehen gar nicht glücklich aus. Und ganz plötzlich fällt mir wieder ein, dass ich ja Fitnesscenter hasse. Erst recht im Sommer.

Aber ich muss eben auch unangenehme Orte aufsuchen, an die sich das Glück verirrt haben könnte. Denn wie ich inzwischen weiß, klopft es nur selten an die eigene Tür. Und wenn, dann nur in trügerischer Gestalt, wie in der der Zeugen Jehovas, die mich zuerst fragen, ob Mutti und Vati denn zu Hause seien, und dann, nachdem ich sie von meiner Volljährigkeit überzeugen konnte, wissen wollen, ob ich glücklich bin. Vermutlich hat auf diese Frage noch nie jemand so ausführlich geantwortet wie ich. Und vermutlich bin ich die erste Person, deren Haustür die Zeugen Jehovas freiwillig wieder verlassen haben.

»Liebe Christiane! Schön, dass du da bist«, begrüßt mich eine solariengebräunte, schlecht blondierte Aerobic-Muschi am Empfangstresen. »Ich bin die Mandy. Du hast ja heute ein Probetraining gebucht. Der Kai würde dich dann in die Geräte einweisen. Möchtest du Kondition trainieren oder Fett verbrennen?«

Fett verbrennen? Spinnt die? Soll das ein dezenter Hinweis sein?

»Nichts gegen Kai, aber ich möchte zum Capoeira-Kurs«, entgegne ich so trocken wie möglich. Fett verbrennen. Also wirklich …

»Zum Capoeira. Wunderbar! Das fängt in zehn Minuten an, in Raum eins. Dann wünsch ich dir ganz viel Spaß!«

Hier geht's nicht um Spaß, Fräulein. Hier geht's ums Glück. Mit einem kurzen gemurmelten »Danke« verschwinde ich Richtung Umkleide.

Damenumkleiden sind schreckliche Orte. Nirgendwo sonst wird so viel über Kalorien gesprochen, über Dritte, nicht anwesende Personen hergezogen, werden so exzessiv mit runtergelassenen Hosen Slipeinlagen eingeklebt oder in gebückter Haltung Stellen eingecremt, wo keine Creme hingehört.

Nun, wo ich schon mal hier bin, versuche ich einfach, das Beste daraus zu machen. Ich ziehe meine blaue Jogginghose mit den goldenen Streifen, ein schwarzes Top und meine Turnschuhe an, die ich vor zehn Jahren in der Kinderabteilung von Karstadt erstanden habe. Raum eins, ich komme!

Die erste Viertelstunde ist gar nicht so schlimm. Wir laufen im Kreis – vorwärts wie rückwärts –, hopsen und springen. Danach wird es schon ein wenig unangenehmer. Wir müssen Hampelmann, Sit-ups und unzählige Liegestütze machen. Allen anderen in diesem Raum, die schon wieder allesamt die gleichen weißen Hosen und Oberteile tragen, scheint das gar nichts auszumachen. Mir schon. Ich schwitze stärker, als es sexy ist, und schaffe von den 40 Liegestützen nur knappe zehn. Mal wieder bin ich »die Neue«, werde entsprechend kritisch beäugt und fühle mich nicht zugehörig – was nicht nur an meiner blau-goldenen Hose liegt. Ich sehne mich ein bisschen nach der Lachyoga-Gruppe, die von Anfang an alle so herzlich mit mir waren.

Doch dann bleibt mein Blick am Capoeira-Lehrer hängen und ich bin schon wieder fast versöhnt. Der ist wirklich süß. João (sprich: »Schoao«) spricht sehr lustiges Deutsch und hat den knackigsten Po, den ich seit Flamenco-Mephisto gesehen habe. Dieser Mann ist ein einziger Muskel.

»Du Kleine, linke Fuß!«, sagt er plötzlich in meine Richtung. Wir waren gerade dabei, uns zu dehnen, und ich habe mal wieder den falschen Fuß gestreckt.

»Ups. Tschuldigung!« Sofort wechsle ich die Füße und João schenkt mir ein strahlend weißes Lächeln. Nach Dehnen und Strecken stellen wir uns in zwei Reihen auf und tanzen zu brasilianischer Musik den Capoeira-Grundschritt: den Ginga. Das läuft auch bei mir ganz gut, da mir Hannah diese Schrittabfolge bereits beigebracht hat, Skype sei Dank. Ich liebe diese Musik und tatsächlich beginnt das alles irgendwie, mir Spaß zu machen (auch, wenn es eigentlich um das Glück geht, ich weiß).

Bis João plötzlich ganz laut »Aú« ruft und alle wie auf Stichwort anfangen, Räder zu schlagen, was auch bei mir gerade noch so klappt. Vermutlich deshalb, weil mich meine Eltern zehn Jahre lang gegen meinen Willen zweimal die Woche zum Mädchen-turnen geschickt haben. Mädchenturnen gehörte nach Ansicht meines Vaters zu einer akademischen Ausbildung nun mal mit dazu.

Nach einer halben Stunde des Aufwärmens geht es ans Einge-machte. Auf dem Grundschritt aufbauend, folgen Drehungen, Sprünge und akrobatische Manöver, die ich beim besten Willen nicht im Ansatz zu meistern vermag. Und das liegt nicht nur an meiner Rechts-Links-Schwäche. Wie ein Volltrottel versuche ich beim Handstand, mich wenigstens für den Bruchteil einer Sekunde auf den Händen zu halten, bevor ich relativ unschön wieder auf den Boden knalle.

»Aua!«, ist alles, was mir dazu einfällt. João bemerkt meine Überforderung und schlägt mir vor, einfach noch ein wenig in der Ecke hinten links den Grundschritt zu üben. Ich folge artig und ziehe mich wie ein sterbendes Tier in die Ecke zurück, in der ich niemanden störe oder gar gefährde – in der ich von niemandem mehr beachtet werde. Auch nicht von João.

Während sich also alle anderen im Takt der Musik akrobatisch im Zweikampf messen, stehe ich wie ein Bewegungsclown vor dem Spiegel und wiederhole denselben Schritt wieder und wieder.

Nach zehn weiteren Minuten Rumgehampel, bei dem ich mir auch selbst nur äußerst ungern zusehe, reicht es mir endgültig. In einem ungesehenen Moment werfe ich einen letzten sehnsüch-tigen Blick auf João und seine stählernen Oberarme, der gerade auf Händen durch den Raum läuft, und verschwinde ungesehen durch die Tür.

Glück hin oder her, ich muss ein ernstes Wörtchen mit Han-nah reden. Aber vorher knöpfe ich mir die Barbie am Empfang vor: Mandy. Bestimmt 'ne Ostbraut. Mich würde mal interes-sieren, was ihr überhaupt einfällt, eine blutige Anfängerin wie mich in eine Profi-Capoeira-Gruppe zu schicken. Ich bin übersät mit blauen Flecken. Das grenzt an Körperverletzung. Mandy-

Baby, jetzt kriegst du was zu hören. Und da kann dir der starke Kai auch nicht helfen.

Auf dem Weg zum Tresen passiere ich Raum zwei, aus dem ganz wunderbare lateinamerikanische Musik klingt. Durch die Glasfront sehe ich Menschen, die freudestrahlend hopsen und ihren Hintern zu Salsa-Musik bewegen. Menschen, die strahlen und schwitzen zugleich. Es grenzt an ein Wunder!

Ich entnehme dem Kursplan, dass es sich hierbei um »Zumba« handelt: »Zumba ist wie eine einzige Party. Einfache, leicht nachvollziehbare Schritte gepaart mit heißer Latino-Musik!« Das steht da. Und ehrlich gesagt, genauso sieht es auch aus.

Ich vergesse mal eben meine blauen Flecken sowie die noch ausstehende Beschwerde und schleiche mich hinein. Vielleicht hat sich das Glück nur im Raum geirrt?

»Zumba!«, tönt es aus den Boxen und alle (auch ich!) fangen an, zu hopsen und dabei in die Hände zu klatschen. Wenn mich nicht alles täuscht, müsste das Merengue sein. Oder Cumbia. Vielleicht auch Cha-Cha-Cha. Ach, egal, was es ist: Es ist gut! Ich schaffe es tatsächlich, den schnellen Schritten zu folgen, mich in die richtigen Richtungen zu drehen und zu springen, ohne mir blaue Flecken einzuhandeln. Ab und an schleudere ich meine Arme auf die falsche Seite oder drehe mich in die entgegengesetzte Richtung, aber immerhin: Ich werfe und drehe mich.

Ich tanze Zumba! Ehe ich mich versehe, ist mein Kopf knallrot, mein Oberteil klitschnass und der Kurs schon vorbei. Ich kann es kaum glauben, aber mein Blick auf die Uhr bestätigt mir, dass tatsächlich schon 50 Minuten vergangen sind, seit ich diesen Raum betreten habe. Und in diesem Moment begreife ich zum ersten Mal den Begriff »Flow«: So fühlt es sich also an, voll und ganz in einer Tätigkeit zu versinken! Wenn man das Drumherum einfach vergisst, das Gefühl für Raum und Zeit verliert, Gedanken und Tun eins werden! Man sich rundum glücklich fühlt.

Wir applaudieren uns selbst und tanzen Richtung Umkleide-
kabine, die mir nun als ein ganz wunderbarer Ort erscheint! Ein
Ort des Frohsinns, der Freundlichkeit und des Friedens. Alle diese Frauen sind Schönheiten, die lachend ihr seidiges Haar kämen,
ihre trainierten Körper mit ausreichend Feuchtigkeit versorgen,
Harmonie und Leichtigkeit versprühen. Wir sind alle gleich und
alle schön. Wir sind alle Zumba!

Nach zwei Saunadurchgängen, vielen neuen Freundschaften,
Shampoo, Spülung und Bodylotion überall verlasse ich immer
noch leicht tänzelnd das Studio. Als ich den Eingangstresen
passiere, sage ich zu meiner eigenen Überraschung: »Danke für
das Probetraining, Mandy. Das hat wirklich Spaß gemacht. Darf
ich wiederkommen? Das nächste Mal dann gern mit Kai, zum
Fettverbrennen!«

SMS an Hannah: *Danke für den Tipp! Ich bin Endorphin und
das Leben ist eine einzige Party! Aú!*
SMS von Hannah: *Schön, dass es dir Spaß gemacht hat. Frag
mich gern wieder. Langsam fange ich auch an, an das Glück zu
glauben.*

Glück ist „15 Minutes of Fame"

„... my prediction from the sixties
finally came true:
In the future everyone will be famous
for fifteen minutes."

Andy Warhol (1928–1987), US-amerikanischer Grafiker,
Künstler, Filmemacher, Verleger, Mitbegründer und
bedeutendster Vertreter der amerikanischen Pop-Art

I ch hab echt Angst!«

»Aber wieso denn? Du gehst da hin und plauderst ein bisschen über Männer. Das ist doch deine leichteste Übung. Das Drumherum, das Publikum und die Kameras, ignorierst du einfach!«

»Das kann ich nicht. Du weißt doch: Ich und Kameramänner! Hinter einer Kamera sieht irgendwie jeder Mann sexy aus. Findest du nicht?«

Hannah lacht.

»Außerdem: Das ist nicht irgendein TV-Regionalspaß. Das ist Markus Lanz, sprich das Zweite Deutsche Fernsehen. Sprich: bundesweit! Ach was, weltweit! Da schauen bestimmt ... also echt viele Menschen zu.«

Ehrlich gesagt, weiß ich nicht, ob es Hunderte, Tausende oder Millionen sind. Aber egal, ob zehn oder zehn Millionen, ich habe Angst.

»Vor was genau hast du eigentlich Angst? Was wäre denn das Schlimmste, was passieren könnte? Dass du dich versprichst?«

»Ach, das wäre mir egal. Ich habe vielmehr Angst, dass ich versehentlich rülpse, ohnmächtig vom Stuhl kippe oder die mich fragen, wer unser Innenminister ist.«

»Du weißt nicht, wer der Innenminister ist?«

»Ich weiß nicht mal, was der Innenminister macht.«

»Jetzt hab ich auch Angst!«

Na prima. Das war wieder mal ein sehr aufmunterndes Gespräch mit Hannah. Die Zeit, die wir nun verskypt haben, hätte ich lieber investieren sollen, um meine Allgemeinbildung aufzupolieren. Besser gesagt, mir überhaupt Allgemeinbildung zuzulegen. Ich hätte das Organigramm des Bundestages auswendig lernen können oder die »FAZ«, noch besser die »Bunte« lesen. Und jetzt läuft mir die Zeit davon. Irgendwie auch ziemlich unfair, jemanden so kurzfristig zu informieren, in eine Fernsehsendung eingeladen zu sein. Vor allem jemanden ohne Allgemeinbildung.

Zugegeben, ich hatte so eine Vorahnung. Schließlich hatte ich vor einigen Wochen dieses Vorgespräch mit einem wirklich süßen Redakteur in diesem hervorragenden italienischen Restaurant. Anlass war mein Buch »Auf Männerfang« gewesen und spätestens nach seiner Frage, wie man es bei der Suche nach dem Mann fürs Leben schafft, 33 Dates am Stück in den Sand zu setzen, war das Eis gebrochen. Und das war noch vor der Vorspeise. Obwohl wir einen wirklich sehr lustigen Abend hatten – besonders nachdem das Diktiergerät ausgeschaltet war –, war ich mir dennoch sicher, niemals in diese Sendung zu kommen. Denn in diese Sendung kommen nur Menschen, die prominent sind – oder es zumindest mal waren. Und nicht irgendwelche

Frauen, die Bücher darüber schreiben, wie sie vergeblich nach dem Mann fürs Leben suchen.

Das dachte ich zumindest. Doch dann bekam ich diesen Anruf: »Hey Christiane. Es ist so weit. Kannst du am Donnerstag nach Hamburg kommen?«

»Welchen Donnerstag?«

»Na, diesen.«

»Donnerstags habe ich Therapie.« Ich weiß nicht, wieso ich das laut gesagt habe. Stille am anderen Ende der Leitung. »Aber ich denke, das lässt sich einrichten.«

»Schön, dann sehen wir uns am Donnerstag!«

Schön, dann sehen wir uns am Donnerstag! Wenn das so einfach wäre. Donnerstag. Das sind ab heute noch drei Tage. Drei lächerliche Tage! Das ist nichts! Gar nichts! Und da ich es in drei winzig kurzen Tagen unmöglich schaffen werde, meine Allgemeinbildung auf den Stand zu bringen, den eine 30-jährige Akademikerin haben sollte, beschließe ich, mich stattdessen auf andere, vielleicht noch lösbare Probleme zu konzentrieren. Zuallererst: Ich brauche ein Kleid! Denn wenn ich mich schon vor der gesamten Nation blamieren werde, dann will ich wenigstens gut dabei aussehen.

So starte ich gleich nach der Arbeit zu einem Shoppingmarathon der besonderen Art. Dabei trage ich Kopfhörer und lausche dem Hörbuch zu »Bildung – alles, was man wissen muss« von Dietrich Schwanitz, in der Hoffnung, dass ich unbewusst irgendetwas davon behalten werde.

Da ich mir noch nicht sicher bin, wo ich nach meinem Fernsehkleid suchen möchte, bin ich mit dem Fahrrad unterwegs, um mir die Möglichkeit spontanen Abbiegens oder Anhaltens offenzuhalten.

»Fernsehen addiert!«, hörte ich eine Kollegin einst sagen. Und im Fernsehen fett auszusehen ist noch unangenehmer, als zu rülpsen. Daher muss das Kleid, das ich suche, mich zugleich seriös, sexy und schlank wirken lassen. Schier unmöglich bei der gerade aktuellen Babydoll-Mode, in der jede erwachsene Frau wie eine 13-jährige Schwangere aussieht.

Geradezu panisch radle ich durch die halbe Stadt, was ich insofern gut finde, da ich zusätzlich zu meinem akustischen Crashkurs »Bildung« auch noch Kalorien verbrenne. Auf 12,5 Kilometern lausche ich Weisheiten zu Literatur, Kunst, Musik, Philosophie und anderen »Ideologien«. Ich erfahre, wie man erworbenes Wissen strategisch richtig und gebildet anwendet, um überall, auch bei Lanz, mitreden zu können. Aber mein Kleid, das finde ich nicht. Es ist wie verhext. Immer, wenn man nach einem bestimmten Kleidungsstück sucht, findet man es nicht. Das ist wie bei der Suche nach dem Mann fürs Leben, genau das Thema, zu dem ich – die »Männerfang-Expertin« – eingeladen werde. Welch Ironie des Schicksals.

Ich rase von Prenzlauer Berg nach Mitte und weiter nach Kreuzberg. Zwischendurch halte ich an kleinen Boutiquen, sperre mein Rad ab, drücke auf Pause, stürme den Laden, scanne den Raum auf schöne Männer, bis mir wieder einfällt, dass ich deswegen ja gar nicht hier bin. Dann stürze ich mich auf die Kleiderstangen. Von nun an geht es immer sehr schnell: Scheißfarbe, Scheißform, zu spießig, zu aufreizend, zu langweilig, zu teuer. Weiter.

Kurz vor Ladenschluss bin ich schließlich in Neukölln gelandet. Das ist nicht gerade der Bezirk, bei dem man zuallererst an das Wort »Shoppingparadies« denken würde. Eher an Rütli-Schule, Messerstecherei, Möbeldiscounter oder City-Chicken-Imbiss. Vielleicht sollte ich einfach aufgeben, mir ein halbes Hähnchen mit Pommes reinziehen und in Jogginghose im Fernsehen auftreten.

Vielleicht gar keine schlechte Idee. Doch bevor ich in die Fernsehgeschichte als »die mit der Jogginghose« eingehe, lasse ich es auf einen allerletzten Versuch ankommen. Denn ich erinnere mich ganz dunkel an eine kleine Boutique in einer Seitenstraße, die so bezaubernd aussieht, wie ihr Name klingt: »Sei mein!«. Ja, bitte, sei mein Kleid!, denke ich, als ich den Laden tatsächlich, sicher wie ein Hund seine Fährte, aufspüre. In gewohnter Manier stürme ich den Laden.

»Das ist ein Notfall: Ich muss ins Fernsehen! Ich brauche ein Kleid!«

Die junge Frau an der Nähmaschine lässt sich nicht aus der Ruhe bringen, näht den Saum zu Ende, hebt dann ihren Kopf und lächelt mich an.

»Sender?«

»ZDF!«

»Uhrzeit?«

»Spät!«

»Farbe des Studios?«

»Roter Boden, weiße Stühle.«

Sie denkt einen kurzen Moment nach, mustert mich von oben bis unten, steht auf und kommt mit einem Maßband auf mich zu.

»Ich muss deine Maße nehmen.«

»So viel Zeit habe ich nicht. Ich brauche das Kleid bis übermorgen«, gebe ich entsetzt zurück.

Sie lächelt nachsichtig.

»Du kannst es in 24 Stunden abholen. Wenn es dir nicht gefällt, musst du es nicht kaufen!«

Ich sehe sie skeptisch an.

»Aber wenn es mir morgen nicht gefällt, und ich es nicht kaufe, habe ich kein Kleid!«

»Vertrau mir!«

Vertrau mir! Sag mal, ist die auf Drogen? Ich bin in einer Boutique mitten im sozialen Brennpunkt, stehe vor einer Frau, die ich noch nie zuvor gesehen habe und die sagt: »Vertrau mir!« Ich weiß nicht, wann das letzte Mal jemand »vertrau mir« zu mir gesagt hat, aber vermutlich war es ein Mann und ging mächtig schief.

Allerdings: Ich habe keine Wahl. Die Läden machen gleich dicht, ich bin verzweifelt und weiß immer noch nicht, wer der Innenminister ist. Bei Schwanitz bin ich gerade mal bei »europäische Königshäuser« angekommen und ich fange an zu bezweifeln, dass der irgendwann überhaupt noch auf den Innenminister zu sprechen kommt.

»Okay. Dann komm ich morgen um 20 Uhr.«

»Hast du braune Pumps?«

»Nein!«

»Besorg dir welche!«

�֍

24 Stunden später: Gleiche Stelle, gleiche Welle. Ja ich weiß, Schwanitz hört man mir noch nicht wirklich an. Ich trage ihn immer noch auf den Ohren, sowie braune Pumps unter dem Arm. Die habe ich in meiner Mittagspause ums Eck erstanden. Irgendeinen Vorteil muss es ja haben, wenn man in Berlin-Mitte arbeitet, wo man sich tagtäglich neben schicken Mitte-Schnitten klein und belanglos fühlt.

Wie gestern sitzt die junge Frau, die mich heute ein bisschen an ein Märchenwesen erinnert – ich weiß nur noch nicht, ob an eine gute Fee oder eine böse Hexe –, an ihrer Nähmaschine.

»Ist gleich fertig!«, sagt sie, ohne ihren Kopf zu heben.

Ich nehme die Kopfhörer ab, stelle Schuhe und Tasche in die Ecke und sehe mich ein wenig im Laden um. An den Kleiderstangen entdecke ich nur Einzelstücke. Es gibt kein Kleid doppelt, kein T-Shirt ein zweites Mal, kein Teil ähnelt dem anderen.

»So, fertig. Ab in die Umkleide mit dir!«

Ich wage es nicht zu widersprechen und wüsste auch nicht wieso. Erst als ich mich ausgezogen und die neuen Schuhe schon angezogen habe, reicht sie mir das Kleid. Es ist türkis. Ich liebe Türkis. Woher wusste sie das nur?

Nach leichten Anfangsschwierigkeiten finde ich schließlich meinen Weg in das Kleid. Was soll ich sagen: Es sitzt perfekt. Nicht zu kurz, nicht zu lang. An den richtigen Stellen eng, an den falschen weit. Nicht zu spießig, nicht zu aufreizend. Rückenfrei und eine Kapuze mit grüner Spitze. Das ist genau mein Kleid. Hätte sie es mir vorab beschrieben, hätte ich vermutlich abgelehnt. Doch ich muss sagen: Ich liebe es. Diese Frau ist ganz sicher eine Fee. Eine Geschäfts-Fee!

»Ich liebe es!«

»Ich weiß!«

»Ich habe ein Kleid! Damit ist mein größtes Problem gelöst!«

»Das war dein größtes Problem?«, fragt die Fee kritisch nach. Und sie hat recht. Das war nur die Spitze des Eisberges. Meine Fingernägel, meine Frisur, der Innenminister! Erst die Nägel, dann die Haare. Und was war da noch?

❧

Donnerstagmorgen. Ich sitze ich mit frisch lackierten Nägeln im Büro und versuche, so zu tippen, dass der Lack nicht darunter leidet. Ein hoffnungsloses Unterfangen, denn ich bin zu aufgeregt, um zitterfrei zu tippen. Leider kann ich meine Nervosität nicht wirklich kontrollieren. Im Zuge dessen habe ich einen Vertrag an die falsche Agentur verschickt – was mir natürlich erst klar wurde, nachdem der Umschlag schon im Schlitz verschwunden war. Und weil mich das mit der falschen Agentur noch nervöser machte, habe ich im nächsten Vertrag gleich einen fatalen Zahlendreher verursacht. Die Ausrede »die eine Null mehr oder weniger« kam bei meinem Chef gar nicht gut an.

»Jetzt schau, dass du hier rauskommst. Und mach uns keine Schande!«

Mit diesen auf seine Art ermutigenden Worten entließ er mich in mein Verderben.

＊

Eigentlich ist Berlin–Hamburg keine Entfernung. Das ist eine Strecke, die sogar die Deutsche Bahn bewältigen kann. Doch eine Stunde 40 Minuten können wirklich lang werden, wenn man sich dabei die grausamsten Szenarien ausmalt: »Frau Hagn, was sagen Sie zu der Forderung des Innenministers, staatliche Integrationskurse stärker zu kontrollieren?«

»Ööööh. Ja, äääh, Kontrolle ist gut! Aber Vertrauen ist besser!«

»Wie meinen Sie das?«

»Na, ääähhh, zum Beispiel mein Kleid: Kontrolle wäre an dieser Stelle völlig deplatziert gewesen. Vertrauen war der Weg zur Lösung. Und damit zum Kleid. Wissen Sie, ich liebe Türkis.«

»Sie lieben Türken?«

»Nein, Türkis. Auch Türken, aber das gehört nun wirklich nicht hierher, Herr Lanz! Wollten wir nicht ein bisschen über Männer plaudern?«

Uiuiui. Das kann ja heiter werden. Noch dazu erreichen mich auf dem Weg nach Hamburg zahlreiche Kurznachrichten von Freunden wie »Zeig's ihnen, Kleine!«, »Bin stolz auf dich!« oder »Du machst das schon!«. Wieso gehen eigentlich immer alle Menschen davon aus, dass ich das schon irgendwie mache? Wie wäre es mit »Wenn du versagst, liebe ich dich trotzdem!« oder »Mut zum Scheitern, Kleine!«.

Nach einigen Schweißausbrüchen und drei Toilettenbesuchen komme ich endlich in Hamburg-Altona an und halte Ausschau nach dem Fahrer, der mich am Bahnhof abholen soll. Ich gebe zu, das ist eine Sache, die mir durchaus gefällt. Ich liebe es, an Bahnhöfen oder Flughäfen abgeholt zu werden, fast egal von wem. Das gibt mir das Gefühl, nicht allein zu sein.

»Christiane Hagn/Markus Lanz«, lese ich auf dem Schild, das ein attraktiver junger Mann in seinen Händen hält, der mutter-

189

seelenallein an Gleis zwei steht. Ich muss schon sagen, dieser Lanz weiß einfach, was sich gehört.

»Hallo. Ich bin Christiane. Kann ich noch eine rauchen?«

�֍

Nachdem ich auf der 15-minütigen Fahrt zum Studio herausgefunden habe, dass der schöne junge Mann bald mit seiner Freundin nach England ziehen wird, hake ich im Geiste auch Versuch 34, den Mann fürs Leben zu finden, als gescheitert ab. Schade, ich dachte, ich könnte wenigstens bei Lanz noch mit einem Happy End auftrumpfen: »Ja, wissen Sie, Herr Lanz, gerade auf dem Weg hierher … Um es kurz zu machen: Sie sind zur Hochzeit herzlich eingeladen!«

Kaum am Studio angekommen, werde ich ziemlich unsanft aus meinen Tagträumen gerissen. Denn ab jetzt geht alles recht schnell. Mich begrüßen Menschen mit Walkie-Talkies in der Hand, die mir freundlich, aber bestimmt Anweisungen geben und ich – ich folge artig. Ich antworte auf Fragen, die mir gestellt werden, ziehe mich um, wenn man es mir sagt, und setze mich auf den Maskenstuhl, um mich wenigstens optisch auf den Stand einer 30-Jährigen bringen zu lassen. Mein brav geflochtener Zopf wird geöffnet, meine Haare gelockt, meine Wimpern getuscht, Wangen und Lippen gerötet – Widerspruch zwecklos.

»Ist das nicht ein bisschen viel Make-up?«, frage ich trotzdem vorsichtig nach.

»Schätzchen, du bist im Fernsehen«, sagt die Dame mit dem Pinsel in der Hand. »Vertrau mir!«

Schon wieder. Na gut. Von nun an halte ich die Klappe, lasse sie pinseln, malen und toupieren. Einmal in der Maschinerie Fernsehen gefangen, gilt es, nur noch auf Anweisungen zu hören – und eben zu »vertrauen«.

Als ich das Maskenzimmer verlasse, folge ich intuitiv dem Mann mit dem größten Walkie-Talkie und der am tiefsten sitzenden Jeans und lande so auf zittrigen Beinen hinter der Bühne des Studios. Ich fühle mich verkleidet und etwas verloren, aber sein Po-Ansatz macht mir Mut! Maske hin oder her, man kommt einfach nicht raus aus seiner Haut.

»So, Christiane. Es geht gleich los. Darf ich dich verkabeln?«

Oh ja, verkable mich, du Stück!, denke ich und sage: »Nur zu.«

»Jetzt wird das Publikum angeheizt und wenn Herr Lanz deinen Namen ruft, gehst du los!«

»Und wohin?«

»Zu ihm!« Ach so.

»Und dann? Zurück zu dir verkabeln?«

Er lacht.

»Dann setzt du dich auf den Stuhl, neben die anderen Gäste. Und später nehme ich dir die Kabel wieder ab.«

»Toll. Darauf freue ich mich jetzt schon.«

Ich beobachte, wie die anderen Talkgäste der Reihe nach aufgerufen werden und in Paarkonstellation die Bühne betreten.

»Alle anderen sind zu zweit. Und ich? Mal wieder allein ...«, stelle ich etwas niedergeschlagen fest.

»Dafür gehört dein Applaus auch dir ganz allein!«

Wo er recht hat, hat er recht.

Dann höre ich die Stimme von Markus Lanz: »Und nun begrüßen Sie mit mir die Frau, die auf 33 verrückten, halsbrecherischen und ambitionierte Wegen versucht hat, den Mann fürs Leben zu finden: Christiane Hagn!«

Das bin dann wohl ich. Ich zwinkere dem süßen Kabelmann zu und gehe hoch erhobenen Hauptes Richtung Bühne. Brust raus, Bauch rein. Und sollte ich jetzt auf die Schnauze fallen, wird das ganz großes Kino!

SMS von Hannah: *Und? Wie ist es gelaufen? Hast du rausge-funden, wer der Innenminister ist?*

SMS an Hannah: *Hans-Peter Friedrich. Aber das hat heute Abend nun wirklich niemanden interessiert!*

Glück ist bücken und pflücken

Deine Angst merkt man dir gar nicht an«, stellt Hannah fest, die sich auf der ZDF-Mediathek gerade meinen Auftritt ansieht.

»Na ja. Anfangs war ich furchtbar aufgeregt. Ich saß völlig verkrampft auf meinem Stuhl und musste mit beiden Händen mein Wasserglas halten, weil ich so gezittert habe. Aber dann hat es so unglaublich lange gedauert, bis ich an die Reihe kam, dass ich richtig froh war, als ich endlich über mich und meine 33 Männer quatschen durfte. Ich schätze, meine Ungeduld hat meine Nervosität besiegt!«

Hannah lacht.

»Sieht so aus, als hätten dich deine 15 Minuten Ruhm richtig glücklich gemacht.«

»Und wie! Ich könnte mich glatt daran gewöhnen. Vielleicht sollte ich mich als Nachfolgerin von Thomas Gottschalk bewerben? Oder als Sidekick von Anne Will. Oder ich übernehme die ›Tagesthemen‹. Vielleicht auch …«

Ein lautes »Muh« unterbricht meine Karriereplanung.

»Was war das denn für ein Geräusch?«, fragt Hannah irritiert nach.

»Das war eine Kuh.«

»Eine Kuh?«

»Ja, eine Kuh. Du weißt schon: Das Tier aus der Milka-Werbung.«

Also Hannah ist heute echt wieder schwer von Begriff. Es dauert auch noch ein bisschen, bis sie endlich verstanden hat, dass es sich um keine echte Kuh, sondern um eine handelt, die zu jeder vollen Stunde aus einer Wanduhr springt und »muh« macht. Allerdings scheint ihr auch diese Erklärung nicht sonderlich schlüssig zu sein.

»Und wieso kaufst du dir so was?«

»Das ist nicht meine Uhr. Schau doch mal genau hin. Sieht das nach meinem Wohnzimmer aus?« Ich ducke mich ein wenig, um Hannah freie Sicht auf meine Umgebung zu gewähren. Hinter mir stehen eine Orchidee, ein Familienfoto, zwei gerahmte Kinderzeichnungen und eine gläserne Etagere.

»Nein. Die Orchidee wäre bei dir längst eingegangen.«

»Eben!«

Ich erkläre Hannah, dass ich im Berliner Umland bin, und halte die Ausgabe des Stadtmagazins »Zitty« in den Bildschirm, mit der Titelstory »Rausgezogen – glücklich geworden! Warum Menschen auf dem Land glücklicher sind«.[12]

»›Ausgezogen – glücklich geworden‹?«

Ich verrutsche ein wenig den Bildausschnitt.

»Ach so. *Rausgezogen.* Ich hatte schon Angst, du versuchst dich als Stripperin.«

Diesmal kann ich Hannah beruhigen. Und diese Zeitschrift lag nun schon ein paar Wochen in meinem Badezimmer. In der Titelgeschichte geht es um Menschen, die von der Stadt aufs Land gezogen sind und nun glücklich mitten in der Natur leben. Der Autor des Artikels schreibt, dass gemäß Rousseaus berühmtem Satz »Zurück zur Natur« heute »Zurück aufs Land« im Trend läge: »Den Blick über den freien Himmel schweifen lassen, statt auf Betonwände zu starren, sich die Nase von Grashalmen kitzeln lassen, statt sie durch Autoabgase zu irritieren, im Ohr sanftes Grillengezirpe statt Telefongeklingel.«

Nachvollziehbar, wie ich fand. Leider schien das für mich unerreichbar, denn für ein Häuschen im Grünen fehlte mir nicht nur die passende Kleinfamilie, sondern auch das nötige Kleingeld.

Trotzdem ging mir der Artikel nicht mehr aus dem Kopf. Ich wollte auch mal länger aufs Land. Nur wie? Als ich bei einem ausgiebigen Schaumbad »Glückliche Auszeit« den Artikel schon zum wiederholten Male las, fiel mir plötzlich etwas, beziehungsweise jemand, ein: Luise, meine ehemalige Mitbewohnerin, die mit ihrer ersten Schwangerschaft unsere gemeinsame Wohnung und mit der zweiten die Stadt verließ. Sie zog mit ihrem Mann Andreas und den beiden Kindern vor einigen Jahren ins Umland und schwärmt mir seitdem regelmäßig am Telefon von der neuen Lebensqualität vor, die mit dem Umzug ins Grüne Einzug in ihr Leben gehalten hätte. Ab und an treffen wir uns in der »Stadt«, wenn Luise irgendeinen lästigen Behördengang erledigen muss oder nach einem außergewöhnlichen Kleidungsstück sucht, das es auf dem Land nicht gibt, woraufhin Luise, nachdem sie erschrocken den Preis entdeckt hat, spontan beschließt, dass sie so etwas auf dem Land auch gar nicht brauchen würde.

Andersherum vernachlässige ich unsere nicht gerade innige, aber doch langjährige Freundschaft viel zu sehr. Denn ich habe

Luise dort auf dem Land nur ein einziges Mal besucht. Sie lädt mich zwar regelmäßig ein, aber ich gebe zu, dass ich die Wochenenden doch lieber in Frühstückscafés, mit Einkaufen oder Ausschlafen verbringe, anstatt erst eine Stunde S-Bahn zu fahren, um dann zwei Kleinkindern dabei zuzusehen, wie sie sich gegenseitig mit Nutella beschmieren und ihre völlig gestresste Mutter in den Wahnsinn treiben. Ich treffe Luise lieber, wenn sie nicht Mutter, sondern Luise ist. Auch wenn *sie* sich an ihr früheres Leben, das Leben vor Nutellamündern, nicht mehr so recht zu erinnern scheint, *ich* tue es.

Dennoch. Ich wollte aufs Land und Luise würde sich bestimmt freuen, wenn ich sie mal wieder besuchen käme. Also beschloss ich, mich selbst auf einen spontanen Besuch bei ihr einzuladen, und rief Luise noch am selben Abend an.

Leider gehört Luise auch zu der Sorte von Müttern, die während eines Telefonats ständig ihre Kinder anschreien: »Emma, leg das weg! Jan-Jakob, komm da runter!«, brüllte sie los, ohne ihren Mund auch nur einen Millimeter vom Telefon abzuwenden oder sich anschließend für diese lautstarke Unterbrechung unseres Gesprächs zu entschuldigen.

»Emma, Jan-Jakob, ihr sollt Oskar nicht am Schwanz ziehen!«, brüllte Luise in mein Ohr.

»Oh Gott. Wer ist Oskar?«, frage ich irritiert nach.

»Der Kater!«

»Ach so. Sag mal, soll ich vielleicht später noch mal anrufen?«

»Nein. Wieso?«

Dieses »wieso« ist sehr bezeichnend. Denn Mütter empfinden diese Brüllattacken weder als Störung noch als unhöflich. Sie bemerken sie gar nicht, weil das nun mal ihr verdammter Alltag ist.

»Ach Christiane, ich sag dir …«, klagte mir die gestresste Luise anschließend ihr Leid. Sie erzählte mir, dass sie ein unglaublich günstiges Angebot für ein Ferienhäuschen an der Ostsee bekommen hätten, das ideal wäre, um endlich mal einen ersten Familienurlaub zu machen, den sie sich auch leisten könnten.

»So schön es hier auch ist, ich war seit Jahren nicht mehr weg. Ich hätte diesen Urlaub so dringend nötig gehabt«, schloss Luise ihre Erzählung.

Ich verstand das Problem nicht.

»Ja, dann fahrt doch da hin. Ist doch ein tolles Angebot!«

Meine Abneigung gegen die Ostsee, mit all den dicken Familien, die Schlumpf-Eis fressen und in scheußlichen Hotelbunkern wohnen, behielt ich an dieser Stelle für mich.

Luise erklärte mir, dass das unmöglich sei. Ihr Rasen wäre gerade frisch gesät worden und bedürfe nun regelmäßiger Bewässerung. Der Kater wäre mit 15 Jahren schon viel zu alt, um einen Ortswechsel in Kauf zu nehmen, und die Fische bräuchten doch ihre Futtertabletten. Sie könne einfach dieses Haus samt Tieren nicht allein lassen.

Und da war sie: meine Chance! Selbstlos, wie ich nun mal bin, bot ich Luise sofort an, für ein paar Tage ihr Haus zu hüten, ihren Rasen zu sprengen und mich nach bestem Wissen und Gewissen zu bemühen, ihre Tiere durchzubringen.

»Das würdest du tun? Jan-Jakob, leg die Schere weg! Wirklich? Kinder, nicht Haare schneiden! Du bist so ein Schatz!«

Wir waren uns einig – auch wenn Emma danach einen Zopf weniger hatte.

❧

»Und wie lange machst du das jetzt?«, fragt Hannah ungläubig nach.

»Eine Woche.«

»Und du gehst nicht zur Arbeit?«

»Natürlich gehe ich zur Arbeit. Ich bin ja nur im Berliner Umland. Nicht in Murmansk. Außerdem hat mir Luise ihren Polo

197

überlassen. Ich bin mobil und habe hier ein ganzes Haus für mich allein, mit Garten, Trampolin, sonnigem Balkon, einem dicken Kater und vielen Fischen. Und Rasen sprengen macht echt Spaß. Das fühlt sich so nach Leben-Spenden an.«

»Muh«, macht es aus dem Kinderzimmer und wir müssen lachen.

»Ah, schon das zweite Muh. Höchste Zeit, den Kater zu füttern!«, stelle ich pflichtbewusst fest.

»Wenn das so weitergeht, lebst du bald nach dem Sonnenstand und pflanzt dein eigenes Gemüse an.«

»Was nicht das Schlechteste wäre!«, entgegne ich.

»Fang erst mal mit der Orchidee an. Wenn die am Sonntag noch lebt, reden wir weiter. Viel Spaß beim Leben-Spenden, du Freak!«

Als mein Bildschirm wieder schwarz wird, umgibt mich eine geradezu unheimliche Stille. Bis mich ein plötzliches »Miau« daraus erlöst. Nein, das ist diesmal keine Uhr, sondern der leibhaftige und sehr dicke Oskar, der sich gerade als weicher Fellknäuel um meine Waden legt.

»Oskarchen, du kriegst ja gleich was. Truthahn oder lieber Hühnchen?«

»Miau!«

»Hühnchen. Eine sehr gute Wahl.«

�

Es ist Freitag, früher Abend, und ich sitze nach einem anstrengenden Arbeitstag bei immer noch knapp 30 Grad schon seit über einer Stunde im Auto. Ich bin tierisch genervt. Genervt vom Verkehr, der Hitze, mir selbst und dem fetten Kater, der vermutlich schon wieder hungrig miauend an der Tür steht, wenn ich gleich ankomme. Vorausgesetzt, ich komme jemals an. Heute fällt es mir wirklich schwer, die pulsierende Großstadt hinter mir zu lassen. Denn das Wochenende steht vor der Türe – mit all seinen wunderbar sündigen Verlockungen.

Ich versuche, mich im Selbstgespräch davon zu überzeugen, dass man ja nicht jedes Fest feiern müsse, was mir allerdings nicht so recht gelingen mag: »Du sehntest dich doch nach Abgeschiedenheit, Idylle und Natur. Und jetzt hast du ein ganzes Wochenende in diesem wundervollen Häuschen vor dir. Das ist doch toll! – Toll? Die Party in der Strand-Bar heute Abend, die wäre toll! Da gibt's auch Natur: Wasser und aufgeschütteten Sand! Außerdem Gin Tonic, Musik und schöne Männer. Und keinen verfressenen Kater! – Oh Mann, Christiane, du hast dich für ein paar Tage Zurückgezogenheit entschieden. Jetzt steh dazu! Ist doch wirklich nicht zu viel verlangt, wenigstens einmal konsequent zu deiner eigenen Entscheidung zu stehen!«

Ich will mir gerade selbst widersprechen, aber da klingelt mein Handy. Es ist Leo, der mich fragt, ob ich Lust hätte, mit ihm und ein paar Freunden ins Open-Air-Kino zu gehen.

»Ich kann nicht. Ich muss den Kater füttern!«, stöhne ich genervt ins Telefon.

»Den was?«

»Frag nicht!«

»Aber wir schauen ›Hangover II‹. Und du mochtest doch den ersten Teil so gern!«, versucht Leo mich zu locken.

»Danke für das Angebot. Aber der zweite Teil ist meistens eh schlechter als der erste. Außerdem muss ich jetzt endlich mal konsequent sein.«

»Wie du meinst«, gibt Leo nach. »Also, ich wollte es dir eigentlich persönlich sagen, aber dann eben jetzt: Sebastian und ich, wir sind wieder zusammen!«, sagt Leo und klingt dabei, als würde er die Oscar-Gewinner verkünden.

Statt in tosenden Applaus auszubrechen, ist mir eher nach Auspfeifen zumute, weshalb ich mich für gar keine Reaktion entscheide, was Leo hörbar enttäuscht.

»Schade. Aber ich habe mir schon gedacht, dass du dich nicht für mich freuen kannst. Na ja. Die einen sind konsequent, die anderen glücklich«, sagt Leo und legt auf.

Der hat gesessen.

Ein paar Stunden später sitze ich mit Oskar auf der Couch. Wir schauen eine »Tatort«-Wiederholung und sind beide nicht wirklich bei der Sache.

»Weißt du Oskar, das stimmt gar nicht, dass ich mich nicht freuen kann. Ich mag Sebastian sogar sehr gern. Ich hab einfach nur Angst, dass es auch diesmal nicht klappt und Leo wieder unglücklich wird. Und gerade schien es ihm doch wieder so gut zu gehen.«

Oskar schnurrt.

»Ja, vielleicht hast du recht. Könnte sein, dass es ihm nur wieder so gut ging, weil er Sebastian zurückhat. Na dann, hoffen wir einfach, dass es diesmal klappt, oder?«

»Miau!«

»Meinst du? Ja, wieso eigentlich nicht.«

Ich nehme Oskars Vorschlag an und schreibe Leo eine SMS: *Viel Glück. Ich hab dich lieb und freue mich für euch. Liebe Grüße von der Landpomeranze!*

Bevor ich an diesem Freitagabend ins Bett gehe, drehe ich eine ausgiebige Runde durch die einzelnen Zimmer, die sich über drei Stockwerke verteilen. Irgendwie fühlt sich das komisch an. Plötzlich bin ich – die 30-jährige Singlefrau – mitten in einem Kleinfamilien-Idyll gelandet. Obwohl das gar nicht zusammenpasst, stelle ich plötzlich so einige Parallelen fest. Zum Beispiel, dass Luise und Andreas den gleichen Tisch und das gleiche Bett haben wie ich. Nur, dass es sich hier um einen »Kinder, Essen ist gleich fertig!«-Tisch und um ein »Ehebett« handelt.

Doch nicht nur diese identischen Möbel irritieren mich. Das alles hier könnte auch mein Zuhause, mein Leben sein. Sogar der Mann zum Bett hätte meiner sein können. Denn ich hatte vor sehr vielen Jahren – und lange vor Luise – ein kurzes Liebesintermezzo mit Andreas. Doch in meinem jugendlichen Wahnsinn empfand ich ihn damals als zu wenig abenteuerlustig und zu »bodenständig« – was mit Anfang 20 für mich als absolutes Schimpfwort galt.

Luise und er lernten sich bei einer unserer legendären WG-Partys kennen, zu der ich ihn zwar eingeladen, aber dann den ganzen Abend ignoriert hatte. Bis heute behaupten beide, dass ich sie damals absichtlich verkuppeln wollte. Das entspricht nicht ganz der Wahrheit. Zugegeben, ich habe mich an ihrer entstehenden Freundschaft nicht gestört. Ich habe sie nämlich gar nicht bemerkt.

Irgendwann sahen Andreas und ich uns immer seltener, dafür er und Luise sich immer häufiger. Oft saß er in unserer Küche, und ich wusste nicht wieso. Als sie mir eines Tages ganz kleinlaut ihre Liebe gestanden, war ich vor allem darüber verblüfft, dass ich verblüfft war. Plötzlich war ganz klar, warum Andreas so oft in unserer Küche saß. Ich fühlte mich für den Bruchteil einer Sekunde in meiner Eitelkeit gekränkt (»Wie, der war gar nicht wegen mir da?«), musste dann über mich selbst lachen und freute mich für sie. Vielleicht auch deshalb, weil ich zu jener Zeit bis über beide Ohren in einen kurdischen Filmemacher verliebt war, der mich mit seinen abenteuerlichen Geschichten aus dem Flüchtlingslager zu beeindrucken verstand. Wie sich später herausstellte, war ich da nicht die Einzige.

»Muh!«, macht es erneut aus Jan-Jakobs Uhr. Was haben sich die beiden nur dabei gedacht, diesem süßen Kind so einen schrecklichen Namen zu geben? Scheint so, als sei man auch auf dem Land vor Trendnamen nicht gefeit.

☘

Am nächsten Morgen werde ich von den ersten Sonnenstrahlen und aufgeregtem Vogelgezwitscher geweckt. So, wie es mir die »Zitty« versprochen hat. Dann spüre ich etwas Haariges an meinen Füßen und freue mich sehr über das erste »Miau« des Tages.

»Guten Morgen, Oskarchen! Hast du gut geschlafen?«

Ich weiß, dass er mich nur liebt, weil ich ihn füttere, aber das ist wenigstens ehrlich. Und konsequent.

Auf dem Weg nach unten werfe ich ein paar Futtertabletten zu den Welsen rein und reinige anschließend, weil ich gerade so in Fahrt bin, das Katzenklo. Oskar freut sich so sehr, dass er gleich ein frisches Häufchen nachlegt. Essen, trinken, schlafen, ausscheiden. Was braucht ein Lebewesen mehr, um glücklich zu sein?

Die nächsten zwei Tage sind leise, einsam und wunderschön. Ich sprenge artig den Rasen, sammle Fallobst ein, ernte Johannisbeeren, gieße die Orchidee und tobe mich stundenlang auf dem Trampolin im Garten aus. Für Frühstück und Nachmittagskaffee habe ich diese kleine französische Bäckerei in der Nachbarschaft entdeckt, die das wunderbarste *pain au chocolat* herstellt, das ich je gegessen habe. Die Nachmittagsstunden verbringe ich an einem nahe gelegenen See in der Sonne und lese »Das Herz ist ein einsamer Jäger« von Carson McCullers, das ich seit Wochen unaufgeschlagen bei mir trage. Mein Handy habe ich auf lautlos gestellt. Ich gehe nur ran, wenn ich sicher sein kann, zu keinem Abendessen oder anderem städtischen Ereignis eingeladen zu werden, das mich in Versuchung führen könnte. Ab und an schreibe ich ein bisschen und zur Abenddämmerung sitze ich im Garten an dem Bistrotisch unterm Apfelbaum und genieße bei einem Glas Weißwein den Sonnenuntergang. So wie auch heute, an meinem letzten Abend auf dem Land, an dem ich gerade darüber nachdenke, ob es vielleicht doch an der Zeit sei, eine eigene Familie zu gründen.

Als mein Handy vibriert, kann ich der Versuchung nicht widerstehen und werfe einen verstohlenen Blick auf das Display.

SMS von Leo: *Kleine, wir lieben dich! In guten wie in schlechten Tagen. Komm wieder nach Hause!*

Ja, vielleicht gründe ich bald eine eigene Familie. Und vielleicht zieh ich mit der dann auch aufs Land. Aber bis dahin tun es ganz sicher auch ein verfressener Leihkater und meine lieben Freunde, die stets dafür sorgen, dass der Großstadt-Dschungel jegliches Naturidyll locker in die Tasche steckt.

SMS an Hannah: *Glück ist eine Überwindungsprämie! Die Orchidee blüht und gedeiht. Wenn du dich davon überzeugen willst, ich bin online!*
SMS von Hannah: *Ist die aus Plastik?*

Glück ist, im freien Fall Angst zu haben

> „Das höchste Glück des Menschen
> ist die Befreiung von Furcht."
>
> Walther Rathenau (1867–1922),
> Industrieller u. Politiker

Also irgendwie bin ich gerade gar nicht mehr glücklich. Mir ist so, ich weiß auch nicht, irgendwie so furchtbar langweilig!«

»Da warst du mal ein paar Tage auf dem Land und schon ist dir langweilig? Also ich würde einiges dafür geben, mich mal wieder so richtig langweilen zu dürfen. Stattdessen bin ich völlig genervt von allen Menschen.«

»Das klingt ja tragisch!«, stelle ich amüsiert fest. »Wie läuft es denn mit deinem neuen *love interest*, Mister July?«

»Ach der! Der nervt am allermeisten. Jetzt hat er ein Jobangebot in London bekommen. In London! Und dann fragt er mich, wie ich das fände!«

»Unverschämtheit!«, erzürne ich mich und grinse. Hannah findet das gar nicht komisch und schweigt.

»Ja und? Was hast du ihm geantwortet?«

»Dass er das selbst wissen muss.«

»Aber, das hat er gar nicht gefragt«, stelle ich fest, woraufhin Hannah ihre zusammengepressten Lippen von links nach rechts schiebt. Ich merke schon, so kommen wir hier nicht weiter.

»Hannah, magst du ihn denn?«

»Ja. Schon. Irgendwie. Aber was hat das denn damit zu tun?«

»Vielleicht wollte er nur wissen, ob es dir was ausmachen würde, wenn er nach London ginge.«

»Wir kennen uns gerade mal eineinhalb Monate! Da kann ich wohl schlecht verlangen, dass er wegen mir in Neuseeland bleibt.«

»Na ja, für deine Verhältnisse sind eineinhalb Monate doch ganz schön lange. Und vielleicht wollte er genau das hören.«

»Dann muss er mich genau das fragen!«

»Hat er doch. Nur indirekt.«

»Indirekte Fragen verstehe und beantworte ich nicht.«

Ach, die liebe Hannah steht sich aber auch immer selbst im Weg.

»Jetzt spring einmal über deinen Schatten und sag ihm, dass du ihn magst.«

»Sei mir nicht böse, aber ich bezweifle, dass ausgerechnet *du* die richtige Person bist, um mir Beziehungsratschläge zu geben! Manchmal läuft es einfach nicht so, wie man es sich vorstellt. Ich bin vom Leben genervt, du gelangweilt.«

Eigentlich will ich widersprechen. Aber Hannah hat recht. Mir ist langweilig und meine Suche nach dem Glück steht gerade an einem tragischen Tiefpunkt. Mein Job läuft gut, aber zu routiniert. Meine Verabredungen sind amüsant, aber nichtssagend. Mein Leben ist so geordnet, dass ich am liebsten alles hinschmeißen würde – nur um es anschließend wieder aufräumen zu dürfen. Einfach nur, damit endlich mal wieder was passiert. Ich meine, kann das schon alles gewesen sein? Festanstellung, 13. Monatsgehalt, Freizeitstress von Freitag bis Sonntagabend. Und sonst? Nichts als Routine! Ich will mal wieder was erleben!

»Pass auf: Ich mach dir einen Vorschlag: Wenn du über deinen Schatten springst, spring ich vom Park Inn Hotel!«

Das schlage ich natürlich nur deshalb so tollkühn vor, weil ich genau weiß, dass Hannah niemals über ihren Schatten springen würde.

»Aber dann bist du tot. Das finde ich jetzt ein bisschen übertrieben!«

Das hat Hannah nun wirklich falsch verstanden. Um diesen Vorschlag zu erläutern, muss ich ein bisschen ausholen und erzähle ihr von der Dokumentation, die ich auf ZDFneo gesehen habe: »Herr Eppert sucht das Glück![13]« Darin sucht – wie der Titel schon verrät – Herr Eppert, ähnlich wie ich, in einem Selbstversuch das Glück.

Herr Eppert und ich, wir haben sehr viele Gemeinsamkeiten. So war auch er bei seiner Suche nach dem Glück im Casino und wollte genauso wenig auf die Tipps der Spielexperten hören wie ich auf Jasmin. Ergo: Herr Eppert und ich, wir haben beide verloren.

So wie ich verbrachte auch Herr Eppert eine Zeit lang auf dem Land. Allerdings ging er dabei viel radikaler vor: Er wohnte ein Wochenende in dem Ökodorf »Sieben Linden«. Eine Bauwagen-Kommune, die sich ausschließlich von selbst angebauten Produkten ernährt und auf ihren Biotoiletten nur große Geschäfte zulässt, um den guten Dünger »Urin« an den richtigen Stellen einzusetzen, nämlich auf dem Feld.

Herr Eppert verzichtete bei seiner Recherche auch nicht darauf, in einer Psychiatrie manisch-depressive Menschen nach ihren Glücksgefühlen in manischen Phasen zu befragen, was ich eher als grenzwertig empfand, mich aber trotzdem zum Schmunzeln brachte und mir etwas Wichtiges über das Glück beibrachte: Glück in Überdosis ist ungesund und kann fatale Folgen haben – in finanzieller, gesellschaftlicher und gesundheitlicher Hinsicht.

Trotz allem, ich bewunderte Epperts konsequentes Vorgehen bei seiner sehr viel radikaleren – vielleicht auch weil auf das Fernsehen ausgerichteten – Suche nach dem Glück. So traf er sich auch mit dem berühmt-berüchtigten Jochen Schweizer – Stuntman und Wegbereiter des Bungee-Jumps, heutzutage bekannt als *der* Guru des Glückskicks. Er führte Interviews und durfte ihn einen ganzen Tag lang begleiten. Am Ende dieses Tages unterzog sich Eppert selbst einem Glückskick. Von den vielen Möglichkeiten, die ihm Schweizer bot, entschied sich der bescheidene Eppert gegen »Panzerfahren in Prag«, »Hubschrauber-Selberfliegen« und auch gegen »Expedition ins All« – was vermutlich sogar das ZDF-Budget gesprengt hätte. Stattdessen machte Herr Eppert House-Running und lief in waagerechter Position eine Hochhausfassade hinunter. So wie die Topmodels bei Heidi Klum, nur eben ohne High Heels. (Aufgeregt? Come on!).

Herr Eppert, ein junger sympathischer Mann, machte sich vorher fast in die Hosen vor lauter Angst und war danach völlig außer sich vor Adrenalin. Während ich Eppi dabei zusah, wie er von diesem Glückskick völlig high wurde, saß ich in meiner Alltagslangeweile vor dem Bildschirm, aß Chips und war plötzlich sehr, sehr neidisch auf Herrn Eppert.

»Da dachte ich, vielleicht bräuchte ich auch mal so einen Adrenalinkick«, erkläre ich Hannah.

»Ja, vielleicht. Ich habe mal Bungee-Jumping gemacht«, sagt Hannah und klingt dabei sehr gelangweilt.

»Aber warum?«

»Ich weiß nicht. Das haben damals alle gemacht.«

Na, das leuchtet ein.

»Also, das kann ich nicht«, gebe ich sofort zu. Ich bin ein Angsthase. Ich schaffe es nicht mal, vom Fünf-Meter-Turm zu springen. Aber als ich mich so zum Spaß durch das Jochen-Schweizer-Programm geklickt habe, bin ich eben auf Base-Flying gestoßen: 100 Meter freier Fall vom Park Inn Hotel. Der Vorteil ist, man muss nicht springen. Man hängt schon in der Luft und wird einfach nur fallen gelassen. Das ist wie Karussell fahren, nur ohne Karussell.«

»Dann musst du ja selbst gar nichts machen« stellt Hannah enttäuscht fest.

»Na ja. Schon. Anmelden, bezahlen und hingehen. Aber wenn das schiefgeht …«

»… dann geht das so schnell, dass du das eh nicht mehr mitbekommst«, sagt Hannah und grinst.

»Sehr beruhigend.«

»Ach Quatsch. Da passiert nichts. Das Risiko gehen die auch nicht ein. Aber ich schätze, einfach nur 100 Meter zu fallen ist vielleicht etwas langweilig«, findet Hannah.

»Langweilig? Sich aus 100 Meter Höhe zu stürzen ist alles Mögliche: verrückt, völlig pervers. Aber bestimmt nicht langweilig!«

»Na bitte. Dann hast du ja jetzt etwas gefunden, um deine Langeweile zu bekämpfen!«

Ich bin mir nicht sicher, ob es der richtige Weg ist, das Glück finden, indem ich meinem Körper seinen eigenen Tod vorgaukele. Allerdings, vielleicht will ich mich einfach nur drücken, weil ich wahnsinnige Angst habe. Und womöglich kann mich gerade die Überwindung dieser Angst stärker und damit auch glücklicher machen? Und noch dazu: Hannahs Liebesleben auf Vordermann bringen, die dann schließlich auch über ihren Schatten springen müsste.

Die nächsten Tage quäle ich mich mit diesem Gedanken und sehe mir immer wieder Youtube-Videos von Leuten an, die Base-Flying machen. Dazu höre ich »Jump« von Kriss Kross, weniger um mich einzustimmen, als vielmehr, um die Angstschreie dieser Menschen zu übertünchen. Allein vom Zusehen wird mir ganz schlecht. Dennoch, der Gedanke, mich dieser Angst zu stellen, reizt mich. Ich fürchte, das wäre genau die Herausforderung, nach der ich mich gerade sehne: eigene Grenzen überwinden. Vielleicht würde auch schon ein Zahnarztbesuch ausreichen, der auf meiner Angstskala ebenso ziemlich weit vorne rangiert ...

Aber dann fällt mir wieder ein, was mir mein bester Freund Tom auf meine E-Mail-Umfrage zum Thema Glück geschrieben hat: *Glück ist, im freien Fall keine Angst zu haben*. Und Tom hat meistens recht. Leider.

✿

Samstagnachmittag stehe ich mit Tom vor dem Park Inn Hotel am Alexanderplatz. Wir legen unsere Köpfe in den Nacken und schauen nach oben. Dann sieht Tom mich an.

»Christiane, bei diesem Anblick stellt sich mir nur eine einzige Frage!«

Ich sehe ihn an und wir sagen gleichzeitig: »Warum?«

Tatsächlich ging mir eben genau diese Frage durch den Kopf: Warum um alles in der Welt sollte man sich da runterstürzen? Und warum sollte *ich* das tun? Doch ich fürchte, ich habe auch schon eine Antwort parat: »Genau das gilt es herauszufinden!«

»Findest du nicht, du übertreibst ein bisschen bei deiner Suche nach dem Glück?«

»Nein. Ich finde, man darf nicht kneifen, wenn es unangenehm wird. Schau mal, Herr Eppert hat auch nicht gekniffen.«

»Herr Eppert ist mir scheißegal. Ich will nicht, dass du da runterspringst!«

»Aber du hast doch geschrieben: *Glück ist, im freien Fall keine Angst zu haben*!«, zitiere ich seine Worte.

»Und deswegen machst du das?«, fragt Tom erstaunt nach.

»Auch!«

»Hätte ich das gewusst, hätte ich geschrieben, Glück ist, seinen besten Freund zum Essen einzuladen!«

209

»Das probieren wir gleich danach aus. Vorausgesetzt … es gibt ein Danach.«

An der Rezeption von Jochen Schweizer muss ich zuallererst auf die Waage. Zu meinem Entsetzen bringe ich fast 60 Kilo zustande, was ich sofort damit erkläre, dass meine Lederjacke bestimmt allein schon zehn Kilo wiegen würde. Die Damen an der Rezeption werfen sich einen verunsicherten Blick zu und sagen, dass es besser wäre, sogar noch mehr zu wiegen. Gerade an so windigen Tagen wie heute. Ich nehme Tom seine Jacke ab, ziehe sie mir zusätzlich über und löse leichenblass mein Ticket für den freien Fall.

Im Fahrstuhl auf dem Weg in das 34. Stockwerk liest Tom aus dem Jochen-Schweizer-Prospekt vor: »Während Sie beim Base-Flying in die Tiefe jagen, schießt Ihr Adrenalinspiegel in ungeahnte Höhen! Beim Base-Flying fliegen Sie, angeseilt an eine Spezialkonstruktion, 98 Meter vom Dach des Park Inn Hotels hinunter. Dabei erreichen Sie beinahe Freifallgeschwindigkeit und werden erst in letzter Sekunde automatisch abgebremst.«[14]

»Ich dachte, es wären 100 Meter«, stelle ich großspurig fest.

»Komisch, da steht gar nichts von Glück«, sagt Tom

»Aber Adrenalin ist ein Glückshormon!«, gebe ich zu bedenken.

Tom schüttelt verächtlich den Kopf: »Adrenalin ist ein Neurotransmitter. Ein Gehirn-Botenstoff, der den Körper ganzheitlich aktiviert. Das heißt, Blutgefäße werden verengt, um zum Beispiel bei Verletzungen möglichst wenig Blut zu verlieren. Das Immunsystem wird aktiviert. Muskeln werden angespannt. Und so weiter. Mit anderen Worten: Der ganze Körper wird auf Kampf oder Flucht programmiert. Das hat mit Glücksgefühlen rein gar nichts zu tun.«

»Woher weißt du denn so was?«

»Das ist Allgemeinbildung. Na gut, steht auf Wikipedia.«

Die Aufzugtür öffnet sich. Wir steigen aus und legen die restlichen Stockwerke zu Fuß zurück, während Tom mit seinem biochemischen Vortrag fortfährt: »Dopamin und Serotonin: Das sind Glückshormone. Und die kannst du schon mit etwas Bewegung, Licht oder Nahrung erzeugen. Zum Beispiel mit Fisch, Pilzen oder Nüssen!«

»Wenn du schon so viel weißt, dann sag mir doch noch: Wieso springe ich gleich hier runter?«

»Keine Ahnung!«, sagt Tom. »Das stand auf Wikipedia nicht! Aber ich schätze, weil du es dir in deinen Sturschädel gesetzt hast!« Tom umarmt mich und ich weiß nicht, ob ich lachen oder weinen will.

Inzwischen sind wir auf der Dachterrasse angekommen und »genießen« den schwindelerregenden Blick über Berlin. Eigentlich würde mir das als Glückskick für heute schon ausreichen. Allein die Vorstellung, hier runterspringen zu müssen, löst derartige Adrenalinschübe bei mir aus, dass ich es gut und gern dabei belassen könnte.

Tom scheint meine Zweifel zu bemerken: »Komm, Christiane. Lass uns nach Hause fahren und zusammen ein paar Nüsschen essen. Okay?«

»Ich fürchte, mit Nüsschen ist es diesmal nicht getan. Eine Frau, die das Glück sucht, muss springen, wenn sie springen muss.«

»Christiane! Du musst das nicht tun! Ein denkender Mensch ändert seine Meinung!«, sagt Tom.

»Aber dann wäre ich ein feiger denkender Mensch!«

»Lieber ein Feigling als ein Leichnam!«, sagt Tom.

»Feigheit verlängert das Leben nicht!«, sage ich.

»Wo hast du denn solche Sprüche her?«

»Wikipedia?«

»Bist du die Nächste?«, fragt mich ein glatzköpfiger, attraktiver Mann in Jochen-Schweizer-Jacke.

»Ich fürchte ja«, sage ich.

Tom und ich folgen ihm widerwillig. Dabei halten wir Händchen, was mir ein bisschen peinlich ist, weil ich inzwischen ganz schöne Schweißhände habe.

Der sportliche Mann weist mich an, mir einen der weißen Ganzkörperanzüge überzuziehen, der mich an die »Tatort«-Jungs von der Spurensicherung erinnert. Ich ziehe den Reißverschluss zu und grinse bei der Vorstellung, diesen Mann gleich mal auf Spermaspuren zu untersuchen.

»Heute ist es ein bisschen windig!«, sagt er und mein Grinsen legt sich sofort. »Musst du denn unbedingt heute springen?«

»Na, du machst mir Spaß! Wenn ich heute nicht springe, komme ich nie wieder! Was kann mir denn im schlimmsten Fall passieren?«

»Beim Flug gar nichts. Die Frage ist nur, ob die dich da unten bei diesem Wind so schnell aus den Seilen bekommen.«

»Ach, wenn ich doch nur schon unten wäre!«, sage ich und bemerke, dass mir plötzlich gar nicht mehr langweilig ist.

»Du siehst nicht gerade aus, als würdest du das gern tun!«, stellt der schlaue Mann fest. »Hast du eine Wette verloren?«

»Nein. Ich suche das Glück!«, sage ich und komme mir ziemlich bescheuert dabei vor. »Bist du auch schon mal gesprungen?«, frage ich weiter, um mich selbst abzulenken.

»Bist du verrückt!«, sagt er.

Tom und ich sehen ihn entsetzt an.

»Na klar!«, lacht er. »Ich kann dir gar nicht sagen wie oft. Macht echt Spaß!«

Was die immer alle mit ihrem Spaß haben? Das nächste Mal suche ich Spaß, nicht Glück. Denn der scheint irgendwie leichter auffindbar zu sein.

Ich steige in einen Gurt und werde für eine Trockenübung über festem Boden, noch weit weg vom Höllenschlund, an einen Haken gehängt.

»So, jetzt leg mal deine Hände auf meine Schultern!«

Aber gern doch. Der Mann lässt mich langsam in die Waagerechte. So, dass ich 30 Zentimeter über dem Boden baumle.

»Und? Bequem?«, will er wissen.

»Na ja, bequem ist anders. Aber auszuhalten.«

»Tja, manche Leute bauen sich solche Konstruktionen zu Hause nach«, sagt er augenzwinkernd, als er mich wieder aufrichtet.

»Meinst du für so spezielle Sexpraktiken?«, frage ich verblüfft nach.

Tom lacht und der Mann auch. Ich muss mitlachen und vergesse für einen kurzen Moment meine Panik.

Dann hakt er mich an einem anderen Seilzug fest. Ich frage ihn, ob er den Karabiner auch gut zugemacht habe. Er schüttelt den Kopf und grinst. Ich grinse gequält zurück. Dann umarmt mich Tom und ich merke, dass es ernst wird. Denn er drückt mich so fest, als würde er das heute zum letzten Mal tun.

»Und jetzt nicht sterben, nur um dich vor deiner Essenseinladung zu drücken!«, flüstert Tom in mein Ohr.

»Hab ich nicht vor. Aber wenn, sorg bitte dafür, dass posthum mein Wikipedia-Eintrag aktualisiert und mein Manuskript zur Glückssuche unvollendet veröffentlicht wird. Ich liebe dich.«

»Ich liebe dich auch!«

»Süß!«, sagt der Jochen-Schweizer-Mann. »Wenn ihr dann so weit wärt, könnten wir. Bitte folgen Sie mir, junge Frau!«

Wir betreten ein Aluminiumgestell, das vom Dach des Park Inn eine Art Rampe bildet. Vorne angekommen, sehe ich zum ersten Mal wirklich nach unten, in die Tiefe. In diesem Moment fängt alles an, sich zu drehen. Mir war nie bewusst, dass ich Höhenangst habe. Vermutlich deshalb, weil ich noch nie besonders hoch hinaus gekommen bin. Nur eben einmal auf den fünf Meter Sprungturm, den ich so verlassen wie betreten habe: über die Leiter. Doch jetzt, in diesem Moment wird mir klar, dass ich unter enormer Höhenangst leide.

»Da soll ich runter? Was sind denn das für kleine Punkte?«

»Das sind Menschen!«

Alles dreht sich.

»Das geht nicht!«, sage ich entschieden. »Tut mir leid, aber ich kann das nicht. Das ist doch völlig pervers!«

»Schau mal da hinten«, sagt der Mann und deutet Richtung Horizont.

Ich bin käseweiß und starre Richtung Unendlichkeit.

»Wo kommst du ursprünglich her?«

Obwohl ich finde, dass das eindeutig der falsche Moment für Small Talk ist, antworte ich ganz automatisch mit: »Aus Ingolstadt.«

»Ingolstadt? Da ist es nicht so hoch, ne?«

Ich muss lachen und sage dann, ganz entschieden: »Ich werde nicht springen. Ich kann das nicht.«

»Aber du musst doch gar nichts machen.«

Komisch, genau das Gleiche hat Hannah auch gesagt.

»Leg mal die linke Hand auf das Geländer.«

Ich lege meine Hand auf das Geländer.

»Das andere links!«

Also, auf meine Links-rechts-Schwäche kann ich mich nun wirklich nicht mehr konzentrieren. Dann eben die andere Hand.

»Und die zweite auf die andere Seite!«

Ich bin der festen Überzeugung, da nicht runterzuspringen, folge aber trotzdem seinen Anweisungen. Vermutlich vor lauter Angst, sonst versehentlich und vorzeitig abzustürzen. Und ehe ich mich versehe, hebt der Mann meine Beine und schiebt mich in der Luft hängend ein ganzes Stück nach vorne. Ich stehe unter Schock und wehre mich nicht. Meine Hände umklammern immer noch das Geländer.

»So, jetzt breite mal die Arme aus!«

»Ich muss also doch was machen«, denke ich und nehme ganz langsam die linke Hand vom Geländer, greife wieder zurück und lasse erneut los. Dann rechts. So hänge ich da, 100 Meter über dem Alexanderplatz, mit ausgebreiteten Armen, Gesicht nach unten. Ich will etwas sagen. Ich will schreien, dass er mich wieder zurückziehen soll. Dass ich nie im Leben hier runterfallen werde. Aber ich bin starr vor Angst und kriege zum ersten Mal in meinem Leben den Mund nicht auf.

Ich spüre, wie er meine Beine loslässt. Mein Herz droht, stehen zu bleiben. Ich denke nur zwei Worte: Bitte nicht!

Und höre: »Guten Flug!«

Aaaaaaaaaaaaaaaaaaaaaaaaaaaahhhhhhhhhhhhhhhhhhhhhhhh … … … … … … … … Aaaaaaaaaaaaaaaaaaahhhhhhhhhhh … … … …

SMS an Hannah: *Ich hab's getan! Das waren die längsten acht Sekunden meines Lebens. Jetzt bist du dran: Spring über deinen Schatten! Sag ihm, dass du ihn magst!*
SMS von Hannah: *Wenn dich das glücklich macht …*

Glück ist „Menschen, Tiere, Sensationen!"

„Willst du glücklich leben, hasse niemanden
und überlasse die Zukunft Gott."

Johann Wolfgang von Goethe (1749–1832),
Universalgelehrter und Dichter

Ich kann nicht glauben, dass du das wirklich gemacht hast!«, stellt Hannah verblüfft fest.

»Ich auch nicht!«, sage ich und grinse stolz in das Videofenster. »Und wenn ich jetzt nur daran denke, dass ich das gemacht habe, bekomme ich immer noch Herzrasen und feuchte Hände.«

»Und? Ist deine Langeweile damit verflogen? Bist du glücklich?«

»Irgendwie schon! Das Gefühl währenddessen war einfach nur Todesangst. Todesangst und Unfassbarkeit. Und danach war ich so erleichtert und irgendwie, ja, auch ein bisschen stolz auf mich. Das hat mich glücklich gemacht: dass ich etwas getan habe, was ich mir selbst nie zugetraut hätte!«

»Vielleicht hätte es auch schon gereicht, deine Steuererklärung selbst zu machen!«

»Vielleicht«, gebe ich zu. »Aber das wäre vermutlich noch nervenaufreibender geworden.«

216

»Weißt du, was komisch ist?«, fragt Hannah. »Mein Chef hat mich gestern gefragt, ob ich glücklich sei.«

»Damit habe ich nichts zu tun!«, weise ich sofort jegliche Schuld von mir. Sie lacht. »Und? Was hast du gesagt?«

»Ich habe ihn erst mal gefragt, wie er das jetzt meinen würde? Und er so: ›Einfache Frage, drei Worte: Are you happy?‹ Und ich so: ›Of course!‹ Das war natürlich gelogen. Aber die Wahrheit will hier ja keiner hören.«

Ich schon: »Was wäre denn die Wahrheit gewesen?«

»Na, zum Beispiel dass mich all die Überstunden gar nicht glücklich machen. Vor allem, da ich trotz Überstunden zu keinen Ergebnissen komme und deshalb ausgesprochen unglücklich bin. Dass, wenn ich vorher gewusst hätte, wie mies meine Ergebnisse wären, nämlich nicht vorhanden, ich diese Stelle gar nicht erst angetreten hätte!«

»Vielleicht bist du einfach nur zu ungeduldig«, spekuliere ich. »Einstein hat die Relativitätstheorie doch auch nicht über Nacht erfunden.« (Das weiß ich zwar nicht, aber behaupte ich jetzt mal). »Und *keine Ergebnisse* sind auch Ergebnisse. Zumindest in der Forschung. Oder?«

»Na ja. Ich weiß nicht. Ich weiß nur, dass mein Job gerade ziemlich frustrierend ist. Das hatte ich mir anders vorgestellt. Erfolgreicher.«

Ich muss lachen.

»Weißt du, früher, als ich ein Kind war, dachte ich immer, wenn ich erwachsen bin, also so Anfang oder Mitte zwanzig, dann wäre ich so eine Frau, die erfolgreich ist. Eine erfolgreiche Frau, die Pumps und Bluse trägt. Die ihre zwei immer fröhlichen Kinder ebenso gut gelaunt von der Schule abholt und dann in ihrer gemütlichen Bauernküche ihrem bezaubernden Ehemann – eine Mischung aus Elvis Presley und David Hasselhoff – Maultaschen zum Mittagessen zaubert!«

»David Hasselhoff?«

»Ja, mein ausgesprochen schlechter Männer-Geschmack hat sich schon früh manifestiert.«

»Vielleicht warst du auch nur scharf auf sein Auto?«, vermutet Hannah und wir sagen gleichzeitig: »K.I.T.T. hol mich hier raus!«

»Was ich damit sagen will, ist Folgendes: Wenn ich früher gewusst hätte, dass ich im Alter von 30 Jahren immer noch Turnschuhe trage, dass mir immer noch keine Blusen stehen und ich kinderloser Single bin, hätte mich das möglicherweise entmutigt. Und ganz ehrlich: So schlecht ist das gar nicht. Immerhin blieben mir die Bauernküche und Maultaschen-Kochen für Hasselhoff erspart!«

»Aber vielleicht hättest du dich mit diesem Wissen auch an der einen oder anderen Stelle anders entschieden. Gegen die Turnschuhe und für die Bauernküche, samt Mann.«

»Na, das sagt die Richtige. Was ist eigentlich mit deinem Mr London?«

Hannah erklärt ausweichend, dass sie noch nicht dazu gekommen sei, über ihren Schatten zu springen, woraufhin ich sie erinnere, dass wir einen Deal hatten. Einen Deal, bei dem ich eindeutig den schwierigeren Part abbekommen und auch absolviert habe. Hannah findet, das sei albern, und ich finde, dass eine Frau zu ihrem Wort stehen sollte und ich eigentlich sehr viel Wichtigeres zu tun hätte, als mit ihr zu skypen. Verräterin!

☘

In den nächsten Tagen muss ich immer wieder über unser Gespräch nachdenken. Auch wenn ich mein Leben im Großen und Ganzen sehr gut leiden kann, frage ich mich jetzt, ob ich möglicherweise tatsächlich Chancen verpasst habe. Vielleicht habe ich mich doch so manches Mal »falsch« entschieden?

Um eines klarzustellen: Natürlich bin ich überzeugter Single, so wie alle alleinstehenden, »emanzipierten«, berufstätigen Frauen in meinem Alter. Wir sind ungebunden und frei, können im Bett quer liegen, das TV-Programm selbst bestimmen, uns tagelang vom Pizzalieferanten oder wahlweise gar nicht ernähren. Wir essen nur Fleisch, wenn es in einem asiatischen Gemüse-Gericht versteckt ist. Wir ignorieren wochenlang die Schmutzwäsche und bleiben über Nacht weg, wann immer wir Lust dazu verspüren (mit Betonung auf *Lust* und *spüren*!).

Trotzdem war das anders geplant, zumindest als ich elf war und mich zwischen David und Elvis nicht entscheiden konnte. Vielleicht auch noch später, als ich meine Jugendliebe nach einem Auslandsjahr verließ, und noch viel später, als auch langjährige Partnerschaften auseinandergingen, weil man unterschiedliche Vorstellungen von einer gemeinsamen Zukunft hatte.

Wenn ich es mir so recht überlege, hat das Nachdenken über die Zukunft eigentlich doch auch immer meine Gegenwart stark beeinflusst. Und tatsächlich stellt sich mir nun doch die Frage, was gewesen wäre, wenn ich früher, mit elf, von meinem jetzigen Dasein als 30-jährige Turnschuhfrau gewusst hätte? Hätte das etwas geändert? Hätte ich dann mit elf schon angefangen, Pumps zu tragen? Für meine Füße wäre das nicht gut gewesen. Aber ob mein Leben grundsätzlich besser oder schlechter wäre, wenn ich andere Entscheidungen getroffen hätte, ist schwer zu sagen. Eines steht jedoch fest: Es wäre anders. Ganz anders.

Und so kommt es, dass ich mich entscheide, mir einen Wissensvorsprung gegenüber mir selbst zu verschaffen. So wie in Krimis, in denen der Zuschauer schon mehr weiß als der Ermittler – oder das Opfer. Denn vielleicht muss ich nur zum auktorialen Erzähler meiner eigenen Geschichte werden, um das Glück zu finden.

Da ich selbst leider nicht in der Lage bin, die Zukunft vorherzusehen, brauche ich dringend professionelle Hilfe und mache mich sofort auf die Suche nach Menschen, die so etwas können. Und ich muss sagen, es ist geradezu erstaunlich, wie viele Menschen allein in Berlin ihr Geld damit verdienen, anderen die Zukunft vorauszusagen. Da ich mich mal wieder nicht entscheiden kann, wem ich nun mein Schicksal überlassen möchte, schreibe ich mehrere Vertreter dieser Berufsgruppe mit folgender Nachricht an:

Guten Tag, meine Name ist Christiane Hagn, ich bin 30 Jahre alt und auf der Suche nach dem Glück. Da ich mich manchmal frage, ob ich glücklicher wäre, wenn ich wüsste, was noch kommt (ob da noch was kommt!), oder ob ich mein Glück, sobald ich über die Zukunft etwas besser Bescheid wüsste, sogar zielsicher selbst in die Hand nehmen könnte, habe ich mich entschieden, einen Hellseher oder Wahrsager aufzusuchen (Gibt es da einen Unterschied? Wenn ja: Was sind Sie?). Ich würde mich sehr freuen, wenn Sie sich meiner annehmen würden. Herzliche Grüße, die Glückssucherin Christiane.

Leider waren die Reaktionen auf meine, wie ich fand, sehr herzliche und offene Mail, eher enttäuschend. Zum Beispiel schrieb mir eine Frau folgende Zeilen:

Sehr geehrte Frau Hagn, herzlichen Dank für Ihr Interesse. Leider kann ich Ihnen nicht behilflich sein. Menschen, die sich an mich wenden, suchen in der Regel nicht Glück, sondern einen Weg, eine schwierige Lebenssituation zu bewältigen. Aus meiner langjährigen Erfahrung rate ich den Menschen, eine Wahrsagerin nur dann aufzusuchen, wenn sie feststecken. Oder aber, wenn es so schlimm ist, dass es nur besser werden kann.

Was soll das denn heißen: Ruf mich erst an, wenn du echt am Arsch bist und ich dich mit guten Nachrichten wieder aufbauen soll? Ich suche doch niemanden, der mir Honig um den Mund schmiert, um mich zu trösten. Denn dann könnte ich auch meine Mutter anrufen. Ich suche Wahrheit. Klartext für die Zukunft.

Eine andere antwortet mir, dass sie leider nicht mehr in der Stadt sei, mich aber gern telefonisch beraten würde, was für mich sofort nach faulem Zauber klingt. Ich suche weiter und rufe eine – nach ihrem Internetauftritt zu urteilen sehr bekannte – Hellseherin aus Berlin-Dahlem an. Sie ist sehr freundlich und erzählt mir am Telefon stolz, dass sie schon Abtreibungen verhindert und verlorene Papageien wiedergefunden hätte. Mein Einwand, dass ich weder schwanger sei, noch einen Papagei suche, wird von ihr wie folgt beantwortet: »In diesem Fall würde ich Ihnen 50 Prozent Rabatt geben und Ihnen 30 Minuten für 150 Euro anbieten!«.

Ich kann mir nicht helfen. Aber ich fühle mich verarscht.

Schließlich finde ich doch noch eine Hellseherin, die sich bereit erklärt, sich meiner anzunehmen, auch ohne Papagei und Schwangerschaft. Sie heißt Madame Evelyn und klingt am Telefon schon mal sehr sympathisch. Zumindest habe ich bei ihr nicht sofort den Eindruck, mich verwählt zu haben und versehentlich in der geschlossenen Abteilung der Charité gelandet zu sein.

Madame Evelyn warnt mich vor: »Weißt du, liebe Christiane, der Weg zu einem hellsichtigen Menschen muss nicht unbedingt Glück bedeuten. Das kommt ganz auf das Schicksal an. Vielleicht werde ich auch Dinge sehen, die dir gar nicht gefallen oder dich gar erschrecken. Überlege dir also gut, meine liebe Christiane, was du wirklich wissen möchtest!«

Ich fühle mich gewarnt und verspreche ihr, darüber nachzudenken. Wir verabreden uns für Ende der kommenden Woche in ihrer Wohnung in Berlin-Kreuzberg.

Da mich Madame Evelyn gebeten hat, ihr vorab einige meiner Fragen und ein Foto von mir zukommen zu lassen, mache ich mir sofort Gedanken und entscheide mich dafür, sie zu bitten, mir nichts darüber zu verraten, wie lange ich noch zu leben habe. Denn im Zuge meiner Recherche habe ich gelesen, dass solche Vorhersagen Menschen auch unbewusst in den Tod treiben können. Entweder, weil es sie derart nervös macht, dass sie beispielsweise völlig unüberlegt mitten auf der Autobahn aussteigen, oder weil sie ein prophezeiter später Tod zu waghalsig leben lässt und sie dadurch früher als vorhergesehen das Zeitliche segnen.

Daher wähle ich für meine Fragenstellung eher profane Dinge aus wie: »Werde ich beruflich erfolgreich sein?« Oder: »Werde ich endlich die große Liebe finden? Einen Mann, der nicht sofort aufgibt, wenn es mit mir mal wieder schwierig wird?« Genauso wie: »Werde ich Kinder haben?«, »Stehen große Veränderungen an? Sind diese positiv oder negativ?«, bis – natürlich – hin zu: »Werde ich ein glückliches Leben führen?«

Ich hänge das verlangte Foto an meine Mail an Madame Evelyn an und fiebere von nun unserem geplanten Treffen entgegen.

Vier Tage später und zwei Stunden vor unserem Treffen sagt mir Madame Evelyn ab. Per SMS! Sie sei gesundheitlich leider unpässlich. Ich schreibe zurück und frage, ob sie das nicht hätte vorhersehen können, aber sie antwortet nicht mehr.

Sofort muss ich meiner Enttäuschung Luft machen und rufe Leo an: »Madame Evelyn hat abgesagt!«

»Wer?«, fragt Leo verwirrt nach.

»Meine Wahrsagerin!«

»Deine was?«

»Ach egal. Was machst du denn heute? Hast du Zeit?«

»Also, Sebastian und ich gehen gleich auf den Rummel. Komm doch mit!«

Rummel? Dieses Wort kenne ich nur aus historischen Romanen oder Schwarz-Weiß-Filmen.

»Meinst du Volksfest?«

»Da wo ich herkomme, sagt man Rummel. Oder Rummelplatz!«, lacht Leo. »Aber nenn es, wie du willst, Hauptsache, du kommst mit!«

»Also, ich weiß nicht«, sage ich zögerlich. »Was soll ich denn da?«

»Na, mit uns *Wilde Maus* und *Geisterbahn* fahren, Zuckerwatte essen und auf Scheiß schießen, den man nicht braucht!«

Das leuchtet ein. Leos Worte erinnern mich daran, dass mich Volksfeste als Kind immer sehr glücklich gemacht haben. Der Duft von gebrannten Mandeln, die bunt blinkenden Fahrgeschäfte, die auch rückwärts können, und Losstände, an denen jedes Los gewinnt. Jedes Los! Das ließ mein Kinderherz stets höher schlagen. Später natürlich auch die coolen Jungens am Autoscooter, die uns ihre pubertäre Zuneigung dadurch zeigten, dass sie uns frontal rammten. Und zwar mit Karacho. Kinder, was war das aufregend! Damals wusste ich noch nicht, dass sich das Balzverhalten des anderen Geschlechts ab diesem Stadium nicht mehr wirklich weiterentwickeln würde. Damals hatte ich noch Hoffnung.

Ich werde mitgehen. So kann ich wenigstens sehen, ob mich das als Kind empfundene Glück auch heute noch glücklich machen kann. Schließlich sagte Freud: »Glück ist die Erfüllung von Kinderwünschen.« Und wenn ich die Zukunft nicht in die Gegenwart holen kann, dann wenigstens die Vergangenheit.

»Okay. Ich komm mit!«

»Toll!«, freut sich Leo. »Schießt du uns dann eine Rose?«

Sieht so aus, als hätte sich seit damals doch so einiges geändert.

✿

»Noch mal! Noch mal!«, ruft Sebastian, als wir die dritte Fahrt *Wilde Maus* hinter uns haben. Ich schüttle entschieden den Kopf.

»Auf keinen Fall!«

»Geht's dir nicht gut?«, fragt Leo. »Du bist ein bisschen grün im Gesicht! Willst du was essen?«

»Oh ja! Geil! Zuckerwatte!«, ruft Sebastian und klatscht aufgeregt in die Hände.

»Wenn ich jetzt Zuckerwatte essen muss, kotz ich!«, sage ich.

»Vielleicht was anderes?«, schlägt Leo diplomatisch vor. »Gebrannte Mandeln?«

»Schlecht für die Zähne!«, sage ich.

»Schokobanane?«

»Kalorienbombe!«

»Also Christiane. Ich glaube nicht, dass die hier Blattsalat haben«, sagt Sebastian und ich fürchte, er hat recht. Ich lasse mich zu einer Portion Pommes ohne Mayo überreden und versuche, etwas weniger die Spielverderberin zu geben. Als Wiedergutmachung schlage ich vor, den beiden jetzt eine Rose zu schießen, wobei ich der Frau am Schießstand großmäulig erkläre, dass ich mit elf Jahren die absolute Jahrmarkt-Schützenkönigin war.

»Na, viel älter sind Sie doch heute auch nicht!«, sagt sie.

Ich muss lachen und schieße sofort daneben.

»Vergiss die Rose!«, sagt Sebastian. »Schieß uns die Kondome!«

Etwas verwundert folge ich Sebastians Finger, der auf etwas zeigt, was ich ehrlich gesagt für Lollis gehalten habe. Auch wenn ich es nicht für die beste Idee halte, Kondome zu benutzen, die auf einen Plastikstiel gespießt tagtäglich unter Beschuss stehen, tue ich, wie mir geheißen. Ich ziele, schieße und treffe! Ich gebe zu, das hat Spaß gemacht.

Wir schlendern weiter, ziehen ein paar Lose und verlieren. Nichts als Nieten. Vorbei sind die Zeiten, in denen jedes Los ein Treffer war. Wirtschaftskrise.

Wir probieren weitere Fahrgeschäfte aus, wobei uns das Spiegelkabinett zu Tode langweilt und uns die Geisterbahn in Angst und Schrecken versetzt. Beim Autoscooter weigern sich Leo und Sebastian. Das sei ihnen zu »schwul«. Aha.

»Schau mal, Christiane. Da hast du ja deine Madame Evelyn«, sagt Leo und deutet auf ein kleines buntes Zelt. Davor steht eine Tafel: »Kartenlegen – Tarot«.

»Oh super. Dann komm ich doch noch zu meiner Zukunftsprognose!«, freue ich mich und stürme Richtung Zelt.

»Also, ich weiß nicht«, sagt Sebastian. »Da steht: ›Jede Frage 5 Euro. Partnerschaft, Beruf et cetera 10 Euro.‹ Was soll das denn? Und was meinen die mit et cetera? Gesundheit? Geld? Tod?«

»Ja. Und Glück bestimmt auch. Aber glaubt mir. Das ist ein Schnäppchen im Vergleich zu den handelsüblichen Preisen.«

In diesem Moment kommt ein Afrikaner in einem roten, traditionell aussehenden, na ja, Kleid, auf uns zu.

»Wollt ihr etwas über eure Zukunft erfahren?«, fragt er und setzt sich einsatzbereit an seinen kleinen Tisch vor dem Zelt.

»Nein«, sagt Sebastian und schiebt mich nach vorne. »Wir nicht. Nur sie!«

Ich nicke eifrig und setze mich dem Mann gegenüber an den Klapptisch.

»Ja. Also, ich hätte da viele Fragen. Aber ich denke, angesichts Ihres Preissystems könnte ich das auch ganz gut in einer einzigen Frage formulieren.«

»Bestimmt ist das eine Frage über die Liebe?«, vermutet der sehr fröhliche und geschäftstüchtige Mann.

»Na ja, das weiß ich nicht. Ich möchte gern wissen, ob ich in der Zukunft glücklich sein werde. Gern auch mit Liebe.«

»Glücklich. Ah, das ist eine supergute Frage!«, sagt er und beginnt, die Karten zu mischen. Anschließend legt er sie zu einem Halbkreis aus.

»Dann denke jetzt bitte ganz fest an deine Frage und ziehe dabei zehn Karten.«

Ich folge der Anweisung und ziehe die Karten, während ich ganz fest an »Glück« und ein bisschen an »Liebe« denke. Er legt die verbliebenen Karten zur Seite, nimmt meine zehn gezogenen und legt diese systematisch aus.

»Ah. Das Gericht!«, sagt er, als er die erste Karte aufdeckt. »Diese Karte steht für deine Ausgangssituation und ist sehr gut. Denn ›das Gericht‹ steht für Neubeginn, für eine neue Phase. Das Ende einer Leidenszeit steht bevor!«

»Wurde aber auch Zeit!«, freue ich mich. »Und das passt! Schließlich habe ich gerade meine Festanstellung gekündigt!«

»Du hast was?«, fragt Leo bestürzt nach.

»Gekündigt. Ich bin jetzt feste Freie, zumindest für die nächsten Monate. Toll, oder?«

»Und danach?«

»Mal sehen. Vielleicht wissen wir gleich mehr«, sage ich mit Blick auf die Karten und sehe zu, wie der Mann die restlichen Karten aufdeckt. Dabei sagt er Sachen, wie »oh«, »schwierig« und »oh, ui, oh!«.

Auch wenn das nicht besonders vielversprechend klingt, bin ich schon mal froh, dass »der Tod« nicht darunter ist.

Als alle Karten aufgedeckt auf dem Tisch liegen, sagt er, er könne meine Frage recht schnell beantworten: Die Vorzeichen für eine glückliche Zukunft seien eigentlich ideal. Der Neuanfang war ein sehr guter Start. Doch leider sei ausgerechnet die Karte, die meine Art zu denken symbolisiere, »die Unterdrückung«. Diese stehe für Blindheit, Engstirnigkeit und Ausweglosigkeit, was so viel bedeute, wie dass ich selbst nicht daran glauben würde, glücklich zu werden. Er zeigt auf eine darüber liegende Karte, welche »die Sicht der anderen Leute« symbolisiert, die anscheinend sehr wohl daran glauben, dass ich glücklich werden könnte. Doch die Karten, die für die Zukunft stehen – sowohl für die nahe wie auch für die ferne – sprechen dagegen.

»Wie heißen diese Zukunftskarten?«, frage ich interessiert nach.

»Fehlschlag und Sattheit«, sagt er.

»Oh, scheiße!«, sagt Sebastian.

»Soweit ich das sehen kann, gibt es im Moment auch keinen Mann in deinem Leben, der zu deinem Glück beitragen könnte!«, sagt er und sieht dabei ein wenig traurig aus.

Ich weise ihn daraufhin, dass mir die Männerlosigkeit in meinem Leben auch schon aufgefallen sei, ich aber denke, dass ein Mann für mein Glück nicht zwingend notwendig wäre. Als er nur zustimmend nickt, aber keine Anstalten macht, noch mehr »Geheimnisse« über meine Zukunft preiszugeben, zücke ich meinen Geldbeutel, um diesen Katastrophen-Berichterstatter zu bezahlen.

Doch in diesem Moment kommt eine Frau aus dem Zelt. Sie hat lange schwarze Haare, trägt goldene Kreolen und sehr viele klirrende Armreifen. Über ihr langes mintgrünes Kleid hat sie eine blaue, durchsichtige Seidenbluse mit silbernen Stickereien geworfen. Genau so stelle ich mir eine Wahrsagerin vor. Und lieber ein Klischee als ein Mann im Kleid.

»Entschuldige, dass ich mich einmische, aber ich muss das ein wenig korrigieren!«

Dich schickt der Himmel!, denke ich und sage: »Nur zu!«

»Also, ›der Neuanfang‹ ist wirklich eine sehr gute Karte. Und diese Karte hier, ›Bube der Stäbe‹, zeigt, dass es durchaus einen Mann in deinem Leben gibt. Doch deine Einstellung verhindert, dass sich daraus etwas entwickeln kann. Das liegt daran, dass du meistens, noch bevor etwas entstehen kann, ausbrichst!«

»Komisch!«, stelle ich verblüfft fest. »Das sagt mein Therapeut auch immer.«

Sie lacht.

»Aber wie die Karte der Vergangenheit zeigt, ist da auch schon so einiges Trauriges passiert, was deine Ausbruchstendenzen erklärt.«

Ich nicke heftig, was sie motiviert fortzufahren: »In der Zukunft gäbe es die Möglichkeit, etwas Schönes aus deinem Neuanfang zu machen, aber man sieht, dass du immer zu schnell aufgibst!«

»Ich dachte immer, die Männer geben zu schnell auf!«, wende ich ein.

»Ja«, sagt sie. »Du ziehst natürlich auch immer einen bestimmten Typ Mann an. ›Der Bube der Stäbe‹ steht für Männer, die eher auf Abenteuer aus sind. Trotzdem könntest du glücklich werden. Dein Problem ist, dass du zu misstrauisch bist. Du gehst an erster Stelle immer davon aus, dass dich die Männer austricksen wollen. Aber dazu haben sie gar keinen Grund.«

Ich fühle mich erwischt. Denn auch in diesem Punkt hat sie recht.

»Ja«, gebe ich zu. »Das stimmt. Aber das liegt *daran*«, sage ich und deute auf die traurige Vergangenheitskarte.

»Natürlich. Schlechte Erfahrungen prägen. Aber es ist nun wirklich an der Zeit, dass du verzeihst, dass du den Menschen, die dir in der Vergangenheit wehgetan haben, vergibst.«

Darüber denke ich einen Moment nach.

»Muss ich sie dazu anrufen?«, frage ich skeptisch nach.

Sie lacht.

»Nein. Natürlich nicht. Wir sind alle miteinander verbunden. Auch ohne Telefon und Facebook. Es reicht, wenn du zum Beispiel vor dem Einschlafen diesen Menschen sehr viel Liebe schickst. Im Grunde ist das, was er gesagt hat, schon richtig«, sagt sie und blickt auf den Mann im Kleid. »Aber dadurch, dass du dir nun die Karten hast legen lassen, weißt du, dass du mit deinem Denken und deiner Einstellung sehr viel ändern kannst. Und den Therapeuten kannst du dir dann vielleicht auch sparen.«

Jetzt muss ich lachen.

»Aber er ist doch der einzige Mann, dem ich wirklich vertraue!«, wende ich ein.

»Ja. Und genau das musst du ändern. Dann steht deinem zukünftigen Glück nichts mehr im Weg!«

Das klingt zumindest hoffnungsvoll. Ich bedanke mich für die Sitzung, zahle freiwillig zehn Euro und gelobe Besserung!

Als ich mich beim Weggehen noch mal umdrehe und den beiden zum Abschied winke, sehen sie mir etwas besorgt hinterher.

»Sie hat völlig recht!«, sagt Leo. »Du stehst dir immer selbst im Weg!«

»Ist ja gut jetzt!«, sage ich. »Meine Abreibung für heute habe ich bekommen. Wie sieht's aus? Zuckerwatte?«

SMS von Hannah: *Ich hab's getan. London ist abgesagt. Ich schulde dir was! Danke!*
SMS an Hannah: *Du schuldest mir gar nichts. Ich verzeihe dir. Und allen anderen auch!*

Glück ist ein Sprichwort

„Das Paradies der Erde,
liegt auf dem Rücken der Pferde,
in der Gesundheit des Leibes
und am Herzen des Weibes."

Friedrich von Bodenstedt (1819–1892),
deutscher Schriftsteller, aus:
»Vermischte Gedichte und Sprüche«

Ist doch gut zu hören, dass mir niemand im Weg steht außer ich mir selbst. Dann geh ich mir am besten einfach mal aus dem Weg!«

»Klingt nach einem todsicheren Plan«, lacht Hannah. »Nichts gegen deine Wahrsagerin. Aber dieser Satz ›Du stehst dir selbst im Weg‹ passt echt auf jeden!«

»Mag sein. Aber viel wichtiger ist doch, so etwas ab und an gesagt zu bekommen. Und dann, auch was daraus zu machen. Schau mal, meine Festanstellung hätte ich schon längst kündigen können, wenn ich mir nicht selbst so im Weg gestanden hätte. All die Jahre Kaffeekochen und Papierstau, nur weil ich so eine Angst vor Arbeitslosigkeit hatte.«

»Vielleicht berechtigte Angst«, wirft Hannah ein.

»Und wenn schon. Die Überwindung von Angst macht glücklich. Das habe ich gelernt.«

»Weil du vom Park Inn Hotel gesprungen bist?«

»Auch. Und weil ich zu Markus Lanz gegangen bin!«

»Ja schon. Aber was hast du jetzt davon?«

»Drei Tage New York!«, sage ich und beiße mir sofort auf die Zunge.

»Wie bitte?«

Eigentlich wollte ich das Hannah gar nicht erzählen, da ich bereits ahne, wie sie darauf reagieren wird.

»Ach, nichts. Vergiss es wieder!«

»Christiane. Spuck's aus!«

Da Widerstand zwecklos wäre, fange ich an zu erzählen: »Also, mich hat da so ein Mann angeschrieben. Per Mail. Er hat mich im Fernsehen gesehen, mein Buch gelesen und mich eingeladen, mit ihm drei Tage nach New York zu fliegen.«

»Wie bitte? Was ist das für ein Kerl?«

»Ich weiß nicht ...«

»Name? Alter? Familienstand? Vorbestraft?«

»Keine Ahnung.«

»Wie, keine Ahnung?«

»Na ja. Ich weiß es nicht. Es ist ein Blind Date.«

»Ein was?«

»Ein Blind Date. Das heißt, dass wir uns ...«

»Ich weiß, was ein Blind Date ist!«, unterbricht mich Hannah und klingt jetzt gar nicht mehr lustig.

»Das ist nun mal Teil seiner Idee«, füge ich an. »Gleicher Flieger, getrennte Plätze. Gleiches Hotel, getrennte Zimmer. Erstes Treffen erst in der Hotel-Lobby. Dann gemeinsames Abendessen. Und wenn ich nicht mehr mag, muss ich nur ›Mayday‹ sagen.«

»Mayday?«

»Ja, Mayday.«

»Und wieso nicht: ›Ich mag nicht mehr‹?«

»Weil … Mayday kürzer ist?«, spekuliere ich.

»Und darauf hast du dich einfach so eingelassen?«

»Natürlich nicht. Bist du verrückt! Ich habe ihm gesagt, dass das nicht ginge, weil er ein psychopathischer Frauenmörder sein könnte.«

»Und dann?«

»Dann hat er zurückgeschrieben, dass er das nicht sei und es außerdem ziemlich dumm wäre, mich ausgerechnet in den USA umzubringen. Da herrsche schließlich Todesstrafe. Das hat mich überzeugt.«

»In New York herrscht längst keine Todesstrafe mehr!«

»Nicht? Oh … aber für Mord gibt es bestimmt lebenslänglich, oder?«

»Christiane! Warum?«, fragt Hannah und klingt jetzt richtig verzweifelt.

»Hannah, warum nicht? Das ist doch romantisch!«, entgegne ich überzeugt.

»Romantisch? Das ist dumm!«

»Lieber dumm gestorben, als … äh, dumm gelebt!«

»Hesse?«

»Nein. Hagn.«

»War ja klar.«

Wir schweigen uns einen Moment an.

»Wer zahlt?«

»Er.«

»Das ist Prostitution!«, sagt Hannah.

»Mayday!«, sage ich.

✳

Viele Stunden später. Es ist sieben Uhr morgens. Ich habe sieben Stunden am Stück getanzt, sieben Bier getrunken und weit über sieben Männern einen Korb gegeben, weil ich einfach nur tanzen wollte. Das war mein erstes Open-Air-Festival und: Es war großartig! Ich dachte immer, ich bin nicht so der Festival-Typ. Aber heute Nacht/Morgen habe ich gelernt, dass für Menschen wie mich Festivals geradezu erfunden wurden. Und Menschen wie mich Festivals sehr glücklich machen.

Allerdings stehe ich jetzt mitten im Plänterwald, habe tierischen Hunger, bin komplett pleite, todmüde und sehr weit von zu Hause entfernt. Natürlich könnte ich einfach schwarzfahren, aber ich habe keine Ahnung, wo oder in welcher Richtung hier die nächste S-Bahn-Station liegt. Merke: Immer ein Wurstbrot und zwanzig Euro Reserve für ein Taxi einstecken, wenn du auf ein Festival gehst!

»Ist notiert!«, sage ich zu mir selbst und gehe los Richtung Hauptstraße. Dort angekommen, strecke ich meinen Daumen raus und kann nicht glauben, wer da anhält, um mich mitzunehmen: ein BVG-Bus auf »Betriebsfahrt«. Glück gehabt. Das ist Berlin! Arm, aber BVG!

Ein paar Stunden später weckt mich mein Handy mit »Why don't you talk to me!« von Peaches. Ich verfluche meine Vorliebe für pubertäre Klingeltöne und fühle mich plötzlich gar nicht mehr glücklich. Es gibt keinen Muskel, den ich nicht spüre, kein Körperteil, das nicht schmerzen würde. Mein Nacken, mein Rücken, meine Waden! Alles tut weh.

Bei »talk to me, talk talk to me« kapituliere ich und hebe ab.

»Aua. Hallo?«

»Aua. Ich bin's!«

»Wer?«, frage ich verschlafen nach.

»Na, Schnapsi, wie war's noch?«

»Moni?«

»Wer sonst um diese Uhrzeit?«

»Wie spät is es denn?«

»Zeit für Rührei!«, sagt Moni, die gestern vernünftigerweise noch vor Sonnenaufgang nach Hause gegangen ist.

»In 20 Minuten. Ich hol dich ab!«

Bevor ich antworten kann, hat Moni schon aufgelegt. Und wenn Moni Rührei will, sollte man nicht widersprechen.

❧

»Ich hab Rücken!«, sagt Moni.

»Ich hab Körper!«, sage ich. »Vielleicht sind wir einfach zu alt für solche Aktivitäten.«

»Fühlt sich ganz danach an.« Moni schiebt sich eine Gabel Rührei mit Speck in den Mund. »Weißt du was? Nächstes Wochenende machen wir etwas ganz Entspanntes. Etwas für Leute in unserem Alter. Etwas für die Frau um die 30!«

»Und das wäre?«, frage ich skeptisch nach. »Raclette-Essen und Spieleabend? Oder Salsaparty mit Gratis-Begrüßungs-Prosecco?«

»Weder noch. Wir machen Wellness!«

»Wellness? Wellness ist der Anfang vom Ende«, sage ich. »Ich habe keine Lust auf dicke nackte Männer, die meine Intimfrisur begutachten.«

»Das ist doch Quatsch. Kein Mensch interessiert sich für deine Intimfrisur!«, sagt Moni und vermutlich hat sie da sogar recht.

»Also, meine Kollegin hat mir von einem echten Geheimtipp erzählt: Eine richtige Wellness-Oase, nur 45 Minuten mit der Regionalbahn entfernt. Wunderschön und spottbillig.«

Auch wenn ich bezweifle, dass Moni und ich die gleiche Vorstellung von »spottbillig« haben, höre ich mir ihre Schwärmerei von diesem Wellness-Resort an und erfahre so von der idyllischen Anlage direkt am See, dem reichhaltigen Frühstücksbuffet, dem hervorragenden Angebot an Ayurveda-Anwendungen und der Möglichkeit, Reitunterricht zu nehmen, was mich sofort wieder abschreckt.

»Ich hatte schon mal Reitunterricht. Da war ich zwölf und musste entweder auf dem winzigen Pony Peterle oder dem störrischen und immer furzenden Gaul Sunny im Kreis reiten. Ich konnte diese Pferde nicht leiden und hatte Angst vor ihnen. Du musst wissen, Reiten gehörte – neben Mädchenturnen – nach Ansicht meiner Eltern zu einer akademischen Ausbildung mit dazu. Ich durfte erst damit aufhören, als der Reitlehrer vor mir die Hosen runterließ und mich fragte, ob ich mal anfassen möchte!«

Moni verschluckt sich an ihrem Rührei: »Und? Hast du?«

»Moni. Ich war zwölf! Ich hatte Angst vor Pferden *und* vor Penissen.«

Moni lacht ihr unvergleichlich ansteckendes Lachen, das mich zwingt, mit einzustimmen.

»Weißt du was?«, lacht Moni weiter. »Ich glaube, das ist die perfekte Gelegenheit, dein Trauma zu bekämpfen.«

»Du meinst, so eine Art Schocktherapie?«

»Klar: Wir machen Wellness im Berliner Umland. Pferde und Penisse inklusive! Macht bestimmt glücklich!«

✿

Eine Woche später steigen Moni und ich in den Zug Richtung Wellnessparadies. Ich habe eine kleine Tasche dabei und Moni einen Koffer, der ungefähr so groß ist wie ich.

»Nur das Nötigste!«, erklärt Moni auf meinen fragenden Blick. »Bikini, Peeling, Flip-Flops, Schwimmbrille, Schlafbrille, Lesebrille, Laptop, eine Flasche Wein für unser Picknick am See, den ›Spiegel‹, den ›Stern‹, und die ›Süddeutsche‹!«

»Und deine ›Gala‹?«, frage ich ironisch nach.

Moni zieht die aktuelle Ausgabe aus ihrer Handtasche.

»Die trage ich natürlich bei mir.«

Ach, ich liebe diese Frau.

Nach einer knappen Stunde Fahrt sind wir die Einzigen, die an einem einsamen Provinzbahnhof aussteigen und tatsächlich von einem Fahrer der Hotelanlage abgeholt werden. Als wir nach zehn Minuten Fahrt nur noch Bäume um uns herum sehen, flüstere ich Moni zu, ob wir uns vielleicht besser seinen Ausweis hätten zeigen lassen sollen.

»Da könnte ja jeder kommen, sich als Fahrer ausgeben. Was machen wir denn, wenn der uns jetzt in den Wald verschleppen und grausame Dinge mit uns tun will?«

»Also Christiane!«, flüstert Moni zurück. »Dein Reitlehrer-Trauma scheint ja tief zu sitzen. Du bist doch sonst nicht so ängstlich. Ich sage nur: New York!«, sagt Moni jetzt etwas lauter und sieht mich dabei vorwurfsvoll an. Ich habe Moni, gleich nach meinem Disput mit Hannah, auch von meinem Blind Date erzählt, um mir eine zweite Meinung einzuholen – die sich allerdings mit der von Hannah weitestgehend deckte.

»New York ist ja wohl etwas ganz anderes!«, verteidige ich mich. »Da gibt es gar keine einsamen Wälder!«

»Stimmt. Da hat nur jeder zweite Staatsbürger eine eigene Waffe.«

Ich will widersprechen, aber unser Fahrer unterbricht uns: »So, die Damen. Da wären wir!« Er steigt aus und holt unsere Koffer.

»Puh!«, sagt Moni. »Da sind wir dem Tod gerade noch mal von der Schippe gesprungen.«

Da wir unser Zimmer noch nicht beziehen können, schlägt Moni vor, einen Spaziergang um den See zu machen.

»Vorausgesetzt, das ist dir nicht zu gefährlich. Dort im Wald …«

Die Damen an der Rezeption werfen sich einen verunsicherten Blick zu.

»Starker Heuschnupfen«, füge ich erklärend hinzu und trete Moni gegen das Schienbein.

❧

Auf unserem eineinhalbstündigen Spaziergang um den See reden wir über unsere Jobs und unsere aktuellen Männerbekanntschaften, zwei Themen, die uns gleichermaßen frustrieren wie begeistern.

»Ich weiß, dass du dagegen bist, aber im Moment ist mein Blind Date in New York tatsächlich mein einziger Lichtblick.«

»Ich kann es dir eh nicht ausreden, oder?« Ich schüttle den Kopf.

»Wer weiß«, sagt Moni, »vielleicht ist nach New York alles anders. Vielleicht bist du tot. Vielleicht aber ist der mysteriöse Unbekannte auch die Liebe deines Lebens. Vielleicht ist er sympathisch, gut aussehend, witzig, ein hervorragender Liebhaber und noch dazu reich. Und unverheiratet! Dann könntest du den Rest deines Lebens nur noch damit verbringen, Bücher über das ›Glück einer glücklichen Partnerschaft‹ zu schreiben.«

»Klingt nach echten Bestsellern«, stelle ich ironisch fest. »Aber keine Sorge, so einen Mann werde ich nicht treffen, denn so etwas passiert nur dienstags auf Sat 1. Und von meinem Therapeuten weiß ich ...«

»... dass das Leben kein Film ist«, vollendet Moni meinen Satz.

»Richtig!«

»Aber vielleicht hörst du zur Abwechslung mal nicht auf deinen Therapeuten, sondern auf deine Wahrsagerin und deine Freundin Moni. Und wenn ich das richtig verstanden habe, musst du zuallererst mal selbst an dein Glück glauben.«

»Vielleicht hast du recht. Ich freu mich ja auch auf New York. Aber ich bezweifle zugleich, dass dieser Typ mein Mann fürs Leben sein könnte. Ich bin schon froh, wenn er mich nicht umbringt.«

»Wissen denn deine Eltern davon?«, fragt Moni.

»Um Gottes willen. Spätestens dann wäre ich tot, denn die würden kurzen Prozess mit mir machen. Für meine Eltern ist es ja schon ein Abenteuer, eine geführte zweiwöchige Rundreise durch China zu unternehmen. Eine Reise, die spektakuläre Programmpunkte wie ›Shanghai by night‹ enthält.«

»Klingt ja auch abenteuerlich.«

»Ja, aber nicht, wenn du dabei in einem klimatisierten Bus sitzt, den du nicht verlassen darfst.«

Moni lacht.

»So etwas machen deine Eltern?«

»Ja. Sie sind vor ein paar Tagen los«, sage ich und meine zittrige Stimme verrät meine aufsteigenden Tränen.

Moni bleibt stehen.

»Sag mal, heulst du?«

»Nein. Also, na ja … doch«, schluchze ich los. »Aber nur, weil ich so sauer bin.«

Moni sieht mich fragend an.

»Sie haben mir vor ihrer Abreise eine E-Mail geschickt«, erkläre ich Moni meine Tränen. »Mit dem Betreff ›Information‹. Stell dir vor, das war so eine Art Testament. Darin stand, in welchen Schubladen welcher Kommode ich welchen Schlüssel zu welchem Schließfach finde. Außerdem eine recht kurze Auflistung von Personen, denen ich vertrauen könne, und eine sehr lange, welchen nicht.«

»Ach Süße, das ist doch ganz vernünftig von deinen Eltern, so etwas einmal aufzuschreiben«, findet Moni.

»Selbst wenn. Ich fand es unnötig, die Mail mit ›Lass dir ruhig Zeit mit dem Nachlass. Wir lieben dich!‹ zu beenden.«

»Nicht dein Ernst!«, fragt Moni und hat jetzt auch Tränen in den Augen.

»Ja. Und jetzt heul ich vor lauter Wut über dieses Schreiben. Und auch ein bisschen weil … Na ja, vor Schreck. Wenn meine Eltern sterben, dann … dann bin ich ganz allein. Ich hab doch keine eigene Familie«, sage ich und klinge dabei verzweifelter, als mir lieb ist.

»Noch nicht!«, sagt Moni und legt den Arm um mich. »Außerdem hast du mich. Und was soll schon passieren? Schließlich ist es nur ›Shangai by bus‹, nicht ›Libanon by bike‹.«

Wir müssen lachen.

»Du hast recht. Alles wird gutgehen. Zumindest, solange sie den Bus nicht verlassen«, sage ich, im Versuch, meiner nächsten Heulattacke vorzubeugen. »Du musst wissen, sie haben in Vorbereitung auf ihre Reise sogar an der Volkshochschule Chinesisch gelernt. Vier Wochen lang«, erzähle ich weiter, wobei ich gleichzeitig schluchzen und lachen muss.

»Chinesisch in vier Wochen? Oje, jetzt mache ich mir auch Sorgen! Aber wer weiß, vielleicht sind deine Eltern ja Geheimagenten: Mr und Mrs Smith, äh Hagn!«, lacht Moni los und ich kann nicht anders, als mitzulachen.

Nach unserem Spaziergang verbringen wir den Rest des Tages im Wellnessbereich. Wir schwimmen, legen uns ins Dampfbad, in die Sauna, begutachten Intimfrisuren, lesen die »Gala« (sonst nichts), trinken Tee oder schlummern vor uns hin. Ab und an stupst mich Moni an, um mir einen Penis zu zeigen, damit ich mein Reitlehrer-Trauma überwinden könne. Von dieser Schnapsidee kann ich sie leider auch nicht mehr abbringen. Selbst meine Monologe darüber, dass ich inzwischen auch schon sehr viele schöne Erfahrungen mit Penissen gemacht hätte, lässt Moni nicht innehalten. Also spiele ich mit und reagiere äußerst traumatisiert auf jeden einzelnen Penis mit »Uaaah! Penisalarm!«.

Ich fürchte, wir fallen auf.

Als ich nach einem kleinen Nickerchen gegen späten Nachmittag aufwache und einen fast leeren Ruheraum vorfinde, sieht mich Moni amüsiert an.

»Was ist?«

»Ach nichts …«, prustet sie los.

»Hab ich etwa … geschnarcht?«, frage ich verschämt nach.

»Nur ein bisschen. Aber ist doch toll, jetzt haben wir endlich den ganzen Ruheraum für uns allein. Du bist eine echte Geheimwaffe!«

❀

Nach einer geruhsamen und sehr langen Nacht sitzen Moni und ich am nächsten Morgen ausgeschlafen auf der Frühstücksterrasse. Wir lassen den Blick über den See gleiten und genießen die selten gewordenen Sonnenstrahlen dieses verregneten Sommers. Nicht umsonst wurde gerade die Facebook-Gruppe »Frühling, Arschloch, Herbst und Winter!« gegründet.

Nach unserem zweiten Milchkaffee reißt mich Moni nun schon zum wiederholten Male aus meiner Lektüre, und ich gebe es endgültig auf, im Feuilleton die Kritik zum neuen Schweizer »Tatort« zu lesen.

»Wir müssen los!«

»Wohin?«

»Lass dich überraschen!«

Eine Viertelstunde später sitze ich auf dem Rücken von Tessa und stelle fest, dass ich Überraschungen nicht leiden kann. Tessa ist eine weiße, sehr hohe Stute. Moni sitzt, am anderen Ende der Koppel, auf Tamara – einer noch höheren weißen Stute – und ruft zu mir rüber: »Das Glück der Erde liegt auf dem Rücken der Pferde!«

Auch wenn ich eine eigene Reitlehrerin an meiner Seite habe, fühle ich mich ziemlich alleingelassen. Denn sind wir mal ehrlich: Wenn sich dieses Pferd entscheiden sollte, gleich durchzudrehen, kann die Frau mit der Peitsche in der Hand auch nichts ausrichten.

»Kein Hohlkreuz machen!«, schreit sie mich an. »Beine durchstrecken, Fußspitze nach oben, Fersen nach unten! Und jetzt leicht antraben und immer auf das äußere, vordere Bein achten. Und jetzt, und jetzt, und jetzt, und jetzt, und jetzt!«

Ich weiß, dass ich bei dem »jetzt« eigentlich immer meinen Po heben soll. Aufstehen, hinsetzen, aufstehen, hinsetzen. Aber abgesehen davon, dass ich völlig aus dem Takt bin, kann ich auch das von ihr vorgegebene Tempo nicht im Ansatz einhalten.

»Können wir mal anhalten?«, frage ich erschöpft nach.

»Na, Mädchen, frag nicht mich! Du hast doch die Zügel in der Hand!«, lacht sie los und mir wird klar, dass jedes Sprichwort seinen berechtigten Ursprung hat. Dann erbarmt sie sich doch und bringt dieses Pferd in einer Geheimsprache ohne Konsonanten zum Stehen.

»Tut mir leid. Aber ich muss mal durchatmen. Hab total Seitenstechen!«, erkläre ich mehr Tessa als der strengen Frau.

»Na, das kommt davon, wenn man sich vor dem Sport den Bauch am Frühstücksbuffet vollschlägt!«

Langsam entsteht der Verdacht in mir, in einem Bootcamp gelandet zu sein. Ich werfe einen verunsicherten Blick in Monis Richtung, die trotz Reithelm mit wehendem Haar über die Koppel trabt und dabei ganz grazil ihren Po auf und nieder bewegt.

»Kann man nicht reiten ohne dieses ständige Auf und Nieder?«, frage ich erschöpft nach. »In den Western stehen die doch auch nicht auf!«

»Natürlich nicht. Die reiten ja auch Galopp. Aber das wirst du dir noch nicht zutrauen ...«, provoziert sie mich mit einem Grinsen.

»Was muss ich tun?«

»Erst antraben und dann den linken Fuß ein Stück nach hinten ziehen, antippen und los geht's. Traust du dich?«

Schätzchen, ich bin vom Park Inn gesprungen, denke ich und sage: »Mal sehen.«

Dann richte ich mich auf, atme tief ein, trabe an, ziehe meinen linken Fuß nach hinten, tippe auf Tessas Po und ehe ich mich versehe, reite ich Galopp. Hui, ist das schnell! Mein Busen hüpft lustig auf und nieder und ich versuche mich einfach nur im Sattel zu halten – was mir zu meiner eigenen Verwunderung auch gelingt. Ich fühle mich ein bisschen wie John Wayne und bin trotzdem sehr froh, jetzt nicht auch noch auf jemanden schießen zu müssen. Zum ersten Mal habe ich echt Respekt vor Schauspielern.

Nach ein paar Runden ziehe ich wie ein richtiger Profi an den Zügeln und Tessa verlangsamt sofort ihr Tempo. Wir kommen zum Stehen.

»Was ist los? Immer noch Seitenstechen?«, fragt sie, der Drill-Instructor, nach.

»Ne!«, sag ich und lache los. »Hab nur etwas verloren!« Ich greife unter mein T-Shirt, ziehe mein Bikinioberteil hervor und stecke es in meine Hosentasche. Dann streichle ich über Tessas Mähne und sage: »Können wir wieder?«

SMS von Hannah: *Du sollst ›dir‹ aus dem Weg gehen. Nicht mir! Wo bist du?*
SMS an Hannah: *War reiten. Auf einem Pferd! Bin ent-traumatisiert, erholt und sehr glücklich!*

Glück ist ein Keks

„Glückliche Ehe,
großes Haus und
viel Glück erwarten Sie"

Glückskeksspruch

Mama huhu!«, sage ich auf Hannahs Frage nach meinem Befinden.

»Mama was?«

»Ist Chinesisch. Heißt so viel wie ›so lala‹. Wörtlich übersetzt: ›Pferd Pferd Tiger Tiger‹.«

»Deine Reitstunden haben wohl einen bleibenden Eindruck hinterlassen. Oder du steckst mal wieder in deiner Recherche und frisst dich gerade durch einen Berg chinesischer Glückskekse«, spekuliert Hannah.

»So ähnlich. Wusstest du eigentlich, dass es in China gar keine Glückskekse gibt?«

»Ach, Quatsch.«

»Doch. Das haben mir meine Eltern erzählt. Die sind doch gerade auf abenteuerlicher Chinarundreise, by bus«, kichere ich.

»Daher auch das ›Mama huhu‹! Meine Eltern freuen sich immer so, wenn sie anrufen und ich das sage. Das mit den Glückskeksen habe ich natürlich sofort überprüft. Und es stimmt. Von wegen alte chinesische Tradition! Glückskekse wurden erst im 20. Jahrhundert erfunden und zwar von einem japanischen Gastronomen aus den USA. Nach China wurden die Kekse erstmals in den Neunzigern exportiert, wo sie bis dahin völlig unbekannt waren«, zitiere ich neunmalklug aus dem Internet, was Hannah nicht sehen kann. »Allerdings gibt es die Legende, dass der Mondkuchen zur Erfindung von Glückskeksen beigetragen habe. Chinesische Widerstandskämpfer sollen zur Zeit der Besetzung Chinas durch die Mongolen, also im 13. und 14. Jahrhundert, Zettel mit anti-mongolischer Propaganda in Mondkuchen versteckt haben.«

»Klingt doch plausibel«, findet Hannah.

»Ja, aber Erzählungen von eingebackenen Schriften gibt es in fast jeder Kultur und ist nichts typisch Chinesisches«, weiß ich zu erwidern.

»Sag mal, machst du jetzt ein Fernstudium in Geschichte?«, fragt Hannah zynisch nach.

»Nein. In Wikipedia«, gebe ich ehrlicherweise zu. »Und auf ProSieben habe ich einen sehr lustigen ›Galileo‹-Beitrag entdeckt, der beweist, dass auch heute noch viele Chinesen überhaupt keine Glückskekse kennen.«[15]

Ich schicke Hannah den Link zu besagtem Video und wir können uns ein Lachen nicht verkneifen, als sich ein Chinese so einen Glückskeks samt Zettel in den Mund schiebt.

»Das ist doch inszeniert«, vermutet Hannah. »Oder es wurde in irgendeinem chinesischen Bergdorf gedreht. Fahr mal mit Glückskeksen in die bayerische Provinz. Da findest du bestimmt auch die eine oder andere Omi, die das nicht kennt.«

Vermutlich hat sie recht. Ich finde es trotzdem interessant, dass Glückskekse genauso wenig aus China stammen wie der Hamburger aus den USA, die Pizza aus Italien oder die Currywurst aus Berlin. Ich frage mich, warum ich mich nicht schon viel früher mit Glückskeksen beschäftigt habe. Liegt ja eigentlich auf der Hand. Noch dazu, wo ich auch zu der Sorte von Leuten gehöre, die immer einen Glückskekszettel in ihrem Geldbeutel haben. So trage ich seit vier Jahren den Spruch *You will have new job adventure!* mit mir herum, den ich Hannah sofort vorlese. Dieser Zettel hat mir irgendwie immer Hoffnung gegeben.

Hannah kann darüber natürlich nur den Kopf schütteln. Sie hält gar nichts von diesen albernen Sprüchen, die jeglicher Grammatik und Rechtschreibung entbehren. Sie bittet mich, mein Leben jetzt bloß nicht nach Glückskeks-Sprüchen auszurichten, nur weil sich ein einziger, noch dazu vielseitig auslegbarer Keksspruch nach über vier Jahren bewahrheitet habe. Ich verspreche, das auf keinen Fall zu tun, und freue mich insgeheim über diese hervorragende Idee.

Da mir das nächste Chinarestaurant heute Abend zu weit weg ist, logge ich mich kurzerhand auf Facebook ein und starte die moderne Variante eines Glückskeks, nämlich die »Glücksnuss«-Anwendung. Nach einem einfachen Klick teilt mir die Glücksnuss eine Botschaft mit, die ich dann mit all meinen 500 Facebook-Freunden (von denen ich maximal 100 persönlich kenne) teilen kann, wenn ich möchte.

Die erste Botschaft lautet: *Dein Ex-Partner wird zurückkehren!* Zum einen frage ich mich: welcher? Zum anderen denke ich: bitte nicht!, und drücke sofort »nicht mitteilen«. Denn Veröffentlichungen dieser Art würden womöglich all die schönen Männer auf Facebook vertreiben, die sich aus mir unbekannten Gründen (vermutlich aus Versehen) mit mir angefreundet haben.

Nächste Nuss: *Sag was du fühlst und zeige es auch!* Sag mal, spinnt diese Glücksnuss? Was ich fühle, verrate ich nur meinem Therapeuten. Und der verhindert, dass ich zeige, was ich fühle, weil ich sonst vermutlich, zumindest so manche Male, Probleme bekäme. Denn weder im Büro noch im familiären Kreis, womöglich noch unter dem Weihnachtsbaum, käme ein »Ich hasse es, hier zu sein, und deshalb gehe ich jetzt« besonders gut an. Und ein »du hast mich immer schlecht behandelt, aber ich liebe dich trotzdem« ist in Bezug auf Exfreunde genauso sozial unverträglich, wie in Prenzlauer Berg zu einer Mutter zu sagen: »Ihre Kinder müssen Sie schon allein erziehen«, und anschließend bei Rot über die Ampel zu gehen.

Ich klicke erneut »nicht mitteilen« und öffne die nächste Nuss: *Morgen wird alles besser werden!* Aha. Und ich dachte immer, Mark Zuckerberg wäre ein kreativer Kopf.

Nächster Versuch: *Du wirst richtige Entscheidungen treffen!* Ehrlich gesagt wäre ich schon mal froh, überhaupt Entscheidungen zu treffen. Ignorieren und erneut befragen *Die Liebe hat dir Einiges zu bieten.* Ha! Das ich nicht lache. Erneut befragen: *Lache viel. Du wirst dich jünger fühlen und jünger aussehen.* Langsam vermute ich, vielleicht auf der falschen Anwendung bei Facebook gelandet zu sein. Das hier ist nicht die »Glücksnuss«, sondern die »Floskel-Nuss«. Ich gebe im Suchfeld erneut »Glücksnuss« ein und stoße dabei interessanterweise auf die Gruppe »Glücknuss halt's Maul!«, »Anti-Glücksnuss« und »Stirb Glücksnuss stirb!«, sowie »Glücksnuss am Arsch!« und »Du gehst mir auf die Glücksnuss«. Sieht so aus, als wäre ich nicht die Einzige, die etwas enttäuscht auf diese Anwendung reagiert.

Ich klicke ein allerletztes Mal und die Nuss teilt mir folgende Botschaft mit: *Du wirst bald alles verlieren ... doch schon kurz darauf wirst du richtig glücklich sein, weil dein sehnlichster Wunsch in Erfüllung geht.* Das gefällt mir schon besser und ich klicke auf »veröffentlichen«.

Dann klingelt mein Telefon. Das ist mein Festnetz. Ergo, es können nur meine Eltern sein. Und tatsächlich: Sie sind zurück von ihrer Chinarundreise und ich bin – vorzeitiges Testament hin oder her – darüber sehr erleichtert. Es ist schön, Papas Stimme zu hören. Ich sage »Mama huhu!«, doch er freut sich nicht so sehr wie sonst. Vielmehr klingt er ein wenig bedrückt.

Ja, die Reise war schön. Aber zu Hause sei es doch am schönsten.

Ich finde, dieser Satz sollte ganz dringend in die Glücksnuss-Anwendung aufgenommen werden.

»Ist was?«, frage ich nach.

»Ach, nein«, sagt er und ich höre, dass er lügt.

»Papa?«

»Na ja, die Börse ...«, seufzt mein Vater und mir fällt ein Stein vom Herzen. Gott sei Dank, nur die Börse. Er sagt, es stehe nicht gut um unsere Aktien. Auch nicht um meine, die er für mich, mit meinem Geld, gekauft hat. Gar nicht gut. Um genau zu sein: richtig schlecht. Die USA habe gehustet, der Rest der Welt habe sich angesteckt. Dieses Jahr gäbe es keine Ausschüttung an Weihnachten. Auch nicht nach Weihnachten. Auch nicht nächstes Jahr. Und nicht das Jahr darauf. Und auch nicht das Jahr nach dem Jahr darauf.

»Alles weg?«, frage ich nach.

»Na ja. Gerade schon.«

»Papa. Das macht nichts!«, sage ich und lache. »Ich muss doch alles verlieren, damit mein sehnlichster Wunsch in Erfüllung gehen kann.«

»Dein sehnlichster Wunsch?«, fragt mein Vater irritiert nach.

»Ja. Damit ich glücklich werden kann.«

»Und der wäre?«

»Das hat die Glücksnuss nicht verraten.«

Mein Vater schweigt einen Moment und sagt dann: »Ach, Kind ...«

*

Am nächsten Tag decke ich mich mit Glückskeksen aus dem Asia-Laden ein und nehme mir vor, jeden Tag einen Keks zu öffnen, zu essen und dem Sinnspruch zu folgen.

Tag 1: *Dir fällt es leicht Geld zu verdienen und es zu sparen.* Ich eröffne ein Sparkonto bei der DKB und nehme mir vor, nie wieder meinem Vater meine Rücklagen anzuvertrauen.

Tag 2: *Die Strahlen des nächsten Vollmondes schicken dir Glück auf die Erde.* Wir haben gerade abnehmenden Mond. Das kann also noch dauern. Dieser Keks kommt auf Wiedervorlage.

Tag 3: *Sage nicht immer, was du weißt, aber wisse immer, was du sagst.* Ich verdrücke den Keks und schweige für den Rest des Tages.

Tag 4: *Ein Anfang zu machen ist das Geheimnis von Weiterkommen.* Ich packe mein Sportprogramm an und überwinde mich, morgens noch vor der Arbeit schwimmen zu gehen. Fazit: Nach 30 Bahnen schmeckt so ein Keks sogar richtig gut.

Tag 5: *Ein Anfang zu machen ist das Geheimnis von Weiterkommen.* Mir scheint, die Glückskeks-Branche bräuchte dringend kreativen Input. Ich gehe wieder schwimmen.

Tag 6: *Ein Anfang zu machen ist das Geheimnis von Weiterkommen.* Ich kann nicht mehr ...

Tag 7: *Nutze jede Chance, die sich dir bietet.* Der Keks war schuld. Wirklich. Ich wollte ganz brav allein nach Hause gehen. Aber er war nur für eine Nacht in der Stadt. Und so eine Gelegenheit sollte man – laut Keks – schließlich nicht verstreichen lassen ...

Tag 8: *Erlauben Sie sich eine kleine Verrücktheit, sie wird wirken wie Medizin.* Ich fahre mit nassen Haaren zur Arbeit und bekomme eine Nackenstarre.

Tag 9: *Auch der Adler fliegt nicht höher als die Sonne.* Verstehe ich nicht und den Keks kriege ich heute beim besten Willen nicht runter.

Tag 10: *Alle Dinge kannst du nicht tun.* Ich versuche, mich mit diesem Argument früh in den Feierabend zu verabschieden. Mein Chef hält nichts von Glückskeksweisheiten.

Tag 11: *Eine gute Gelegenheit, aufgeschobene Verpflichtungen zu erledigen.* Ich mache für morgen einen Zahnarzttermin aus und hasse mich dafür.

Tag 12: *Es gibt nichts Schlechtes ohne Gutes.* Doch, einen Zahnarztbesuch. Und den Keks darf ich heute nicht essen. Anweisung vom Zahnarzt. Irgendwie auch schon wieder gut. Also doch.

❀

Nach zwölf Tagen Glückskeks-Frühstück ist es wirklich an der Zeit, mich mit den Menschen in Verbindung zu setzen, die für diese Sprüche verantwortlich sind. Durch erneute Sichtung des »Galileo«-Beitrags und ein wenig Internetrecherche stoße ich auf die Firma »Sweet and Lucky« in Gondelsheim bei Karlsruhe, Deutschlands erfolgreichste Glückskeksproduzenten. Unter dem Feld »Kontakt« fülle ich ein E-Mail-Formular aus und schreibe den Marktführern Deutschlands, dass ich auf der Suche nach dem Glück sei und da mal so einige Fragen hätte. Ganz ehrlich: Ich rechne nicht mit einer Antwort. Warum sollten mir diese Leute auch antworten? Ich will weder Glückskekse bestellen, noch meinen individuellen Glückskeks in einer Mindestauflage von 250 Stück anfertigen lassen oder mich über den neuen Bioglückskeks informieren. Ich bin eine unrentable Person mit lästigen philosophischen Fragen, deren Mail bestimmt von vornherein im Spam-Ordner landen wird.

Zwei Tage später klingelt mein Telefon: »Hallo. Hier ist Viktoria Brauch von ›Sweet and Lucky‹. Sie hatten uns eine E-Mail geschrieben.« Ich muss schon sagen, das Glück ist unberechenbar.

Viktoria ist gern bereit, mir ein paar Fragen zu beantworten und erzählt mir im herzlichsten badischen Dialekt von den Anfängen ihres Unternehmens. Eigentlich sei sie gelernte Müllermeisterin, denn ihre Eltern betreiben schon in vierter Generation die Getreidemühle der Familie.

»Und was stellen Sie mit der Mühle so her?«, frage ich, das Stadtkind, nach.

»Na, Mehl«, sagt Viktoria und ich schäme mich ein bisschen für meine dumme Frage. Aber ich dachte wirklich, eine Mühle würde Brot machen.

Nun denn. Im Jahr 2001 hätten sie und ihre Geschwister Alexandra und Christoph eine Foliendruckerei gekauft. Daraufhin überlegten sie, was man nun aus Mehl herstellen und in Folie verpacken könnte.

»Vakuumverpackte Pausenbrote für Kinder berufstätiger Frauen?«, schlage ich spontan vor und Viktoria lacht.

»Das wäre bestimmt auch eine Idee. Aber wir sind sehr traditionsverbunden und familiär verwurzelt.«

Ich sehe ein, dass in diesem Falle maschinell produzierte Pausenbrote ihren Idealen widersprechen würden, und verkneife mir den Vorschlag »essbare Spaß-Kondome«.

Viktoria erzählt weiter, dass sie im Jahr 2002 von ihren Verwandten aus den USA das alljährliche Weihnachtspaket geschickt bekommen hätten, in dem sich unter anderem auch Glückskekse befanden. Damit entstand die Idee zu ihrer Firma »Sweet and Lucky«. Viktoria und ihre Geschwister zogen los, suchten sich Maschinenbauer, die sie für verrückt erklärten, erstellten einen Businessplan, der nachträglich gesehen »so was von daneben« war, dass sie »eigentlich hätten pleitegehen müssen«. Viktoria lacht bei dieser Erinnerung und diese Frau wird mir immer sympathischer.

»Wir waren ganz schön blauäugig. Aber das Produkt hat uns begeistert und ich schätze, wir hatten einfach, na ja, eben Glück.«

Mittlerweile verlassen jede Woche eine Million Glückskekse die Firma, die 24 Stunden am Tag läuft. Das Repertoire aus über 700 Glückskekssprüchen haben sich die Geschwister Brauch aus verschiedenen Büchern und chinesischen Weisheiten zusammengesucht. Dabei legen sie großen Wert auf korrekte Rechtschreibung, Grammatik und Übersetzung (das würde Hannah gefallen). Ihre Firma beliefert inzwischen international und in über zehn Sprachen Chinarestaurants, Lebensmittelketten, Discounter und Einzelhandelsgeschäfte bis hin zu Firmen, die Glückskekse als Werbeträger verwenden.

»Gerade nach der Wirtschaftskrise kamen viele Banken und Versicherungen auf uns zu, um das Vertrauen der Menschen zurückzugewinnen.«

»Verrückt«, sage ich und Viktoria stimmt mir zu: »Ja. Jeder braucht Glück. Aber man kann es nicht kaufen. Daher ist es toll, es geschenkt zu bekommen.«

Da hat sie recht. Ich überlege, meinem Vater zeitnah einen Glückskeks zukommen zu lassen. Dabei schwebt mir folgender Text vor: *Alles wird gut. Habe Geduld, ich werde wieder steigen. Dein Dax!*

Ich frage Viktoria nach prägenden Erlebnissen in ihrer Karriere als Glückskeks-Produzentin und sie erzählt mir sofort von einem kleinen Bioladen im Allgäu. Der Betreiber hatte sich entschlossen, sich eine Kühltheke in den Laden zu stellen, um frischen Käse anzubieten. Diese Investition riss ein großes Loch in seinen Finanzplan. Dennoch ging er nach dieser Anschaffung zur Feier des Tages mit seiner Familie essen. Zum Chinesen. Der Rechnung lag ein Glückskeks bei, der ihm verriet: *Sie haben heute eine sinnvolle Investition getan.* Der Mann freute sich so sehr über dieses gute Omen, dass er das Zettelchen zum Andenken unter seine Kühltheke klebte und von nun an auch Glückskekse in seinem Laden anbot. Und eines Tages, als Viktoria während einer Urlaubsreise »zufällig« – oder von Glück geleitet – in diesem Laden einkaufte und die Glückskekse entdeckte, kamen sie ins Gespräch. Sofort zeigte er ihr den festgeklebten Spruch unter der Theke, der tatsächlich und ausgerechnet von »Sweet and Lucky« stammte.

»Frau Brauch, wie würden Sie Glück definieren?«, frage ich zum Abschluss unseres Gespräches nach. Schließlich möchte ich diese Frau nicht länger stören, um auf keinen Fall die Glückskeksproduktion aufzuhalten.

»Na ja, Glück ist, was ich habe: Wenn man einen Beruf ausübt, der einem Spaß macht. Wenn man jeden Tag intensiv leben kann. Wenn einen das, was man macht, glücklich macht. Und: wenn man dieses Glück teilen kann.«

Ich frage etwas genauer nach und erfahre so von dem Verein »Humanitas«, den Viktoria nach dem Tsunami gegründet hat, um Kinder in Not zu unterstützen. Viktoria reist dazu regelmäßig mit ihrem Rucksack durch Indien, Sri Lanka und andere bedürftige Länder, um Lebensmittel und Waschmittel zu spenden oder Betten für Kinderheime fertigen zu lassen.

»Materielle Befriedigung und beruflicher Erfolg halten nur kurze Zeit an. Viel länger und schöner ist es, dieses Glück zu teilen, etwas zu verschenken, anstatt sich selbst etwas zu kaufen.«

Ich bedanke mich für das herzliche Gespräch und frage Viktoria, die ich nach nur einem einzigen Telefonat sehr bewundere, nach ihrem Lieblings-Glückskeksspruch. Sie denkt einen Moment nach. Es gebe viele Sprüche, die sie gern habe. Aber ihr Lieblingsspruch ist folgender: *Ab und zu sollten wir auf unserer Jagd nach dem Glück innehalten und einfach mal nur glücklich sein.*

SMS von Hannah: ›*Happiness is not a destination. It is a way of life*‹ – *stand heute in meinem Glückskeks. Was muss ich tun?*
SMS an Hannah: *Innehalten und einfach mal nur glücklich sein! Seit wann isst du Glückskekse?*

Glück ist ganz leise am lautesten

„Wir sind auf Erden,
um das Glück zu suchen,
nicht um es zu finden."

Sidonie-Gabrielle Claudine Colette (1873–1954),
Schriftstellerin, Varietékünstlerin und Journalistin

Am nächsten Morgen finde ich in meiner Tasche einen letzten Glückskeks. Ich breche ihn in zwei Hälften und fische nach dem Zettel. Darauf steht: *Eine angenehme Überraschung erwartet dich.* Schmunzelnd schmeiße ich die zwei Kekshälften in den Müll. Ich krieg das Zeug einfach nicht mehr runter.

Pünktlich um elf Uhr morgens sitze ich am Rechner und warte, dass Hannahs Statussymbol endlich auf Grün und damit auf online umschaltet. Doch Hannah ist zu spät. Ziemlich frustrierend, jetzt schon im Netz versetzt zu werden. Allerdings hat das auch Vorteile. Immerhin stehe ich nicht frierend an einer Straßenecke oder gar im Regen.

Um nicht völlig untätig rumzusitzen (*Nichtstun* kann ich nämlich gar nicht gut), checke ich meine Mails und staune nicht schlecht, dass mein Keks heute wirklich mal recht hatte: NYC – mein unbekannter Verehrer, den ich in weniger als zwei Wochen in New York kennenlernen werde, hat mir tatsächlich etwas geschickt, was man durchaus als angenehme Überraschung interpretieren könnte. Auch wenn Hannah auf diesen – wie sie ihn nennt – »Organhändler« (wahlweise auch »Nuttentreiber« oder »perverses Arschloch«) nicht gut zu sprechen ist, muss ich ihr sofort davon erzählen, als sie mich endlich anklingelt.

»Stell dir vor: Er hat mir einen Gutschein für einen Flughafentransfer geschickt. Ich werde von einer schwarzen Limousine am Flughafen abgeholt, die mich, mich ganz allein und nur mich, direkt zum Hotel fährt. Ist das nicht verrückt?«

»Also, erstens nennen die Amerikaner alles, was vier Räder hat, ›Limousine‹ und zweitens wäre U-Bahn-Fahren in New York doch viel aufregender.«

»Das kann ich ja dann immer noch tun. Er will halt, dass ich sicher ankomme. Ich finde das richtig süß.«

»Richtig süß!«, äfft mich Hannah nach. »Der Typ ist so ein Angeber.«

»Und ich stehe auf Angeber«, sage ich, was sogar Hannah zum Lachen bringt.

Dabei wirft sie ihr Haar nach hinten und jetzt bin ich mir ganz sicher, dass es sich um keine Reflexion auf meinem Bildschirm handelt. Ich muss Hannah einfach darauf ansprechen: »Du, sag mal, diese graue Strähne da … äh, ist die gefärbt?«

»Ne, die ist echt. Dieses Granzym Enzym-B lässt mir schon graue Haare wachsen«, lacht Hannah.

»Aber steht dir irgendwie«, sage ich, ohne zu lügen. »Du siehst damit ein bisschen aus wie Meryl Streep.«

»Ist das diese strenge Nonne aus ›Glaubensfrage‹?«

»Unter anderem.«

»Die ist voll alt!«, sagt Hannah.

»Aber sehr hübsch!«

Hannah lacht über meinen holprigen Rettungsversuch und erzählt mir ganz aufgekratzt (und ich hätte nie gedacht, das Wort

»aufgekratzt« jemals im Zusammenhang mit Hannah zu verwenden), dass sie beschlossen habe, ihre Suche nach dem Granzym Enzym-B endgültig einzustellen.

»Weil du davon graue Haare bekommst?«, frage ich verunsichert nach.

»Ach was. Das war noch das Beste daran. Als Wissenschaftlerin wirst du nur mit grauen Haaren ernst genommen«, scherzt Hannah und ich wundere mich immer mehr über ihre Ausgelassenheit.

»Ganz ehrlich? Es macht einfach keinen Sinn mehr, noch weiter zu suchen. Ich habe alles versucht. Vergebens. Man muss auch loslassen können. Es ist höchste Zeit, mich anderen Aufgaben zu widmen. Und ich glaube, ich will wieder im Krankenhaus arbeiten.«

Hannah strahlt über das ganze Gesicht. Ich muss schlucken und versuche, mir den Schrecken nicht anmerken zu lassen. Hannah und Patientenkontakt. Hannah als Patienten behandelnde Ärztin! Allein der Gedanke wirkt bei mir schon prophylaktisch gegen jede Krankheit.

»Aber, du liebst doch die Forschung!«, erinnere ich Hannah eindringlich.

»Ja schon. Ich will ja auch weiter forschen. Beziehungsweise andere für mich forschen lassen. Aber warst nicht du diejenige, die gesagt hat, man dürfe sich selbst nicht im Weg stehen und müsse sich neue Ziele stecken, um glücklich zu werden?«

»Ja schon. Also, erreichbare Ziele«, ergänze ich.

»Keine Sorge, ich habe ja nicht vor, Schauspielerin zu werden.«

»Aber das ist gar keine schlechte Idee«, versuche ich, Hannah die Sache mit dem Krankenhaus unauffällig auszureden. »Du könntest als Meryl-Streep-Double ...«

»Quatsch!«, unterbricht mich Hannah. »Ich bin und bleibe Ärztin. Ich wechsle nur den Fachbereich.«

»Ja, natürlich«, pflichte ich Hannah bei. »Wie wäre es mit Anästhesistin?« Dann wären die Patienten während Hannahs Behandlung wenigstens nicht bei Bewusstsein, was traumatische Folgeschäden vielleicht verhindern könnte.

»Ne«, sagt Hannah. »Ich dachte eher an Dermatologie. Dann kann ich dir die Lippen aufspritzen oder zukünftig deine Geschlechtskrankheiten behandeln.«

Auch wenn ich es ganz toll finde, dass Hannah endlich was für ihr subjektives Wohlbefinden tun möchte, wäre mir lieber, es hätte nichts mit mir im Kontext von Geschlechtskrankheiten zu tun. Allerdings, mit meiner Oberlippe war ich nie ganz glücklich ... Ich versuche, mir Hannah als Dermatologin vorzustellen. Dabei entspinnt sich folgendes Patientengespräch vor meinem geistigen Auge:

Hannah: »Klarer Fall von Gonorrhoe!«

Patient: »Bitte, was?«

Hannah: »Tripper! Oder haben Sie auch was an den Ohren?«

Patient: »An den Ohren?«

Hannah (jetzt schreiend): »Sie haben eine bakterielle Infektionskrankheit, ausgelöst durch Gonokokken!«

Patient: »Und nu?«

Hannah: »Es hat sich erst mal ausgebumst. Haben Sie das verstanden?«

Ich muss lachen und sage: »Hannah, das wird super. Ich glaube, Dermatologie ist genau dein Ding.« Auch wenn Hannah eigentlich nicht viel auf meine fachliche Einschätzung gibt, freut sie sich sichtlich über diese Bestärkung. So sehr, dass sie verlegen wird und daher schnell das Thema wechselt: »Und bei dir? Was gibt's Neues? Noch irgendwelche Glücksexperimente auf Lager, die ich dir nicht ausreden kann?«

»In der Tat! Allerdings bin ich mir ziemlich sicher, dass du diesmal kein Problem damit haben dürftest.«

»Lass mich raten: Du sagst New York ab, um herauszufinden, ob Glück und Vernunft einander bedingen?«

»Falsch.«

»Schade.«

»Ich gebe dir einen kleinen Tipp: Eat, pray, love!«

Hannah sieht mich mit weit aufgerissenen Augen an: »Du machst eine Weltreise und frisst Pizza?«

Na ja. Nicht ganz.

✽

Als ich am nächsten Morgen das Haus verlasse, habe ich doch ein bisschen das Gefühl, eine Weltreise anzutreten. Eigentlich ist es noch mitten in der Nacht. Halb sechs, um genau zu sein. Ungeschminkt, mit Jeans, Turnschuhen und einer voll bepackten Tasche laufe ich Richtung U-Bahn. Unterwegs treffe ich auf lauter junge Menschen, die aus Clubs schwanken, drei Meter gegen den Wind nach Schnaps stinken und lauthals durch die Gegend grölen.

»Hey, du kleine Zuckermaus, wo latschst du denn hin?«

Es dauert einen Moment, bis ich merke, dass der junge Mann, der gerade an eine Hauswand pinkelt, mit mir spricht. Ich drehe mich um und sehe ihn fassungslos an.

»Meinst du mich?«

Er nickt und macht seinen Reißverschluss wieder zu. Ich sehe ihn an und sage: »Also ich, ich latsch ins Kloster.« Daraufhin schüttelt er den Kopf, sagt: »Scheißweiber«, dreht sich um und geht. Die Klosternummer funktioniert echt gut. Die merk ich mir.

Zugegeben, ich komme mir schon ein kleines bisschen blöd vor. Ich meine, ich bin gerade mal 30, also blutjung. Es ist Sonntagmorgen, also Samstagnacht. Und ich, ich bin tatsächlich auf dem Weg in ein Kloster. Also in ein *Kloster!* Und alles nur wegen Viktorias Glückskeksspruch, den ich mir so sehr zu Herz genommen habe, dass ich beschlossen habe, auf meiner Suche nach dem Glück jetzt mal wirklich innezuhalten. Einfach mal irgendwo zur Ruhe zu kommen und nachzudenken. Kein Handy, kein Internet, nichts. Nur ich. Und meine Gedanken. Und da ich weder die Zeit noch das Geld für ein Ashram in Indien hatte, telefonierte ich alle Kloster in der näheren Umgebung ab. Dabei musste ich feststellen, dass es noch schwieriger ist, ein Zimmer in einem Kloster zu bekommen als einen Tisch auf dem Oktoberfest. Nach einigen Telefonaten habe ich es zumindest geschafft, mich wenigstens für einen Tag als Gast in einem Kloster anzumelden.

Und so kommt es, dass ich am heutigen Sonntagmorgen, statt selbst betrunken durch die Gegend zu torkeln, Richtung Kloster unterwegs bin, um pünktlich um sieben Uhr zum morgendlichen Chorgebet und -gesang zu erscheinen.

Nach über einer Stunde Fahrt, dreimal Umsteigen und vielen weiteren Alkoholleichen komme ich endlich an und lande sofort mitten im Laudes, dem Chorgesang: Acht Klosterschwestern, alle im schwarzen Habit (nur eine trägt einen weißen Schleier), sitzen einander gegenüber und singen a cappella Gebetsstrophen aus einem sehr dicken Buch. Das heißt, die mit dem weißen Schleier singt vor und die anderen nach. Ich sitze unauffällig in der letzten Reihe und versuche, nicht einzuschlafen.

Nach 20 Minuten Singen und Beten, Verbeugen vor dem Altar und Bekreuzigen begrüßt mich Schwester Marianne herzlich zur »Zeit der Besinnung« in ihrem Kloster. Sie fragt nicht danach, warum ich hier bin, was ich als sehr angenehm empfinde. Ohne große Worte zu machen, führt sie mich in den ersten Stock des Klostergebäudes und zeigt mir meine Zelle, äh Zimmer. Darin stehen ein kleiner Schreibtisch mit einem hübschen Blumengesteck, ein 80 Zentimeter breites Bett, ein hölzerner Kleiderschrank und ein Waschbecken. Kein Luxus, aber völlig ausreichend. Fast schon zu viel. Denn auf das »ein mal ein Meter« große Holzkreuz direkt neben dem Bett hätte ich sogar verzichten können.

Ich bekomme einen Schlüssel für alle Türen und eine Übersicht der anstehenden Programmpunkte. Schwester Marianne sagt, wenn ich Fragen hätte, könne ich mich jederzeit an sie wenden, nur nicht während der Gebetszeiten. Ein kurzer Blick auf die Programmübersicht verrät mir, dass ihre Zeit für mich daher sehr beschränkt ist. Da ich wirklich schlecht darin bin, mir Gesichter zu merken, und Schwester Marianne leider kein Namensschild trägt, präge ich mir als Erkennungszeichen ihre randlose Brille und den grauen Haaransatz ein, der unter ihrem Schleier hervorlugt. Sie wünscht mir eine gute Besinnung und lässt mich allein in der Zelle zurück. Schwester Marianne verschwindet völlig geräuschlos. Seltsam, ich höre nicht mal ihre Schritte auf dem Gang. Überhaupt, ziemlich still hier, im Kloster. Aber was hatte ich erwartet? Zumba?

Ich packe meine Tasche aus und ärgere mich jetzt ein bisschen, dass ich meinen Laptop nicht mitgenommen habe. Also, ich meine, nur für den Fall, dass Innehalten und Nichtstun bei mir nicht so gut klappen. Sieht so aus, als hätte ich heute viel Zeit, genau das zu üben.

Der Programmübersicht entnehme ich, dass es um acht Uhr, also jetzt, Frühstück im Gemeinschaftsraum gibt. Sehr gespannt auf meine erste Klostermahlzeit, mache ich mich sofort auf den Weg.

Der Gemeinschaftsraum hält nicht ganz das, was er verspricht. Dort finde ich nichts weiter vor als einen Tisch mit genau zwei Gedecken, einen Teller mit etwas Wurst und Käse, zwei Sorten Marmelade, Brot und einer Thermoskanne mit Kaffee. Kein Gaumenfest, aber nahrhaft. Doch wo ist die Gemeinschaft im Gemeinschaftsraum?

Ich bin ein bisschen enttäuscht, dass ich nicht zusammen mit den Nonnen essen darf, kann sie aber auch ganz gut verstehen. Wahrscheinlich haben sie die Schnauze voll von inkonsequenten Freizeit-Klosterbesuchern, die von Sinnkrisen,

Langeweile oder Liebeskummer getrieben bei ihnen immer nur für kurze Zeit landen. Oder von solchen, die das Glück suchen. Leute, die ein bisschen Klosterluft schnuppern, sich dann wieder in das weltliche, fleischliche Leben stürzen und beim nächsten Sonntagsbrunch mit Kollegen bei einem Glas Champagner großspurig von ihrer asketischen Zeit im Kloster erzählen: »Das war wirklich hart. Aber es tat so was von gut! Eine Reinigung von Körper, Geist und Seele. Gibt es noch was von dem Kaviar?«

Die Schwestern machen das schon richtig. Ich will mich besinnen und das kann oder muss ich sogar allein tun. Also setze ich mich an den wie von Zauberhand gedeckten Tisch, zünde mir die eine Kerze an, streiche mir ein Käsebrot, trinke Filterkaffee mit Kondensmilch und frühstücke ganz allein und besinnlich, bis plötzlich die Tür aufgeht und ein Mann den Raum betritt (Ui, ein Mann! Im Kloster!).

»Guten Morgen!«, sage ich und er nickt mir kurz zu. Irgendetwas an meinem Verhalten scheint ihn zu irritieren, aber ich weiß nicht was. Womöglich sitze ich auf seinem Platz? Esse von seinem Tellerchen?

»Möchten Sie Kaffee?«, frage ich. Er setzt sich mir gegenüber und sagt: »Danke.« Ich weiß nicht, ob das ein »Ja« oder »Nein« bedeutet und schenke daher etwas verunsichert seine Tasse einfach nur halb voll.

Die nächsten Minuten sitzen wir am Tisch und schweigen. Er isst. Ich bin schon fertig und versuche, ihm nicht beim Essen zuzusehen, was ich selbst nicht mögen würde. Da er mir direkt gegenübersitzt, ist das fast unmöglich. Als es keine Stelle mehr im Raum gibt, in die ich noch kein Loch gestarrt habe, entscheide ich mich, ihn in Ruhe essen und sich besinnen zu lassen. Ich stehe auf und sage: »Dann bis später. In der Kirche. Oder so.«

Und er sagt: »Ja.«

Zurück in meiner Zelle muss ich mich sofort auf die Pritsche werfen und erst mal ein Nickerchen machen. Ich bin todmüde und schlafe sofort ein, bis ich um kurz vor zehn Uhr ziemlich unsanft von Glockengeläut aus dem Schlaf gerissen werde. Meine Programmübersicht bestätigt meine Vermutung: Zeit für die Heilige Messe. Und da ich nicht schon nach dem Frühstück als inkonsequente Freizeitklösterin auffallen möchte, gehe ich natürlich hin.

Zum Glück – oder Gott sei Dank – habe ich im Rahmen meiner Glückssuche auch die Auseinandersetzung mit der katholischen Kirche nicht gescheut und fühle mich daher im Gottesdienst schon wie ein alter Kirchen-Hase. Das Vaterunser habe ich wieder voll drauf und auch all die anderen Verse kann ich fast fehlerfrei mitsprechen. Das kommt wie aus der Pistole geschossen. Der Pfarrer sagt: »Erhebet die Herzen«, und wir dann: »Wir haben sie beim Herrn.« Beten ist wie Fahrradfahren: Man verlernt es einfach nicht. Und bei dem gefürchteten »Friede sei mit dir«-Teil gehe ich sogar so weit, freiwillig ganz vielen Leuten die Hand zu reichen. Vor mir, neben mir und sogar hinter mir. Ja, ich drehe mich extra um. Meine Oma wäre stolz auf mich.

Ansonsten wird viel über den anstehenden Papstbesuch und über Weinberge gesprochen. Der Pfarrer erzählt eine Geschichte von Menschen, die den ganzen Tag im Weinberg arbeiten und sich darüber ärgern, dass andere, die nur eine Stunde im Weinberg arbeiten, genauso viel verdienen wie sie. Ich kann das gut verstehen, dass man sich da ärgert, aber der Herr Pfarrer sagt, das sei falsch. Das wäre Neid und damit alles andere als würdig und recht. Ich schäme mich ein bisschen und nehme mir vor, später darüber zu sinnieren.

Nach der Messe gehe ich zurück in meine Kammer und stelle fest, dass ich jetzt nur eine Stunde Pause habe bis zum nächsten Chorgebet. Ein ganz schön eng getakteter Zeitplan, hier im Kloster. Da kommt man ja kaum zum Innehalten und Nichtstun. Ich überlege, noch mal ein Nickerchen zu machen, aber entscheide mich dann dafür, die Zeit besser zu nutzen. Ich werde lesen. Dazu habe ich den Roman »Das böse Mädchen« von Mario Vargas Llosa dabei, die »Fit for fun« mit der Titelschlagzeile »Sex-Talk – was macht uns wirklich an« und die »Brigitte«. Ich gebe zu, meine Lektüre ist nicht wirklich angemessen gewählt.

Ich beginne ganz anständig mit der »Brigitte«, lese und blättere mich durch Werbeanzeigen, Beauty- und Modetipps. Selten in meinem Leben habe ich mich so sehr für neue Trends in Bezug auf Nagellack, Duft oder Make-up interessiert wie heute, an diesem verregneten, trüben Sonntag im September in einem Kloster.

Punkt zwölf Uhr sitze ich schon wieder in der Kirche und nehme am gleichen Ritual teil wie heute Morgen, nur mit anderen Gesangsstrophen (glaube ich zumindest). Um mich gegen aufkommende Langeweile zu schützen, singe ich ganz leise mit, was dennoch nicht zu überhören ist – Gott gab mir kein Gesangstalent.

Anschließend freue ich mich auf das Mittagessen. Da ich unbedingt vorher noch das »Brigitte«-Dossier über »Das Geheimnis eines langen glücklichen Lebens« lesen will, komme ich zehn Minuten zu spät in den Gemeinschaftsraum. Neben dem schweigsamen Mann von heute Morgen hat sich nun ein weiterer Gast, eine Frau unbestimmbaren Alters, eingefunden. Beide stehen vor ihren Tellern und beten. Halt, nein! Es ist schlimmer. Sie beten gar nicht. Sie warten. Und so wie es aussieht: auf mich.

Ich stelle mich mit gesenktem Kopf schuldbewusst neben die Frau vor das dritte Gedeck. Dann nicken wir uns kurz zu, nehmen Platz und beginnen, das auf dem Tisch stehende Mittagessen auszuteilen. Es gibt Salat, Kartoffeln und Maultaschen. Wir essen, ohne miteinander zu sprechen.

Eigentlich kann ich sehr gut schweigen. Wirklich. Ich kann mit Menschen schweigen, denen ich vertraue, und ich kann schweigen, wenn ich zum Schweigen aufgefordert werde. Ich kann auch schweigen, wenn ich keine Lust habe zu reden. Aber das hier ist irgendwie anders. Mit Menschen, die ich nicht kenne, gemeinsam an einem Tisch zu essen, ohne zu reden, obwohl man könnte (schließlich trägt niemand ein »Schweigegelübde«-Schild), ist ganz furchtbar beklemmend. So beklemmend, dass ich es, nachdem ich meine Nachspeise (Naturjoghurt mit Quittengelee) gegessen habe, nicht mal schaffe, einfach aufzustehen und zu gehen. Ich habe Angst, vom Blitz getroffen zu werden oder zu einer Salzsäule zu erstarren.

Als die anderen beiden sich fast synchron den letzten Bissen in den Mund schieben (die sind bestimmt schon länger hier), halten sie einen kurzen Moment inne, bevor sie sich und dann auch mir erneut zunicken und aufstehen. Ich folge und tue das, was alle tun: Wir räumen den Tisch ab, fahren anschließend das benutzte Geschirr auf einem Rollwagen in die Küche, spülen und trocknen ab, räumen das Geschirr in die Schränke und decken für die nächste Mahlzeit »Kaffee und Kuchen« ein. Das alles geschieht wortlos. Es bedarf keiner Erklärung und mir wird klar, warum der Mann heute Morgen so sehr von meinem Verhalten irritiert war. Erst habe ich nicht auf ihn gewartet, trotz eines zweiten Gedecks allein gegessen und ihn dann auch noch mit dem Abwasch sitzen lassen. Ich Judas! Aber kann ja kein Mensch wissen, dass man im Kloster trotz Aufenthaltsgebühr den Abwasch selbst machen muss.

Nach dem Essen habe ich überhaupt keine Lust, zurück in meine Zelle zu gehen, und beschließe daher, einen ganz besinnlichen Spaziergang zu unternehmen. Schließlich habe ich meine eigenen Schlüssel. Ich bin im Kloster, nicht im Gefängnis.

Mein besinnlicher Spaziergang führt mich in eine äußerst deprimierende Kleingartenkolonie. Während ich so an deutschen Vorgärten vorbeitrotte, die, je liebevoller hergerichtet, umso scheußlicher sind, fange ich an nachzudenken. Auslöser meiner

Gedanken ist ein Satz, den ich vorhin im »Brigitte«-Dossier gelesen habe. Ein Satz, der mich sehr fasziniert hat. Er lautet: »Die ersten 18 Lebensjahre erscheinen uns genauso lang wie der ganze Rest – weil sie aus lauter Premieren bestehen!«[16] Und tatsächlich, wenn ich an meine ersten 18 Lebensjahre denke, von denen ich mich an die ersten drei bis sieben gar nicht richtig erinnere, habe ich dennoch das Gefühl, an eine ganze Ewigkeit zu denken: Die erste Theateraufführung im Kindergarten, die ersten Läuse, der erste Schultag, die erste Liebe, die Weisheitszähne, das erste Mal, die Führerscheinprüfung, das Abitur. Nichts als Premieren.

Der Zusammenhang zum Glück besteht laut dieses Artikels darin, dass neue Erfahrungen, die wir machen, die Nervenbahnen beleben, wobei das Gehirn von opiumähnlichen Stoffen geflutet wird. Dadurch entsteht das, was wir Glück nennen.

Ich denke zurück an all meine Glücksexperimente der letzten Zeit. An Erfahrungen, die ich gemacht habe. Manche dieser Erfahrungen haben mich richtig glücklich gemacht, andere weniger, einige gar nicht. Erfahrungen, die mal besser und mal schlechter waren. Aber eines hatten sie alle gemeinsam: sie waren neu. Zack: Nervenbahn belebt, Opiumflut, Glück!

In diesem Moment, als ich gerade etwas sehr Wichtiges, vermutlich das Entscheidende zum Thema Glück verstanden habe, bricht eine richtige Sturmflut vom Himmel. Ein Zeichen Gottes? Am liebsten würde ich mich gen Himmel wenden und schreien: »Das Glück auf Erden gibt es doch!« Aber ich fürchte, von einer der Schwestern erwischt zu werden, und eile schnell zurück ins Kloster.

Pitschnass dort angekommen, schleiche ich in meine Zelle, streife mir die nassen Klamotten vom Leib und beginne, »Das böse Mädchen« zu lesen. Vielleicht liegt es an diesem erotisch angehauchten Werk oder an der kratzenden Wolldecke auf meiner nackten Haut, aber ich kann nicht anders, als ständig an Sex zu denken. Und das im Kloster mit einem ein-mal-ein-Meter großen Holzkreuz neben dem Bett.

Um mich von meinen unkeuschen Gedanken abzulenken, setze ich mich wieder in den Gemeinschaftsraum und esse schweigend eine Rosinenschnecke. Diesmal ist nur der Mann da. Er fragt: »Möchten Sie Kaffee?«, und ich sage: »Danke.«

Auf dem Weg zurück begegne ich Schwester Marianne, die sich diesmal als Schwester Hannelore vorstellt und mich bittet, vor meiner Abreise den Schlüssel an sie zu übergeben. Ich nicke artig und versuche, mir äußerliche Merkmale zur Wiedererkennung einzuprägen: randlose Brille, graue Haare. Es ist hoffnungslos.

Die nächsten zwei Stunden verbringe ich besinnlich in meiner Kammer. Ich lese, döse, meditiere, gebe der Versuchung schließlich nach und befriedige mich selbst. Irgendwie bin ich ganz sicher, Gott hätte da nichts dagegen. Dann ertönen erneut die Kirchenglocken und ein kurzer Blick auf die Programmübersicht verrät mir, was ich schon befürchtet hatte: Chorgebet. Von »neuen Erfahrungen« halten die hier wohl nicht so viel. Eins steht fest: Die »Brigitte« lasse ich hier.

Nach 20 Minuten choraler Gesänge sprechen die Schwestern Fürbitten. Sie bitten Gott, die Menschen zu beschützen, die heute noch einen Heimweg vor sich haben, und eine der Schwestern (Hannelore? Marianne? Maria?) lächelt mich dabei an. Ich lächle dankbar zurück. Dann bittet die Frau mit dem weißen Schleier, die vom Singen schon ganz heißer ist, Gott darum, den Menschen, die heute in unserer Stadt gewählt würden, beizustehen, die richtigen Entscheidungen zu treffen.

Wie vom Donner gerührt, fällt es mir wieder ein. Ich wusste doch, irgendetwas war heute: Wahl! Verdammte Scheiße, denke ich und schiebe sofort ein geistiges »Entschuldigung« hinterher. Fürbitten hin oder her, ich habe eine weltliche Verpflichtung und nur noch eine knappe Stunde, bis die Wahllokale schließen.

Nach dem letzten Amen flitze ich in meine Kammer, werfe meine Sachen (bis auf die »Brigitte«) in meine Tasche und drücke der nächsten Schwester mit einem »Danke, Schwester!« meine Schlüssel in die Hand.

»Aber wollen Sie nicht noch zur Vesper bleiben?«, fragt die Schwester, was so viel bedeutet wie: »Keine Lust auf trocken Brot und 'ne Runde Abspülen?«

Ich nehme mir fest vor, bei keinem einzigen Sonntagsbrunch jemals mit meiner harten Kloster-Erfahrung zu prahlen, und sage: »Vielen Dank. Aber das geht leider nicht. Ich muss doch noch wählen!« Dann stürme ich Richtung Ausgang, Richtung Freiheit, Richtung Glück.

❦

Es war knapp, aber ich habe meinen Wahlzettel gerade noch abgegeben. Zugegeben, es gab schon so einige Wahlsonntage, an denen ich meine Bürgerpflicht völlig grundlos vernachlässigt habe. Sieht so aus, als habe das Kloster zumindest in politischer Hinsicht einen sehr positiven Einfluss auf mich gehabt.

Als ich am Abend erschöpft meine wunderschöne Wohnung (mit Geschirrspülmaschine) betrete, überkommt mich ein ungemeines Glücksgefühl. Niemand erwartet mich. Außer Wombi. Und sind wir ehrlich: Das ist ein Stofftier. Ich bin ganz allein und es ist ganz still. Nur mein Kühlschrank brummt. Und der ist leer. Das alles, diese Stille und diese Einsamkeit, ist hier und heute so schön, so unglaublich schön wie noch nie zuvor.

Warum?

Weil ich es so entschieden habe.

Und weil ich es jederzeit ändern kann. Jederzeit. Wenn ich es will.

Wenn.

SMS von Hannah: *Halleluja, Schwester Christiane! Hast du das Glück gefunden?*

SMS an Hannah: *Kennst du das: Wenn man die ganze Zeit sein Handy sucht, während man damit telefoniert? Ich glaube, mit dem Glück ist das genauso ...*

Quellen

1   http://de.wikipedia.org/wiki/Glück

2   http://www.duden.de/rechtschreibung/Glueck

3   http://www.sueddeutsche.de/wissen/fussball-und-pessimismus-das-glueck-der-daenen-1.834867

4   http://derstandard.at/1216917940843/Die-Daenen-Reich-und-gluecklich

5   http://www.focus.de/gesundheit/ratgeber/psychologie/news/psychologie_aid_121509.html

6   http://www.spiegel.de/panorama/0,1518,429084,00.html

7   http://www.bild.de/BILD/lifestyle/reise/2009/05/umfrage-zufriedenheit-europa/laender-menschen-gluecklich-top-ten.html

8   »Der Happy Planet Index (HPI) ist ein Index, der ein Maß für die ökologische Effizienz der Erzeugung von Zufriedenheit zu bilden versucht.« Vgl. http://de.wikipedia.org/wiki/Happy_Planet_Index

9   http://www.focus.de/gesundheit/ratgeber/psychologie/news/psychologie-glueck-wirkt-ansteckend_aid_353586.html

10 http://www.welt.de/wissenschaft/article1821028/Religion_macht_gluecklich_und_stressresistenter.html

11 http://www.ipersonic.de/blog_files/Glueckstipp-der-Woche-Beruehrung-macht-gluecklich.html

12 http://www.zitty.de/rausgezogen-glucklich-geworden.html

13 http://www.zdf.de/ZDFmediathek/beitrag/video/1327984/Herr+Eppert+sucht+das+Glück+-+Folge+1

14 http://www.jochen-schweizer.de/geschenke/base-flying,default,pd.html

15 http://www.prosieben.de/tv/galileo/videos/clip/29256-glueckskeks-made-in-germany-1.1948595/

16 Dossier »Das Geheimnis eines langen, glücklichen Lebens«, Brigitte, Heft 12/2011

Danksagung:

Teresa Albiez, Anna K. Becker, Danny Bonewitz, Viktoria Brauch, Patricia Saint Clair, MF David Deery, Vincenzo delle Fontane, Stevani Fuhlrott, Dr. László Gergely, Gordian Giebel, Eva Maria & Christian Hagn, Magdalena Hagn, Jessica Haupt, Ingrid Käser, Gunther Kirsch, Franziska Knogl, Hans-Hinrich Koch, Maren Konrad, Thomas Kössler, Ulrich Kotzur, Christina Krewerth, Jennifer Kroll, Klara Kun, Denis Larisch, Melanie Mohr, Andrea Nedelmann, Ayse Polat, Maria Rupprecht, Tanja Schachinger, Schwarzkopf & Schwarzkopf, Lutz Stiba, Paolo Tacchini, Tania Velten, Petra Visic, Eva Werstler

DIE AUTORIN

Geboren 1980 im wunderschönen Ingolstadt, studierte Christiane Hagn Theater- und Medienwissenschaften, Psychologie und Spanisch im noch schöneren Erlangen. Seit 2005 lebt und liebt sie in ihrer Wahlheimat Berlin und schreibt – am liebsten Bücher und Kurzgeschichten, nicht so gern SMS. »Glück to go« ist nach »Auf Männerfang« und dem ANAIS-Roman »Mein Herz ist ein Idiot« ihr drittes Buch.

Christiane Hagn
GLÜCK TO GO
*20 kompromisslose Selbstversuche,
die tägliche Dosis Glück zu finden*

ISBN 978-3-86265-057-6

© Schwarzkopf & Schwarzkopf Verlag GmbH, Berlin
1. Auflage Februar 2012

Coverfoto: © Moritz Thau | www.shutterstock.com © Balefire
Fotos Bildteil: Privatarchiv Christiane Hagn: S. 2–5, 7 oben,
8–12, 15 | © Moritz Thau: S. 1, 7 unten, 13, 14, 16 | © STAR
PRESS/Robin Loesch: S. 6

Lektorat: Maren Konrad

KATALOG
Wir senden Ihnen gern kostenlos unseren Katalog.
Schwarzkopf & Schwarzkopf Verlag GmbH
Kastanienallee 32, 10435 Berlin
Telefon: 030 – 44 33 63 00
Fax: 030 – 44 33 63 044

INTERNET | E-MAIL
www.schwarzkopf-schwarzkopf.de
info@schwarzkopf-schwarzkopf.de